Strafprozeßrecht

von

Heinz Zipf

Zweite, neubearbeitete Auflage

1977

Walter de Gruyter · Berlin · New York

SAMMLUNG GÖSCHEN 2802

Dr. *Heinz Zipf*
o. Professor an der Universität Salzburg

Dem Andenken an meinen verehrten
Lehrer Reinhart Mauroch Maurach gewidmet

CIP-Kurztitelaufnahme der Deutschen Bibliothek

Zipf, Heinz

Strafprozeßrecht. – 2., neubearb. Aufl. –
Berlin, New York: de Gruyter, 1976.

(Sammlung Göschen; 2802)
ISBN 3-11-006707-2

Vorwort zur 2. Auflage

Zum 1. 1. 1975 ist das Strafprozeßrecht (einschließlich des Gerichtsverfassungsrechts) erheblich verändert worden. Das Einführungsgesetz zum Strafgesetzbuch vom 2. 3. 1974 brachte auch zahlreiche Änderungen der StPO und des GVG, die das formelle Strafrecht an das neue Strafgesetzbuch anpaßten. Darüber hinaus sind im Einführungsgesetz auch originär das Strafverfahren selbst betreffende Neuregelungen enthalten, so der wichtige § 153 a StPO n. F. Das erste Gesetz zur Reform des Strafverfahrensrechts vom 9. 12. 1974 (1. StVRG) griff vor allem unter dem Gesichtspunkt der Verfahrensbeschleunigung nicht unerheblich in das bisherige Strafverfahrensrecht ein. Das Gesetz zur Ergänzung des ersten Strafverfahrensreformgesetzes vom 20. 12. 1974 nahm schließlich wichtige Teile des geplanten 2. StVRG vorweg und regelte insbesondere die Ausschließung des Verteidigers. Die vorliegende Darstellung auf den Stand dieser Gesetze zu bringen, ist Hauptaufgabe der zweiten Auflage.

Bereits im Vorwort zur ersten Auflage mußte darauf hingewiesen werden, daß entsprechend der Zielsetzung dieser Reihe die Reformdiskussion nicht im Vordergrund der Darstellung stehen kann. Deshalb ist es erfreulich, daß jetzt insoweit zur Ergänzung auf den Bd. 2800 der Sammlung Göschen, „Probleme der Strafprozeßreform" (1975), hingewiesen werden kann. Die dort zusammengestellten Vorträge von Jescheck, Dünnebier, Roxin, Tröndle und Peters geben einen guten Einblick in die Reformschwerpunkte im Bereich des Strafverfahrensrechts.

Rechtsprechung und Literatur konnten im wesentlichen bis März 1976 berücksichtigt werden. Die strafprozessualen Auswirkungen des Gesetzes vom 18. 8. 1976 (BGBl. I 2181) konnten noch einbezogen werden. Meinen Mitarbeitern, insbesondere Frl. Dr. Rieder, danke ich auch an dieser Stelle herzlich für die tatkräftige Unterstützung.

Salzburg, im August 1976

Heinz Zipf

Aus dem Vorwort zur 1. Auflage

Der vorliegende Band „Strafprozeßrecht“ konkretisiert die vorgegebenen Gesichtspunkte der Reihe „Kompendien“ an den besonderen Erfordernissen des Strafverfahrensrechts. Wie die gesamte Reihe erstrebt er eine komprimierte, klar gegliederte, systematische Darstellung zur Vermittlung des gesicherten Wissens.

Das Buch ist auf eine vollständige Stoffbehandlung ausgerichtet und bezieht den Gesamtbereich des Strafverfahrensrechts ein. Es setzt aber im Rahmen der Darstellung deutliche Schwerpunkte, die an den Erfordernissen der Ausbildungsordnungen für das Strafprozeßrecht in den Staatsexamen orientiert sind, so wie sie in den Mainzer Beschlüssen und in den zu ihrer Verwirklichung ergangenen neuen Ausbildungsordnungen der Länder Ausdruck gefunden haben. Bei Einzelpunkten, die an dieser Zielsetzung gemessen zurücktreten mußten, erfolgt eine weiterführende Verweisung auf die Lehrbücher und Kommentare, wie überhaupt die verwendeten Zitate nicht primär dem Zweck dienen, Literatur und Rechtsprechung jeweils umfassend nachzuweisen, sondern weiterführende Hinweise zur vertieften Beschäftigung mit dem jeweiligen Problem zu geben.

Das Jugendstrafverfahrensrecht hat sich zusammen mit dem materiellen Jugendstrafrecht zu einem eigenständigen Rechtsgebiet entwickelt und wird deshalb hier nur an einigen markanten Punkten gestreift.

Inhalt

Abkürzungen

BVerfG (E)	Bundesverfassungsgericht (Entscheidungen zit. nach der amtlichen Sammlung)
BZRG	Gesetz über das Zentralregister und das Erziehungsregister v. 18. 3. 1971 (BGBl. I 243)
Dahs	Dahs, Hans, Handbuch des Strafverteidigers, 3. Aufl. 1971 (zit. nach Rdnr.)
DRiG	Deutsches Richtergesetz v. 8. 9. 1961 (BGBl. I 1665) i. d. F. vom 19. 4. 1972 (BGBl. I 713)
EGStGB	Einführungsgesetz zum Strafgesetzbuch vom 2. 3. 1974 (BGBl. I 469)
GG	Grundgesetz für die Bundesrepublik Deutschland v. 23. 5. 1949 (BGBl. S. 1)
GVG	Gerichtsverfassungsgesetz v. 27. 1. 1877 (RGBl. S. 41), i. d. F. vom 9. 5. 1975 (BGBl. I 1077)
Henkel	Henkel, Heinrich, Strafverfahrensrecht, 2. Aufl. 1968
JGG	Jugendgerichtsgesetz v. 4. 8. 1953 (BGBl I 751) i. d. F. vom 11. 12. 1974 (BGBl. I 3427)
Kern-Roxin	Kern, Eduard, Strafverfahrensrecht, Studienbuch, 13. Aufl. 1975, neubearbeitet von Claus Roxin
Kleinknecht	Kleinknecht, Theodor, Strafprozeßordnung, Gerichtsverfassungsgesetz, Nebengesetze und ergänzende Bestimmungen, 32. Aufl. 1975

KMR	Kommentar zur Strafprozeßordnung und zum Gerichtsverfassungs- und Ordnungswidrigkeitengesetz. Begründet von Theodor Kleinknecht, Hermann Müller, Leonhard Reitberger, 6. Aufl. von Hermann Müller, Walter Sax, 1966 mit Nachträgen von 1968 und 1971
Koeniger	Koeniger, Hans, Die Hauptverhandlung in Strafsachen, 1966
LR	Großkommentar zur Strafprozeßordnung und zum Gerichtsverfassungsgesetz, 22. Aufl. 1971/74 bearb. von Dünnebier, Gollwitzer, Kohlhaas, Kunert, Meyer, Sarstedt und Schäfer; zit. LR mit dem jeweiligen Bearbeiter, z. B. LR Schäfer
MRK	Konvention zum Schutze der Menschenrechte und Grundfreiheiten v. 4. 11. 1950
OWiG	Gesetz über Ordnungswidrigkeiten v. 24. 5. 1968 (BGBl. I 481) i. d. F. vom 2. 1. 1975 (BGBl. I 80, 520)
Peters	Peters, Karl, Strafprozeß, 2. Aufl. 1966
Peters, Nachtrag	Dazu Nachtrag „Der Strafprozeß in der Fortentwicklung“, 1970
Peters, Der neue Strafprozeß	Peters, Karl, Der neue Strafprozeß, RJZ Bd. 22, 1975
RiStBV	Richtlinien für das Strafverfahren und das Bußgeldverfahren v. 1. 12. 1970
Eb. Schmidt Lehrk.	Schmidt, Eberhard, Lehrkommentar zur Strafprozeßordnung und zum Gerichtsverfassungsgesetz
Eb. Schmidt Lehrk. I	Teil I, Die rechtstheoretischen und rechtspolitischen Grundlagen des Strafverfahrensrechts, 2. Aufl. 1964
Eb. Schmidt Lehrk. II	Teil II, Erläuterungen zur Strafprozeßordnung, 1957, mit Nachtragsband I 1967 u. Nachtragsband II 1970

Eb. Schmidt Lehrk. III	Teil III, Erläuterungen zum Gerichtsverfassungsgesetz, 1960. Alle Bände werden jeweils nach Rdnrn. zitiert
Schroeder	Schroeder, Friedrich-Christian, Fälle und Lösungen nach höchstrichterlichen Entscheidungen, Strafprozeß, 1969
StrRG	Strafrechtsreformgesetz
StVRG (1.)	(erstes) Gesetzes zur Reform des Strafverfahrensrecht (vom 9. 12. 1974, BGBl. I 3393)
UVollzO	Untersuchungshaftvollzugsordnung v. 12. 2. 1953 i. d. F. vom 1. 12. 1970

Im übrigen werden die im juristischen Schrifttum allgemein üblichen Abkürzungen verwendet.
Paragraphen ohne Gesetzesangaben sind solche der StPO.

I. Das Strafprozeßrecht im Rahmen der gesamten Strafrechtspflege

1. Vorbemerkung

1.1. Der Begriff des Strafprozeßrechts

Wird eine Straftat begangen, so werden die staatlichen Organe zum Einschreiten aufgerufen. Dieses Einschreiten wirft in rechtlicher Hinsicht eine Reihe von Fragen auf: Welche staatlichen Organe sind zuständig, um die begangene Straftat aufzuklären und den Täter der im Gesetz für den Fall der Zuwiderhandlung vorgesehenen Sanktion zuzuführen? Welche Verfahrensregeln hat das jeweils zuständige Organ dabei zu beachten? Welche Rechte und Pflichten haben die an einem solchen Verfahren Beteiligten? Wem soll überhaupt die Stellung eines formell am Verfahren Beteiligten zukommen und welche Funktion soll dabei jeder der Beteiligten erfüllen? Nach welchen leitenden Prinzipien sollen schließlich die dabei im einzelnen auftauchenden Fragen beantwortet werden?

All diesen Problemen muß sich das Strafverfahrensrecht stellen und dabei ein in sich geschlossenes Ordnungssystem des staatlichen Vorgehens gegen Straftäter aufbauen. Das Strafprozeßrecht läßt sich demnach erfassen als „das rechtlich geregelte Verfahren zur Verwirklichung des materiellen Strafrechts durch Ermittlung und Aburteilung des Verhaltens des einer strafbaren Handlung Beschuldigten" (Henkel 17).

1.2. Einbettung in die Gesamtkultursituation

Das Strafprozeßrecht ist immer – wie jedes Recht – Teil der jeweiligen Gesamtkultursituation, nämlich ein Ausschnitt der jeweiligen sozialen und kulturellen Ordnung des betreffenden Staates. Unmittelbar wie kaum ein anderes Rechtsgebiet spiegelt das Strafverfahrensrecht die politische Situation eines Staatswesens und die in ihm herrschenden Ordnungsvorstellungen wider. Wie wohl keine andere Zeitepoche macht das die Entwicklung des Strafprozeßrechts im 19. Jh. deutlich (vgl.

Eb. Schmidt Lehrk. I Rdnr. 331), die die Weichen für die rechtsstaatliche Ausgestaltung des Verfahrens gestellt hat.

1.3. Einordnung in das Verfassungsrecht

Das Strafprozeßrecht muß die im Grundgesetz vorgegebenen Leitprinzipien für diesen Teilbereich der Rechtspflege verwirklichen. Es wird daher oft als „angewandtes Verfassungsrecht" (Henkel 86; vgl. auch Kern-Roxin 7 ff.) bezeichnet. Zentrales Anliegen ist dabei die Durchführung des Rechtsstaatsprinzips in diesem für den einzelnen mit den einschneidendsten Sanktionen ausgestatteten Bereich der Rechtspflege. Der staatliche Strafanspruch wird nicht um jeden Preis durchgesetzt; vielmehr beschränken die rechtsstaatlichen Garantien jedes Staatsbürgers das Verfahren zur Durchsetzung des staatlichen Strafanspruchs (vgl. Henkel 87). Das bedeutet, daß bei zahlreichen Einzelproblemen des Vorgehens gegen den Beschuldigten eine Abwägung zwischen den rechtsstaatlichen Grundsätzen einerseits und den Bedürfnissen einer möglichst wirksamen Verbrechensbekämpfung andererseits erfolgen muß.

> *Beispiel:* Oft ist es nur durch das Geständnis des Beschuldigten möglich, über den Tathergang Klarheit zu gewinnen. Für die Verbrechensverfolgung kommt daher dem Geständnis des Beschuldigten eine große Bedeutung zu. Dennoch ist es durch die Strafprozeßordnung verboten, durch Zwang, Drohung und Täuschung auf die Entschlußfreiheit des Beschuldigten einzuwirken, um ihn zu einem Geständnis zu bringen (vgl. dazu näher § 136 a).

Zu der Wahrung rechtsstaatlicher Grundsätze des Strafverfahrens tritt in zunehmendem Ausmaß eine Ausrichtung der strafverfolgenden Tätigkeit des Staates auch am Sozialstaatsprinzip hinzu (vgl. Kern-Roxin 9). Da der Staat bei seiner Strafverfolgungstätigkeit dem Staatsbürger mit seiner ganzen Machtfülle gegenübertritt, genügt es oft nicht, dem einzelnen rechtsstaatliche Garantien einzuräumen, sondern es ist darüber hinaus geboten, ihn auch effektiv in die Lage zu versetzen, davon Gebrauch zu machen. Als ein solcher Ausfluß des Sozialprinzips wurde die Fürsorgepflicht entwickelt, die den staatlichen Strafverfolgungsorganen im Interesse des betroffenen Staatsbürgers auferlegt wird (vgl. dazu näher u. III 2.6.).

Beispiel: Wenn der Angeklagte, dem kein Verteidiger zur Seite steht, spontan in der Erleichterung über den Abschluß der Hauptverhandlung einen Rechtsmittelverzicht ausspricht, so gebietet es die Fürsorgepflicht, daß der Vorsitzende den Angeklagten über die Tragweite dieser Erklärung aufklärt und ihm gegebenenfalls empfiehlt, sich die Sache in Ruhe zu überlegen oder vorher einen Verteidiger über die Aussichten eines Rechtsmittels zu konsultieren. Die Fürsorgepflicht kann sogar so weit reichen, daß einem solchen unüberlegt ausgesprochenen Verzicht auf die zulässigen Rechtsmittel keine Rechtswirksamkeit beigelegt wird (vgl. u. 211).

In diesem Spannungsverhältnis zwischen Rechtsstaatsprinzip und Sozialstaatsprinzip, das unsere gesamte Rechts- und Sozialordnung bestimmt, steht auch das Strafverfahrensrecht.

1.4. Justizmonopol und Justizgewährungspflicht des Staates

In unserer heutigen Rechtsordnung steht es ausschließlich dem Staat zu, einen straffällig gewordenen Staatsbürger wegen seiner Straftat zur Verantwortung zu ziehen und gegen ihn die im Strafgesetz vorgesehenen Sanktionen zu verhängen (zu der langen geschichtlichen Entwicklung, die zu diesem Justizmonopol des Staates geführt hat, vgl. Eb. Schmidt Lehrk. I, Rdnr. 1 ff.). Da der Staat ausschließlich die Strafhoheit inne hat, ist er verpflichtet, alles zur Realisierung des staatlichen Strafanspruchs Erforderliche zu tun: dem Justizmonopol korrespondiert die Pflicht zur Justizgewährung. Diese beinhaltet, daß der Staat Organe schafft, denen die Durchführung der Strafverfolgungstätigkeit obliegt. Wichtigstes dieser Strafrechtspflegeorgane ist das Strafgericht, das mit den Garantien persönlicher und sachlicher Unabhängigkeit ausgestattet zur Entscheidung über den Anklagevorwurf berufen ist. Die Konzentrierung aller Strafverfolgungstätigkeit auf den Staat ist Grundlage eines geordneten Zusammenlebens. Denn nur wenn die Gewähr dafür besteht, daß der Staat jede Straftat verfolgen und ahnden wird, ist der durch eine Straftat Betroffene bereit, auf Selbsthilfe zu verzichten. Weiterhin verlangt die Justizgewährungspflicht vom Staat, daß die Tätigkeit der Strafverfolgungsorgane rechtlich geregelt wird und die Wirkungen der Entscheidungen rechtsverbindlich festgelegt werden (vgl. zur Rechtskraft näher u.

202). Schließlich ergibt sich aus der Justizgewährungspflicht des Staates, daß das gesamte Verfahren in justizförmiger Weise abzulaufen hat (vgl. Eb. Schmidt Lehrk. I Rdnr. 22 f. und Henkel 17). „Justizförmige Justizgewährung, ausgerichtet auf Wahrheit und Gerechtigkeit, bedeutet die Erfüllung der staatlichen Aufgabe im Bereich der Strafrechtspflege" (Eb. Schmidt a. a. O. Rdnr. 23.)

2. Strafrecht und Strafprozeßrecht

2.1. Die Realisierung des staatlichen Strafanspruchs

Jedes menschliche Verhalten, das einen Straftatbestand erfüllt, läßt automatisch einen staatlichen Strafanspruch entstehen. Wird der staatliche Strafanspruch damit durch die Erfüllung eines Straftatbestandes ipso iure existent, so bedarf er doch zu seiner Realisierung des Tätigwerdens der staatlichen Verfolgungsorgane. Dabei kommt dem Strafverfahren eine weit größere Bedeutung zu als etwa dem Zivilprozeß für den Bereich des Zivilrechts. Denn während in der Zivilrechtsordnung der Regelfall die freiwillige Erfüllung der jeweiligen vertraglichen Ansprüche ist, wird kein staatlicher Strafanspruch ohne ein vorausgehendes Strafverfahren verwirklicht. Erst wenn ein unabhängiges Gericht die staatliche Strafberechtigung festgestellt hat, ist die zugunsten des angeklagten Staatsbürgers geltende Unschuldsvermutung (vgl. Art. 6 II MRK) widerlegt.

2.2. Die Aufgaben des Strafrichters

Die Arbeit, die der Richter zur Realisierung des staatlichen Strafanspruchs leisten muß, vollzieht sich in drei Stufen. Für alle Strafverfolgungsorgane stellt sich zunächst die Aufgabe, den Tathergang in seinem für die Anwendung des Strafrechts einschließlich der Strafzumessungsfragen wesentlichen Umfang festzustellen. Die dafür erforderlichen Ermittlungen haben Polizei und Staatsanwaltschaft im Vorverfahren durchzuführen. Im Kernstück der Hauptverhandlung vor dem Strafgericht, der Beweisaufnahme, muß dann der der Anklage zugrundeliegende Sachverhalt vor dem Gericht dargelegt und zur Überzeugung der Richter bewiesen werden. Da nur dann ein ge-

rechtes Urteil gesprochen werden kann, wenn die in ihm verwerteten Tatsachen der Wahrheit entsprechen, liegt hier ein Schwerpunkt der Tätigkeit aller Strafverfolgungsorgane.
Mit der Sachverhaltsermittlung wird die Basis für die Subsumtion geschaffen. Anhand der festgestellten Tatsachen ist zu prüfen, ob das Verhalten des Angeklagten einen oder mehrere Straftatbestände erfüllt. Ist das nicht der Fall, so muß der Angeklagte vom Anklagevorwurf freigesprochen werden. Ergeben die festgestellten Tatsachen dagegen, daß ein Straftatbestand erfüllt ist, so wird der Angeklagte wegen dieser Straftatbestandserfüllung schuldig gesprochen, d. h. es wird festgestellt, daß er tatbestandsmäßig, rechtswidrig und zurechenbar im Sinne eines bestimmten Straftatbestandes gehandelt hat.

Dieser Schuldspruch wird dann die Grundlage der Verhängung der von der betreffenden Strafnorm zugelassenen Rechtsfolgen.

Hat der Angeklagte z. B. einen einfachen Diebstahl (§ 242 StGB) begangen, so muß der Richter an Hand der Strafzumessungsgrundsätze des § 46 StGB prüfen, welche Dauer die zu verhängende Freiheitsstrafe haben kann. Liegt sie unter sechs Monaten, muß er nach § 47 StGB bei Vorliegen der dort genannten Voraussetzungen eine Geldstrafe verhängen. Liegt sie über sechs Monaten, aber im Bereich der Aussetzungsfähigkeit (§ 56 StGB), so muß sich der Richter mit der Strafaussetzung zur Bewährung auseinandersetzen.

2.3. Materielles und formelles Recht als Wirkungseinheit

Die Wirkung des Strafrechts insgesamt hängt damit entscheidend von der Wirksamkeit des Strafverfahrens ab (vgl. Peters 155). Zwar müssen alle Rechtsnormen in ihrer Zuordnung zum materiellen oder formellen Strafrecht klar geschieden werden (Eb. Schmidt Lehrk. I Rdnr. 34; eingehend dazu Hilde Kaufmann, Strafanspruch-Strafklagrecht, 1968), aber in ihrem Zusammenwirken im Bereich der Strafrechtspflege stellen sie doch eine Wirkungseinheit dar. Die Aufgabe des Strafrechts, bestimmte, im Rahmen der Sozialordnung als besonders wichtig eingestufte Rechtsgüter zu schützen, realisiert sich erst im Strafverfahren. Von der Gestaltung des Strafverfahrens, besonders der Aufklärung und Verfolgung der begangenen Straftaten, hängt es entscheidend ab, wie das Strafrecht insgesamt seine Schutzfunktion erfüllen kann.

3. Strafverfahrensrecht und Kriminologie

Das Strafprozeßrecht faßt das Strafverfahren in rechtliche Regeln und stellt zu diesem Zweck für den Ablauf des Verfahrens zahlreiche Rechtsnormen auf. Neben dieser rechtlichen Normierung treten aber zunehmend die tatsächlichen Gegebenheiten und Geschehensabläufe im Strafverfahren in den Blickpunkt des Interesses.

Am Beispiel der *beeideten Zeugenaussage* läßt sich dies verdeutlichen. Die Strafprozeßordnung trifft zwar rechtliche Regeln darüber, wann ein Zeuge zu beeiden ist und wie diese Beeidigung zu geschehen hat. Sie sagt aber nichts darüber aus, ob und wie die Tatsache der Beeidigung den Wahrheitsgehalt einer Zeugenaussage beeinflußt. Hier kann nun der Richter eine Stütze in der Aussagepsychologie finden (vgl. Graßberger, Psychologie des Strafverfahrens, 2. Aufl. 1968, 121 ff. und Peters 314 ff.). Die Einsicht in die psychologischen Bedingtheiten der Aussage und des Eides vermag dem Richter Aufschlüsse darüber zu geben, wie er eine Zeugenvernehmung durchzuführen hat, welchen Gefahrenquellen er hier ausgesetzt ist und wie er selbst durch seine Führung den Wert der Zeugenaussage zu beeinflussen vermag. Auch die Soziologie bemüht sich zunehmend, die sozialen Rollen der Verfahrensbeteiligten darzustellen und aus dieser Sicht das Strafverfahren als eine sozialbedingte Strategie zur Konfliktslösung zu erfassen.

In jüngster Zeit ist umfassend der Ausdruck der „Strafprozeßlehre" (vor allem von Peters) geschaffen worden. Nach Peters (Nachtragsband 1970, 41) umfaßt sie „das Feld der tatsächlichen Gegebenheiten und Vollzüge im Prozeß". Die rechtliche Sicht des Strafverfahrens ist durch die sich mit den faktischen Gegebenheiten und Vollzügen im Prozeßgeschehen befassende Strafprozeßlehre zu ergänzen (vgl. H. Kaufmann JZ 72, 79, Peters in Fschr. f. Maurach 1972, 453 ff. und Kern-Roxin 6 f.).

Dabei ist die wissenschaftstheoretische Einordnung der Strafprozeßlehre und insbesondere ihre Abgrenzung zur Kriminologie durchaus zweifelhaft. Sicher stellt die Strafprozeßlehre einen Ausschnitt aus dem umfassenderen Bereich der Rechtstatsachenforschung dar; gleiches gilt aber auch für die Kriminologie, jedenfalls wenn man sie mit der h. A. als empirische Disziplin versteht. Fraglich kann es deshalb sein, ob man die Strafprozeßlehre als eigenständigen Ausschnitt aus der Rechtstatsachenforschung oder als Ausschnitt aus der Kriminologie (und damit erst über diese als Teil der Rechtstatsachenforschung) versteht. Die Entscheidung hängt davon ab, ob man die Kriminologie auf den Gesamtkomplex der strafrechtlichen Sozialkontrolle bezieht, womit dann auch die empirischen Untersuchungen zur Funktion und Arbeitsweise aller Strafverfolgungsorgane eingeschlossen wären. Die Entscheidung, die zunehmend im Sinne der letztgenannten Auffassung erfolgt, hat größere Bedeutung für die theoretische Erfassung der Kriminologie als praktische Auswirkungen auf das Gebiet der Strafprozeßlehre. Ungeachtet dieser Einordnungsfrage verdient die Strafprozeßlehre uneingeschränkt Anerkennung und Förderung, da von ihr entscheidende Impulse gerade für die Strafprozeßreform zu erwarten sind.

4. Die Strafprozeßreform

Die Reform des Strafverfahrensrechts stand in der gesamten bisherigen Entwicklung in der BRD im Schatten der Reform des materiellen Strafrechts. Zwar hatte der deutsche Bundestag am 24. 6. 1964 einen einstimmigen Beschluß zur Gesamtreform des Strafverfahrensrechts gefaßt; aber schon das Strafprozeßänderungsgesetz vom 19. 12. 1964 (sog. kleine Strafprozeßreform) zeigte an, daß der Weg der Strafprozeßreform nur in Teilschritten, nicht in einer Gesamtrevision weiterführen würde. Diese Erfahrung hat sich bisher voll bestätigt und liegt auch allen weiteren Reformvorhaben zugrunde.

Abgesehen von der kleinen Strafprozeßreform von 1964, die insbesondere einer Verbesserung der Rechtsstellung des Beschuldigten diente (vgl. dazu näher Kern-Roxin 351 f.), und vom ersten Gesetz zur Reform des Strafverfahrensrechts (mit dem Ergänzungsgesetz vom 20. 12. 1974), daß primär auf eine Verfahrensbeschleunigung abzielt, stand immer die Anpassung an Veränderungen im Bereich des materiellen Strafrechts im Vordergrund der Änderungen der StPO. Über die nach dem zum 1. 1. 1975 erreichten Stand (s. dazu *Herrmann* JuS 76, 413) hinaus für notwendig gehaltenen Reformanliegen informiert der Bd. „Probleme der Strafprozeßreform“ (Sammlung Göschen, Bd. 2800, 1975; vgl. dazu auch das Vorwort zur 2. Aufl.).

II. Die Organe der Strafrechtspflege und die sonstigen Verfahrensbeteiligten

1. Das Gericht

1.1. Die Bedeutung des unabhängigen Richters für die Strafrechtspflege

Bei der richterlichen Unabhängigkeit handelt es sich primär um ein verfassungsrechtliches Problem, das dementsprechend Teil des Staats- und Verfassungsrechts ist. Die richterliche Unabhängigkeit ist ein essentieller Bestandteil des Rechtsstaatsprinzips. Die größte praktische Bedeutung der richterlichen Unabhängigkeit liegt aber wohl im Bereich der Strafrechtspflege, weil dem Strafrichter die einschneidensten Maßnahmen anvertraut sind, über die unsere Rechtsordnung verfügt. Daher ist es von höchster rechtspolitischer Bedeutung, daß nur ein Richter über diese Sanktionen entscheidet, der die volle persönliche und sachliche Unabhängigkeit besitzt (vgl. zum historischen und ideengeschichtlichen Hintergrund Eb. Schmidt Lehrk. I Rdnr. 457 ff.).

Die richterliche Unabhängigkeit ist im geltenden Recht in Art. 97 GG, § 1 GVG und in §§ 25 ff. DRiG geregelt. Der Richter ist danach nur an Gesetz und Recht gebunden. Die Regelung der persönlichen Unabhängigkeit ist besonders in Art. 97 II GG und in §§ 26 ff. DRiG enthalten; sie will den Richter vor allem gegen Entlassung, Amtsenthebung und Versetzung schützen (vgl. näher §§ 26 ff. DRiG). Betrifft die persönliche Unabhängigkeit die Rechtsstellung des Richters selbst, so bezieht sich die sachliche Unabhängigkeit auf sein Tätigwerden bei der Entscheidung von Rechtssachen. Die sachliche Unabhängigkeit beinhaltet vor allem die Weisungsfreiheit bei der richterlichen Tätigkeit (nicht aber bei Gerichtsverwaltungssachen). Der Richter ist auch grundsätzlich nicht an Präjudizentscheidungen höherer Instanzen gebunden; eine Bindung an obergerichtliche Entscheidungen besteht nur bei Zurückverweisung solcher Sachen, bezüglich deren erfolgreich Rechtsmittel eingelegt wurden. Schließlich enthält die sachliche Unabhängigkeit des Richters sogar ein materielles Prüfungsrecht gegenüber dem Gesetz, wobei aber die Verwerfungszuständigkeit bezüglich nachkonstitutioneller Gesetze bei den Verfassungsgerichten der Länder und beim Bundesverfassungsgericht liegt (vgl. im einzelnen dazu Eb. Schmidt Lehrk. I Rdnr. 488 ff.).

Beispiel: Hält ein Richter § 240 StGB wegen Verstoßes gegen das Gebot der Tatbestandsbestimmtheit von Strafnormen (Art. 103 II GG) für verfassungswidrig, dann muß er nach Art. 100 GG die Frage dem Bundesverfassungsgericht vorlegen und sich nach dieser Entscheidung dann bei seiner eigenen Spruchtätigkeit richten. Hält er dagegen das Gesetz – trotz vorgebrachter Bedenken – für verfassungsgemäß (auch im Wege verfassungskonformer Auslegung), so muß er das Gesetz anwenden.

Die Unabhängigkeit ist „kein Privileg für die Richter" (Eb. Schmidt Lehrk. I Rdnr. 487) im Sinne eines Selbstzweckes, sondern Mittel zum Zweck, die Rechtsprechung von der Einflußnahme „aller justizfremder Gewalten" (Eb. Schmidt a. a. O. Rdnr. 524) freizuhalten und ihr einen eigenverantwortlichen Tätigkeitsbereich zu sichern. Nur über die richterliche Unabhängigkeit kann der Rechtsprechung innerhalb der Gliederung der Staatsgewalt ein selbständiger Verantwortungsbereich garantiert werden.

1.2. Die Mitwirkung von Laienrichtern

In der Strafrechtspflege sind nicht nur Berufsrichter, sondern auch ehrenamtliche Laienrichter tätig, die beim Schöffengericht und in den Strafkammern zu den Berufsrichtern hinzutreten und zusammen und gleichberechtigt mit diesen die Spruchkörper bilden. Die Laienrichterbeteiligung ist im 19. Jh. als Forderung nach unmittelbarer Entscheidung des Volkes in der Rechtsprechung verwirklicht worden und war ein Stoßkeil gegen die geheime Kabinettsjustiz. Heute hat sich die Problematik der Laienrichterbeteiligung verschoben, und die Funktion der Laienrichter wird primär darin gesehen, daß sie die Berufsrichter bei der Urteilsfällung unterstützen und zusätzliche Argumente für die Rechtsfindung beitragen können. Die den Laienrichtern ursprünglich hauptsächlich zugemessene Kontrollfunktion gegenüber den beamteten Richterjuristen tritt demgegenüber heute zurück (vgl. zur rechtspolitischen Problematik der Laienrichterbeteiligung Eb. Schmidt Lehrk. I Rdnr. 567 ff.).

Für die Laienrichterbeteiligung ist entscheidend, einen Auswahlmodus zu finden, der einerseits eine politische Einflußnahme möglichst ausschließt und der es andererseits zuläßt, einen möglichst repräsentativen Querschnitt durch alle Volksschichten für das Laienrichteramt heranzuziehen. Zu den Einzelheiten über die Auswahl der Schöffen wird verwiesen auf §§ 31 ff. GVG.

1.3. Die Gerichtsverfassung im Bereich der Strafjustiz

Da die Einzelheiten zum Gerichtsverfassungsrecht gehören, kann hier nur ein kurzer Überblick über die einzelnen Spruchkörper im Bereich der Strafjustiz gegeben werden. Im Bereich des Amtsgerichts werden der Einzelrichter im Rahmen der Zuständigkeit nach § 25 GVG und das Schöffengericht (§ 24 und §§ 28 ff. GVG) tätig, das auf Antrag der Staatsanwaltschaft um einen zweiten Amtsrichter erweitert werden kann (§ 29 II GVG). Beim Landgericht bestehen drei Spruchkörper, von denen die kleine Strafkammer nur für Berufungen gegen Urteile des Einzelrichters zuständig ist (§ 76 II 1. Fall GVG). Die große Strafkammer wird sowohl als erstinstanzliches Gericht (§ 74 I GVG) als auch als Berufungsgericht gegenüber den Entscheidungen des Schöffengerichts (§§ 74 III, 76 II GVG) tätig. Als erste Instanz ist weiter eine Strafkammer als Schwurgericht für bestimmte schwere Verbrechen (§ 74 II GVG) zuständig. Die Strafsenate am Oberlandesgericht entscheiden in Staatsschutzsachen (§ 120 GVG) in der Besetzung mit fünf Berufsrichtern (§ 122 II GVG) als erstinstanzliches Gericht. In der Besetzung mit drei Berufsrichtern (§ 122 I GVG) entscheiden sie als Revisionsgericht gegenüber den Urteilen des Amtsrichters, gegen die Sprungrevision eingelegt wurde, und gegenüber den Berufungsurteilen der kleinen und großen Strafkammern. Ausnahmsweise sind sie Revisionsinstanz gegenüber Urteilen der großen Strafkammer, wenn die Revision ausschließlich auf die Verletzung einer in den Landesgesetzen enthaltenen Rechtsnorm gestützt wird (§ 121 I Nr. 1 c GVG).

In Bayern ist für Strafsachen das Bayerische Oberste Landesgericht nach § 9 EGGVG und Art. 22 bayer. AGGVG vom 17. 11. 1956 zuständig.

Der Bundesgerichtshof schließlich ist nach § 135 GVG Revisionsinstanz (dabei Besetzung eines Strafsenats mit fünf Mitgliedern, § 139 I GVG) gegenüber den erstinstanzlichen Urteilen der Oberlandesgerichte und der großen Strafkammern, soweit nicht nach § 121 I Nr. 1 c GVG bei letzteren die Zuständigkeit der Oberlandesgerichte für die Revision begründet ist. Zur Zuständigkeit bei Beschwerden gegen Beschlüsse und Verfügungen der Oberlandesgerichte vgl. § 135 II in Verbindung mit § 139 II GVG.

1.4. Die Zuständigkeit

1.41. Die örtliche Zuständigkeit (Gerichtsstand)

In der Strafprozeßordnung wird die örtliche Zuständigkeit in der ersten Instanz als Gerichtsstand bezeichnet. Sie ist in den §§ 7 bis 21 geregelt. Die örtliche Zuständigkeit im Rechtsmittelzug richtet sich immer nach der örtlichen Zuständigkeit des Gerichtes, dessen Entscheidung angefochten wird.

1.411. Die einzelnen Gerichtsstände

1.4111. Gerichtsstand des Tatortes (§ 7)

Örtlich zuständig für die Aburteilung ist zunächst das Gericht, in dessen Bezirk die strafbare Handlung begangen ist (§ 7 I; vgl. dazu eingehend LR Dünnebier § 7 Anm. I 2). Nach § 9 I StGB ist dabei eine Tat an dem Ort begangen, „an dem der Täter gehandelt hat oder im Falle des Unterlassens hätte handeln müssen oder an dem der zum Tatbestand gehörende Erfolg eingetreten ist oder nach der Vorstellung des Täters eintreten sollte“. Für die Teilnahme besteht dabei ein Tatort auch dort, wo die Haupttat begangen wird (vgl. § 9 II StGB). § 7 II erweitert diesen Gerichtsstand für strafbare Handlungen, die durch den Inhalt einer Druckschrift begangen werden (vgl. dazu näher Kleinknecht § 7 Anm. 3).

1.4112. Gerichtsstand des Wohnsitzes oder Aufenthaltortes (§ 8)

Der Gerichtsstand ist daneben bei dem Gericht begründet, in dessen Bezirk der Angeschuldigte z. Z. der Erhebung der Klage seinen Wohnsitz hat (§ 8 I). Der Begriff des Wohnsitzes bestimmt sich dabei nach den §§ 7 bis 11 BGB. „Wer sich an einem Ort ständig niederläßt, begründet an diesem Ort seinen Wohnsitz“ (§ 7 I BGB). Der Gerichtsstand des Wohnsitzes wird nach § 8 II erweitert um den Gerichtsstand des gewöhnlichen Aufenthalts, wenn der Angeschuldigte keinen Wohnsitz im Geltungsbereich der Strafprozeßordnung hat. Gewöhnlicher Aufenthalt bedeutet dabei, daß sich jemand freiwillig an einem Ort für längere Zeit – wenn auch nicht notwendigerweise ununterbrochen – aufhält, ohne daß dabei ein Wohnsitz im Rechtssinne begründet wird (vgl. Kleinknecht § 8 Anm. 2). Liegt bei einem Täter weder ein Wohnsitz noch ein gewöhnlicher Aufenthaltsort vor, dann greift subsidiär der Gerichtsstand des letzten Wohnsitzes ein (§ 8 II 2. Alt.).

1.4113. Gerichtsstand des Ergreifungsortes (§ 9)

Nach § 9 wird ein Gerichtsstand bei dem Gericht begründet, in dessen Bezirk der Beschuldigte ergriffen worden ist. Unter Ergreifen ist dabei sowohl die Festnahme durch einen Beamten wie auch durch eine Privatperson (vgl. § 127) zu verstehen. Möglich ist ein Ergreifen auch dann, wenn sich der Täter selbst stellt (Kleinknecht § 9 Anm. 1 A). Nicht erfaßt wird durch § 9 der Verwahrungsort (etwa bei Untersuchungshaft oder Strafverbüßung).

1.4114. Gerichtsstand bei Exterritorialität

Exterritoriale Deutsche, die sich im Ausland aufhalten, behalten den Gerichtsstand des Wohnsitzes, den sie im Inland hatten. Liegt ein solcher Wohnsitz nicht vor, dann gilt der Sitz der Bundesregierung als ihr Wohnsitz (§ 11 I). Deutsche Bundes- und Landesbeamte im Ausland sind zwar nicht exterritorial, werden aber mit Ausnahme der Wahlkonsuln (§ 11 II) bezüglich dieses Gerichtsstandes den Exterritorialen gleichgestellt.

Für Angehörige dieser Personen gilt dieser Gerichtsstand aber nicht (Kleinknecht § 11 Anm. 2).

1.4115. Gerichtsstand kraft Zusammenhanges (§ 13)

§ 3 gibt den persönlichen und sachlichen sowie den kombinierten Zusammenhang an (vgl. u. IV. 1.44.). In § 13 wird daraus die Konsequenz für die örtliche Zuständigkeit gezogen. Die verbundenen Strafsachen können vor jedem Gericht angeklagt werden, bei dem für eine der Strafsachen die örtliche Zuständigkeit gegeben ist. Zu den Einzelfragen vgl. § 13 II und III.

1.4116. Gerichtsstand kraft gerichtlicher Bestimmung (§ 13 a)

Fehlt es an einem zuständigen Gericht oder ist dieses nicht zu ermitteln (das liegt schon vor, wenn das örtliche zuständige Gericht bei normalen Bemühungen nicht festgestellt werden kann, vgl. BGH 10, 255), so bestimmt der Bundesgerichtshof das zuständige Gericht. § 13 a ist mit dem Gebot des gesetzlichen Richters (Art. 101 I S. 2 GG) vereinbar (BVerfGE 20, 336).

1.4117. Gerichtsstand kraft Übertragung (§ 15)

Ist das an sich örtlich zuständige Gericht in einem Einzelfall an der Ausübung des Richteramtes rechtlich oder tatsächlich verhindert oder eine Verhandlung vor ihm nur unter Gefährdung der öffentlichen Sicherheit durchzuführen, so bestimmt das zunächst obere Gericht ein anderes gleichstehendes Gericht eines anderen Bezirkes, dem die Sache zur Untersuchung und Entscheidung übertragen wird. Auch § 15 ist mit dem Grundgesetz vereinbar (BVerfGE 20, 336).

1.4118. Notzuständigkeit (§ 21)

Ein örtlich unzuständiges Gericht kann innerhalb seines Bezirkes Untersuchungshandlungen vornehmen, bei denen Gefahr im Verzug ist. Durch § 21 wird eine örtliche Zuständigkeit nur für unaufschiebbare Einzelmaßnahmen begründet. Für jede weitere Befassung mit der Sache muß dann das örtlich zuständige Gericht tätig werden.

1.412. *Auswahl unter mehreren zuständigen Gerichten*

Aus der Aufzählung dieser zahlreichen Möglichkeiten für die Begründung der örtlichen Zuständigkeit ergibt sich, daß im Regelfall zur Aburteilung einer Tat mehrere Gerichte örtlich zuständig sind. Hier ist zunächst zu unterscheiden zwischen *primären* und *subsidiären* Gerichtsständen. Letztere greifen nur dann ein, sofern kein primärer Gerichtsstand begründet ist. Unter mehreren primären Gerichtsständen hat grundsätzlich die Staatsanwaltschaft die Auswahl bei der Anklage (vgl. Kleinknecht Vorbem. 5 vor § 7 und BGH 21, 212). Sie bleibt in diesem Wahlrecht auch frei, bis das Hauptverfahren eröffnet ist. Bei der Auswahl muß die Staatsanwaltschaft nach pflichtgemäßem Ermessen handeln.

Haben mehrere örtlich zuständige Gerichte die Untersuchung eröffnet, so gilt nach § 12 I das Prioritätsprinzip. Die später anhängig gewordenen Verfahren müssen eingestellt werden (vgl. Kleinknecht § 12 Anm. 1). Möglich ist es jedoch auch, die Untersuchung und Entscheidung einem anderen der zuständigen Gerichte zu übertragen; dafür zuständig ist das gemeinschaftliche obere Gericht (§ 12 II).

1.413. *Kompetenzkonflikt (§§ 14, 19)*

Ein Kompetenzkonflikt kann in positiver oder negativer Hinsicht entstehen. Beim *positiven Kompetenzkonflikt* erklären sich mehrere Gerichte für zuständig, beim *negativen* verneinen alle Gerichte ihre Zuständigkeit. Für beide Fälle gilt § 14. Danach bestimmt das gemeinschaftliche obere Gericht dann dasjenige Gericht, das sich der Untersuchung und Entscheidung des Falles zu unterziehen hat. Für den negativen Kompetenzkonflikt trifft § 19 noch eine Sonderregelung für den Fall, daß sich unter den Gerichten, die sich für unzuständig erklärt haben, das zuständige Gericht befindet und daß die Entscheidungen dieser Gerichte nicht mehr anfechtbar sind. Auch in diesem Fall, wo sich das zuständige Gericht damit bereits in unanfechtbarer Weise für unzuständig erklärt hat, bestimmt das obere gemeinschaftliche Gericht das zuständige Gericht. § 19 gestattet also eine Durchbrechung der formellen Rechtskraft des Unzuständigkeitsbeschlusses.

1.414. Folgen der Unzuständigkeit

Die örtliche Zuständigkeit ist zwar eine Verfahrensvoraussetzung und wäre als solche grundsätzlich vom Gericht von Amts wegen zu beachten (vgl. dazu im einzelnen u. 101), jedoch bestimmt § 18 für die örtliche Unzuständigkeit, daß nach Eröffnung des Hauptverfahrens das Gericht seine Unzuständigkeit nicht mehr von Amts wegen feststellen darf. Eine Überprüfung der örtlichen Zuständigkeit findet aber weiterhin auf Antrag des Angeschuldigten statt. Dafür bestimmt § 16, daß dieser Einwand spätestens in der Hauptverhandlung bis zum Beginn der Vernehmung zur Sache geltend gemacht werden muß. Nach diesem Zeitpunkt kann die Rüge der örtlichen Unzuständigkeit nicht mehr erhoben werden. Die örtliche Zuständigkeit ist also eine kurzlebige Verfahrensvoraussetzung, die nach Überschreitung der bezeichneten Grenze nicht mehr geltend gemacht werden kann.

Zu beachten ist noch, daß nach § 20 einzelne Untersuchungshandlungen eines örtlichen unzuständigen Gerichtes nicht allein wegen dieser Unzuständigkeit ungültig sind.

1.42. Die sachliche Zuständigkeit

Unter sachlicher Zuständigkeit versteht man die Verteilung der Strafsachen auf die verschiedenen erstinstanzlichen Gerichte. Im Strafverfahren hat die sachliche Zuständigkeit deshalb eine große Bedeutung, weil vier erstinstanzliche Spruchkörper bestehen (Strafrichter als Einzelrichter, Schöffengericht einschließlich des erweiterten Schöffengerichts, große Strafkammer einschließlich der Staatsschutzkammer nach § 74 a GVG, der Wirtschaftsstrafkammer nach § 74 c GVG und der Strafkammer als Schwurgericht nach § 74 II GVG, sowie schließlich der Strafsenat am OLG). Für die Auswahl des sachlich zuständigen Eingangsgerichts im Instanzenzug gibt es zwei Bestimmungsmöglichkeiten.

1.421. Abstrakte Zuweisung der sachlichen Zuständigkeit durch das Gesetz

1.4211. Nach Deliktsgruppen

Dieses Prinzip ist verwirklicht bei der Staatsschutzkammer nach § 74 a GVG, der Wirtschaftsstrafkammer nach § 74 c GVG, der

Strafkammer als Schwurgericht nach § 74 II GVG und dem Strafsenat am OLG nach § 120 GVG. Der Vorteil der abstrakten gesetzlichen Zuweisung liegt darin, daß der Staatsanwaltschaft kein Auswahlermessen bezüglich des sachlich zuständigen Gerichts eingeräumt ist, sondern daß dieses abschließend durch das Gesetz selbst bestimmt ist. Der Nachteil besteht darin, daß dieser Weg nur über die Zuordnung jeweils der gleichen Straftatbestände zur gleichen Eingangsinstanz möglich ist. Da nun aber einzelne Deliktsverwirklichungen ein sehr unterschiedliches Gewicht haben können, ist dieser Weg für die Strafrechtspflege nicht durchgehend verwirklicht worden.

1.4212. Nach der Strafandrohung

Hier wird die sachliche Zuständigkeit danach bestimmt, welche abstrakte Strafhöhe das Gesetz für eine bestimmte Straftat zuläßt. Im geltenden Recht gehört hierher § 25 Nr. 2 GVG. Der Strafrichter ist für Vergehen immer zuständig, wenn die Tat mit keiner höheren Strafe als Freiheitsstrafe von sechs Monaten bedroht ist.

1.422. Sachliche Zuständigkeit kraft konkreter Auswahl

Dieses Prinzip, die sachliche Zuständigkeit zu bestimmen, ist im geltenden Recht angewandt beim Strafrichter, beim Schöffengericht und bei der großen Strafkammer. Die konkrete Auswahl erfolgt dabei nach folgenden Gesichtspunkten:

1.4221. Nach der Strafgewalt

Eine Grenzziehung zwischen den einzelnen sachlich zuständigen Gerichten ist zunächst nach dem Gesichtspunkt möglich, daß ein Gericht nur Strafen bis zu einer bestimmten Höhe und Maßnahmen von einer bestimmten Art verhängen darf. Im geltenden Recht ist dieses Prinzip angewendet in § 24 II GVG, wonach das Amtsgericht auf keine höhere Strafe als drei Jahre Freiheitsstrafe und nicht auf Unterbringung in einem psychiatrischen Krankenhaus oder in der Sicherungsverwahrung erkennen darf. Für die Verhängung einer mehr als dreijährigen Freiheitsstrafe oder den Ausspruch der genannten Maßregeln ist damit nur das Landgericht zuständig. Zu beachten ist, daß § 25 Nr. 3 GVG die Strafgewalt des Amtsrichters nicht limitiert, sondern daß auch für den Amtsrichter die allgemeine Grenze des § 24 II GVG gilt (BGH 16, 248; h. M.).

1.4222. Nach der Straferwartung

Hier erfolgt die Bestimmung des sachlich zuständigen Gerichts nicht nach dem abstrakten gesetzlichen Strafrahmen, sondern nach der voraussichtlich im konkreten Fall zu erwartenden Strafe. Dieses Prinzip ist verwendet bei §§ 25 Nr. 3 und 24 I Nr. 2 GVG, sowie über § 24 I Nr. 2 GVG auch bei § 74 I GVG. Danach ergibt sich für die sachliche Zuständigkeit folgendes: Ist bei Vergehen keine höhere Strafe als Freiheitsstrafe von einem Jahr zu erwarten, so erhebt die Staatsanwaltschaft grundsätzlich Anklage beim Einzelrichter (§ 25 Nr. 3 GVG). Ist bei Verbrechen und Vergehen keine Freiheitsstrafe über drei Jahre und keine Anordnung der Unterbringung in einem psychiatrischen Krankenhaus oder in der Sicherungsverwahrung zu erwarten, so erhebt die Staatsanwaltschaft grundsätzlich Anklage zum Schöffengericht, sofern nicht wegen der besonderen Bedeutung des Falles Anklage zum Landgericht zu erheben ist (§ 24 I Nr. 3 GVG). Ist Freiheitsstrafe über drei Jahre oder die Anordnung der genannten Maßregeln zu erwarten, so wird Anklage zur großen Strafkammer erhoben (§ 74 I Nr. 2 GVG).

1.4223. Nach der Bedeutung der Sache

Die maßgebende Überlegung ist hier, das schwierigere und bedeutungsvollere Sachen deshalb vor die höhere Instanz kommen sollen, weil hier die größere Gewähr für die sachgerechte Erledigung gegeben ist und sich auch der Rechtsmittelzug nach dem höheren Gericht bestimmt. Verwendet im geltenden Recht ist dieses Prinzip vor allem in §§ 24 I Nr. 3 und 74 I S. 2 GVG, wonach die Staatsanwaltschaft wegen der besonderen Bedeutung des Falles Anklage zum Landgericht erheben kann (ferner in § 74 a II GVG). Bei dem Begriff der besonderen Bedeutung handelt es sich um einen unbestimmten Rechtsbegriff (BVerfGE 9, 223). Der Staatsanwaltschaft ist damit kein echtes Ermessen eingeräumt, sondern sie hat diesen unbestimmten Rechtsbegriff anhand von Subsumtionsmerkmalen auszufüllen. Die besondere Bedeutung des Falles kann sich dabei aus dem Ausmaß der Rechtsverletzung und den Auswirkungen der Straftat ergeben, ferner aus einer besonderen Stellung des Beschuldigten oder Verletzten im öffentlichen Leben (im einzelnen aber str.), sowie vor allem aus dem großen Umfang des Untersuchungsstoffes und den Schwierigkeiten der Tatsachenfeststellungen und der Rechtsanwendung (vgl. näher Kleinknecht § 24 GVG Anm. 4 A).

Auch der Umfang der Sache als solcher erlangt Bedeutung für die Bestimmung des erstinstanzlichen Gerichtes. Denn nach § 29 II GVG ist es auf Antrag der Staatsanwaltschaft möglich, zu dem Schöffengericht einen zweiten Richter beim Amtsgericht hinzuzuziehen (sog. erweitertes Schöffengericht). Ob es sich hier allerdings um einen echten Fall der Bestimmung der sachlichen Zuständigkeit handelt, ist fraglich, weil das erweiterte Schöffengericht im Instanzenzug grundsätzlich dem Schöffengericht gleich steht.

Die Bestimmung des sachlich zuständigen Gerichts ist damit in sehr differenzierter Weise erfolgt, so daß faktisch der Staatsanwaltschaft ein weiter Entscheidungsrahmen für die Auswahl des zuständigen Gerichts eingeräumt ist (vgl. zu der daraus entstehenden verfassungsrechtlichen Problematik u. 1.5.).

Rechtspolitisch erscheint durchaus eine Verringerung der erstinstanzlichen Spruchkörper wünschenswert, etwa in Angleichung an die Jugendgerichtsverfassung (Jugendrichter als Einzelrichter, Jugendschöffengericht, Jugendstrafkammer). Jedoch wird sich dies erst im Zusammenhang mit einem dreistufigen Gerichtsaufbau durchführen lassen, innerhalb dessen es dann ein einheitliches Eingangsgericht (aufgespaltet in Einzelrichter, Schöffengericht und Strafkammer) geben könnte. Das zum 1. 1. 1975 erfolgte Aufgehen des (alten) Schwurgerichts in der großen Strafkammer ist ein Schritt in diese Richtung.

1.5. Der gesetzliche Richter

Das Verfassungsgebot des gesetzlichen Richters ist in Art. 101 I GG und fast gleichlautend in § 16 GVG verankert. Es handelt sich dabei um einen besonders wichtigen Teilaspekt des

Rechtsstaatsprinzips, durch den Ausnahmegerichte verboten werden und die Garantie des gesetzlichen Richters geschaffen wird.

1.51. Unzulässigkeit von Ausnahmegerichten

Das Verbot von Ausnahmegerichten erklärt sich aus der historischen Erfahrung, daß für die staatlichen Machthaber die Versuchung groß ist, für jeweils wichtige Prozesse Ausnahmegerichte zu schaffen, die sich dann mit willfährigen Richtern besetzen lassen. Ein Ausnahmegericht liegt dann vor, wenn ein gerichtlicher Spruchkörper als solcher und in seiner jeweiligen Zusammensetzung nur von Fall zu Fall bestimmt wird und nicht auf abstrakter gesetzlicher Bestimmung beruht (vgl. Eb. Schmidt Lehrk. III § 16 GVG Rdnr. 4).

1.52. Die Bestimmung des gesetzlichen Richters

Ein Richter ist dann ein gesetzlicher, wenn seine Zuständigkeit für jeden einzelnen Entscheidungsfall auf einer abstrakten gesetzlichen Regelung beruht. Welches Gericht einen konkreten Fall zu entscheiden hat, muß durch allgemein gültige gesetzliche Aussagen festgelegt sein. An diesem Grundsatz gemessen weist die geltende Zuständigkeitsverteilung im Strafverfahren folgende neuralgische Punkte auf:

1.521. Richterauswahl durch die Anklagebehörde

Das hier auftauchende Problem hängt aufs engste mit der o. 1.422 geschilderten sachlichen Zuständigkeitsregelung zusammen. Bestimmt die Staatsanwaltschaft durch konkrete Auswahl das sachlich zuständige Gericht, so ist es sehr zweifelhaft, ob dann dem Verfassungsgebot des gesetzlichen Richters Genüge getan wird. Besonders kritisch sind hier die §§ 24 I Nr. 2 und 3, sowie 25 Nr. 3 GVG. Wenn hier die Auswahl des konkret sachlich zuständigen Gerichts dem Ermessen der Staatsanwaltschaft anheim gegeben ist, wird ein Verstoß gegen das Prinzip des gesetzlichen Richters unabweisbar. Das Bundesverfassungsgericht (BVerfGE 9, 230) hat sich eingehend mit dieser gesetzlichen Regelung auseinandergesetzt und sie in verfassungskonformer Auslegung für verfassungsgemäß gehalten. Dabei hat das Bundesverfassungsgericht darauf abgestellt, daß kein Ermessen vorliege, sondern daß es sich dabei um die Ausfüllung unbestimmter Rechtsbegriffe handle. Nach BVerfGE 22, 254 ist in § 25 Nr. 3 GVG der Begriff „von minderer Bedeutung" zu ergänzen. Die Staatsanwaltschaft muß danach Anklage zum Einzelrichter erheben, wenn eine Straftat von minderer Bedeutung vorliegt; sie hat Anklage zur großen Strafkammer zu erheben, wenn Vergehen oder Verbrechen von besonderer Bedeutung gegeben sind (§ 24 I Nr. 3 in Verbindung mit § 74 I GVG). Bei Vergehen und Verbrechen von durchschnittlicher Bedeutung muß die Anklage zum Schöffengericht erhoben werden, sofern dessen Strafbefugnis ausreicht (§ 24 II GVG). In dieser Auslegung hält das Bundesverfassungsgericht die Regelung über die sachliche Zuständigkeit mit dem Prinzip des gesetzlichen Richters für vereinbar. Denn dann ist die grundsätzliche Zuordnung im Gesetz selbst enthalten, und der einzelne Staatsanwalt füllt bei der Wahl des konkret zuständigen Gerichtes nur die abstrakten Rechtsbegriffe aus.

Ein weiteres Problem ergibt sich daraus, daß die Staatsanwaltschaft bei mehreren Beschuldigten die Reihenfolge der Angeklagten bestimmen kann und daß sich dann die Zuständigkeit des gerichtlichen Spruchkörpers gegebenenfalls nach dem Buchstaben des erstgenannten Angeklagten richtet. Auch hier wird man fordern müssen, daß die Staatsanwaltschaft streng nach sachgerechten Gesichtspunkten vorgeht, also bei mehreren Beteiligten denjenigen an die Spitze der Anklageschrift stellen muß, bei dem der Schwerpunkt der Straftatenbegehung liegt, und bei mehreren in etwa gleich schwer straffällig gewordenen Mitangeklagten grundsätzlich die alphabetische Reihenfolge einhält.

1.522. *Gerichtliche Geschäftsverteilung*

Die Geschäftsverteilung innerhalb eines Gerichts dient dazu, den Geschäftsgang der anfallenden Rechtssachen zu regeln. Es geht hier also nicht um die Zuständigkeit eines Gerichts, sondern um die Verteilung der richterlichen Geschäfte auf die einzelnen Richter und Spruchkörper innerhalb eines bestimmten Gerichtes. Die Geschäftsverteilung wird vorgenommen durch das für das Gericht zuständige Präsidium (vgl. §§ 21 a ff., insbesondere § 21 e GVG). Die Geschäftsverteilung wird vor dem Beginn eines Geschäftsjahres auf dessen Dauer hin festgelegt (vgl. § 21 e I GVG). Die Garantie des gesetzlichen Richters bezieht sich nicht nur auf das Gericht als Ganzes, sondern auch auf den konkret entscheidenden Richter bzw. Spruchkörper. Ist der Geschäftsverteilungsplan fehlerhaft zustande gekommen oder wird er in einem Fall nicht beachtet, so kann darin ein Verstoß gegen den gesetzlichen Richter liegen (vgl. BGH 21, 191 und 24, 254 zum früheren Schwurgericht; s. dazu auch Schünemann NJW 74, 295).

1.523. Überbesetzung von Spruchkörpern

Eine Verletzung des Verfassungsgebots des gesetzlichen Richters kann sich auch daraus ergeben, daß ein Spruchkörper überbesetzt ist. Denn auf Grund der Überbesetzung steht dann nicht einwandfrei fest, welche der dem Spruchkörper zugeordneten Richter in der einzelnen Sitzung tätig werden (vgl. dazu auch Müller DRiZ 74, 41).

> *Beispiel:* BVerfGE 19, 147 hat es mit dem Grundsatz des gesetzlichen Richters für unvereinbar gehalten, daß ein OLG-Senat mit einem Senatspräsidenten und fünf OLG-Räten besetzt war. Bei dieser sehr erheblichen Überbesetzung hat das Bundesverfassungsgericht das Gebot des gesetzlichen Richters nicht mehr für gewahrt gehalten.

Zulässig ist aber eine maßvolle Überbesetzung, die den Rahmen des Notwendigen (z. B. aus Ausbildungsgründen) nicht überschreitet. Entschärft wird das Problem durch § 21 g GVG, der die interne Geschäftsverteilung im einzelnen Spruchkörper regelt.

1.524. Rechtsirrtümliche Annahme der Zuständigkeit

Ein Zuständigkeitsfehler des entscheidenden Gerichts kann sich daraus ergeben, daß auf Grund eines Rechtsirrtums ein nach dem Geschäftsverteilungsplan nicht zuständiger Spruchkörper entscheidet. Hier ist zu beachten, daß nicht jeder Verfahrensirrtum einen Verstoß gegen den Grundsatz des gesetzlichen Richters bedeutet. Vielmehr ist erforderlich, daß der Angeklagte dem gesetzlichen Richter willkürlich entzogen wird

(BGH 11, 106). Bei einem rein gerichtsinternen Verfahrensfehler ist also der Grundsatz des gesetzlichen Richters erst verletzt, wenn er auf Willkür beruht (näher dazu Eb. Schmidt Lehrk. III § 16 GVG Rdnr. 6).

1.525. *Auswahl bei der Zurückverweisung nach § 354 II*

Nach § 354 II S. 1 hat das Revisionsgericht die Auswahl darüber, ob es die Sache an eine andere Abteilung oder Kammer des Gerichts zurückverweist, dessen Urteil aufgehoben wird, oder an ein zu demselben Land gehörendes anderes Gericht gleicher Ordnung. Die darin liegende Auswahlmöglichkeit des gesetzlichen Richters im Falle der Zurückverweisung hat das Bundesverfassungsgericht (E 20, 336) für verfassungsmäßig gehalten. Es hält die Auswahl des Gerichtes, an das zurückverwiesen wird, für einen Bestandteil der Rechtsfindung im Rahmen des Revisionsverfahrens.

1.6. *Der befangene Strafrichter*

Das Gesetz will dem Angeklagten nicht nur einen generell unabhängigen, zuständigen und gesetzlichen Richter garantieren, sondern auch ausschließen, daß der Richter dem Angeklagten im konkreten Fall voreingenommen gegenübertritt. Die Gefahr einer solchen Voreingenommenheit und Parteilichkeit nimmt das Gesetz sehr ernst und versucht sie auf doppelte Weise zu vermeiden. In bestimmten Fällen wird ein Richter kraft Gesetzes von der Mitwirkung in einem konkreten Strafverfahren ausgeschlossen. Weiter wird für bestimmte Fälle den Beteiligten das Recht gegeben, einen Richter abzulehnen; wird der darauf gerichtete Antrag für begründet erklärt, so scheidet der Richter aus dem betreffenden Verfahren aus. Diese Ausschließung und Ablehung von Gerichtspersonen ist in den §§ 22 bis 31 geregelt. Zweck dieser Vorschriften ist es zu verhindern, daß persönliche Sympathie oder Abneigung einen Einfluß auf die richterliche Entscheidung ausüben können. Zugleich soll jeder Anschein der Parteilichkeit in der Rechtspflege vermieden werden (BGH 14, 221). Letztlich geht es damit um das Anliegen, daß die Staatsbürger im allgemeinen und der jeweils Betroffene im besonderen Vertrauen in die staatliche

Strafrechtspflege haben (vgl. Arzt, Der befangene Strafrichter, 1969, 3). „Das Ideal des neutralen, distanzierten, unparteilichen und geeigneten Richters wurzelt letztlich im Rechtsstaatsprinzip, Art. 20 GG" (Arzt a. a. O. 115).

1.61. Der ausgeschlossene Strafrichter

Die Ausschließungsgründe beruhen auf unterschiedlichen Gesichtspunkten, vor allem dem eigenen Betroffensein des Richters durch die Tat, einem engeren verwandtschaftlichen Verhältnis zum Beschuldigten oder Verletzten und einer früheren Befassung des Richters mit der Sache. Im einzelnen ist ein Richter nach § 22 ausgeschlossen:

„1. wenn er selbst durch die Straftat verletzt ist;
2. wenn er Ehegatte oder Vormund des Beschuldigten oder des Verletzten ist oder gewesen ist;
3. wenn er mit dem Beschuldigten oder mit dem Verletzten in gerader Linie verwandt, verschwägert oder durch Annahme an Kindes Statt verbunden, in der Seitenlinie bis zum dritten Grade verwandt oder bis zum zweiten Grade verschwägert ist, auch wenn die Ehe, durch welche die Schwägerschaft begründet ist, nicht mehr besteht;
4. wenn er in der Sache als Beamter der Staatsanwaltschaft, als Polizeibeamter, als Anwalt des Verletzten oder als Verteidiger tätig gewesen ist;
5. wenn er in der Sache als Zeuge oder Sachverständiger vernommen ist."

§ 23 erweitert diese Ausschließungsgründe um weitere Fälle, die sich aus der Mitwirkung am früheren Verfahren ergeben. Ein Richter ist im Rechtsmittelverfahren ausgeschlossen, wenn er vorher an der angefochtenen Entscheidung mitgewirkt hat (§ 23 I); entsprechendes gilt für das Wiederaufnahmeverfahren (§ 23 II).

Der ausgeschlossene Strafrichter ist kraft Gesetzes an der Mitwirkung bei der Entscheidung verhindert. Das gilt auch für den Fall, daß der Ausschließungsgrund während des Verfahrens nicht bemerkt wird, sogar wenn keinen der Beteiligten daran irgendein Vorwurf trifft. Sichergestellt wird dies durch die Gewährung eines absoluten Revisionsgrunds (§ 338 Nr. 2).

Beispiel: Stellt sich nach Abschluß des Verfahrens zufällig heraus, daß der Richter mit dem Verletzten in der Seitenlinie im dritten Grad verwandt ist (§ 22 Nr. 3), so kann das Urteil aus diesem Grund angefochten werden (§ 338 Nr. 2), auch wenn dieser Umstand keinerlei Einfluß auf die Entscheidungstätigkeit des Richters hatte, da ihm dieses entfernte Verwandtschaftsverhältnis mit dem Verletzten ebenso unbekannt war wie allen anderen Verfahrensbeteiligten. Jedoch erachtet die Rechtsordnung den Gesichtspunkt, daß ein Richter zu keiner der beteiligten Personen in einem engen Verwandtschaftsverhältnis stehen soll, für so hoch, daß auch in diesem Fall der Richter kraft Gesetzes ausgeschlossen ist.

1.62. Der ablehnbare Strafrichter

1.621. Die Besorgnis der Befangenheit

Nach § 24 I kann ein Richter sowohl in den Fällen, in denen er von der Ausübung des Richteramts kraft Gesetzes ausgeschlossen ist, als auch wegen Besorgnis der Befangenheit abgelehnt werden. Was die erstgenannte Möglichkeit betrifft, so hat hier der Antrag an das Gericht nur die Funktion einer Anregung, daß das Gericht einen Umstand prüfen und entscheiden soll, den es ohnehin von Amts wegen beachten muß. Ein Beschluß des Gerichts, der einem solchen Antrag stattgibt, hat nur deklaratorische Bedeutung, weil die Ausschließung unmittelbar kraft Gesetzes eintritt. Praktische Bedeutung hat ein solches Verfahren aber dennoch, weil damit eine Klarstellung für die Beteiligten erreicht wird, wie das Gericht zu einem vorgetragenen Ausschließungsgrund Stellung nimmt.

Kernpunkt des Ablehungsrechts ist die „Besorgnis der Befangenheit". Diese ist nach § 24 II gegeben, „wenn ein Grund vorliegt, der geeignet ist, Mißtrauen gegen die Unparteilichkeit eines Richters zu rechtfertigen". Fraglich ist zunächst, welches Beurteilungsmaß dafür angelegt werden soll. Möglich ist es, die Besorgnis der Befangenheit subjektiv auf den Betroffenen zu beziehen und aus dessen Sicht heraus zu entscheiden. Nach dem Gesetzeswortlaut näher liegt aber ein objektiver Maßstab, nämlich die Frage nach einer verständigen Würdigung der

Situation zu beantworten. Während neuerdings die subjektive Ausrichtung an Boden gewinnt (vgl. Arzt a. a. O. 28 ff.), vertritt die h. L. und st. Rspr. eine Kombination zwischen objektivem und subjektivem Beurteilungsmaßstab. Danach besteht die Besorgnis der Befangenheit, „wenn der Ablehnende von seinem Standpunkt aus bei verständiger Würdigung der Sachlage Anlaß hat, an der Unparteilichkeit des Richters zu zweifeln" (Eb. Schmidt Lehrk. II § 24 Rdnr. 2 mit eingehenden Rechtsprechungs- und Literaturnachweisen).

Da sich auch mit der oben wiedergegebenen Formel die Ausfüllung des unbestimmten Rechtsbegriffes „Besorgnis der Befangenheit" im konkreten Fall nur schwer vollziehen läßt, sollen einige Beispiele die Verwendung dieser Formel in Rechtsprechung und Literatur näher erläutern:

Zunächst kommen dafür Umstände in Betracht, die den Ausschließungsgründen des § 22 nahe kommen, so z. B. eine enge freundschaftliche oder nachbarliche Beziehung des Richters zum Verletzten oder Beschuldigten. Weiter kann die Besorgnis der Befangenheit begründet werden durch eine grobe Verletzung des richterlichen Verhandlungsstils, z. B. durch eine schwer beleidigende Äußerung in der Sitzung (Kleinknecht § 24 Anm. 2 B); nicht ausreichend ist aber eine bloße Unmutsäußerung (BGH bei Dallinger MDR 71, 17). Öffentliche Äußerungen zur Schuld des Angeklagten vor oder während des Verfahrens begründen in der Regel die Besorgnis der Befangenheit, weil dann die Gefahr einer Vorwegnahme des Beweisergebnisses und einer Voreingenommenheit bei der Beweiswürdigung besteht. Die Zugehörigkeit des Richters zu Parteien, Religions- oder Weltanschauungsgemeinschaften sowie zu Vereinen reicht als solche grundsätzlich nicht aus, um die Besorgnis der Befangenheit zu begründen. Hinzutreten müssen hier weitere konkrete Umstände, die an der neutralen, unvoreingenommenen Haltung des Richters in bezug auf die konkrete Strafsache berechtigte Zweifel nahe legen, so z. B. wenn in einer Strafsache mit erheblichem politischen Gehalt der Richter einer extrem anderen politischen Gruppierung angehört als der Angeklagte und seine Vorstellung in der Öffentlichkeit nachdrücklich vorträgt (vgl. KMR § 24 Anm. 2 b). Einen Ablehnungsgrund kann sich der Angeklagte grundsätzlich nicht durch sein eigenes Verhalten schaffen, so wenn er den Richter in der Verhandlung grob beleidigt und dann erklärt, daß zwischen Gericht und Angeklagtem kein Vertrauensverhältnis mehr bestehen könne (Eb. Schmidt Lehrkd. II § 24 Rdnr. 4).

1.622. Das Ablehnungsverfahren

Nach § 24 III sind ablehnungsberechtigt der Staatsanwalt, der Privatkläger (damit über § 397 I auch der Nebenkläger) und der Beschuldigte. Ob der Verletzte ein Ablehnungsrecht im Klageerzwingungsverfahren besitzt, ist umstritten (bejahend OLG Karlruhe NJW 73, 1658; LR Dünnebier § 24 Anm. 8; Teplitzky MDR 70, 106; R. Hamm NJW 74, 682; verneinend RGSt 52, 292; KMR § 24 Anm. 3), aber wohl anzunehmen. Der Verteidiger hat kein selbständiges Ablehnungsrecht im eigenen Namen. Jedoch ist bei ihm in der Regel davon auszugehen, daß er bei einem Ablehnungsgesuch im Namen des Beschuldigten handelt. Die Ablehnung wegen Besorgnis der Befangenheit ist nur bis zum Beginn der Vernehmung des Angeklagten zur Sache zulässig (§ 25 I). Nur wenn ein Ablehnungsgrund erst später entstanden oder zur Kenntnis des Ablehnungsberechtigten gelangt ist, kann ein solcher Grund später geltend gemacht werden; jedoch muß dann die Ablehnung unverzüglich erfolgen (vgl. § 25 II). Nach dem letzten Wort des Angeklagten ist eine Ablehnung in jedem Fall unzulässig (§ 25 II 2).

Das Ablehnungsgesuch muß bei dem Gericht angebracht werden, dem der abzulehnende Richter angehört (§ 26 I). In dem Gesuch müssen der Ablehnungsgrund und im Falle des § 25 II auch die Voraussetzungen des rechtzeitigen Vorbringens glaubhaft gemacht werden (§ 26 II 1; vgl. zu den Mitteln der Glaubhaftmachung näher S. 2 und 3). Der abgelehnte Richter muß sich über den Ablehnungsgrund dienstlich äußern (§ 26 III).

Bei der Behandlung des Ablehnungsgesuchs ist streng zwischen der Entscheidung über die Zulässigkeit des Ablehnungsgesuchs und derjenigen über die Begründetheit der Ablehnung zu unterscheiden. Das Gericht unter Einschluß des abgelehnten Richters entscheidet über die Zulässigkeit nach § 26 a und verwirft das Ablehnungsgesuch als unzulässig, wenn die Ablehnung verspätet ist, ein Grund zur Ablehnung oder ein Mittel zur Glaubhaftmachung nicht angegeben wird oder wenn durch die Ablehnung offensichtlich das Verfahren verschleppt oder nur verfahrensfremde Zwecke verfolgt werden sollen (§ 26 a I). Wird das Ablehnungsgesuch für zulässig gehalten, dann muß zur weiteren Entscheidung über den Ablehnungsgrund der abgelehnte Richter ausscheiden (§ 27 I). Die näheren Bestimmungen über das Ausscheiden des abgelehnten Richters und seine Ersetzung durch einen anderen Richter bei den einzelnen Spruchkörpern trifft § 27 II bis IV. Wird der Ablehnungsgrund für gegeben gehalten, so scheidet der abgelehnte Richter für das weitere Verfahren aus. Dieser Beschluß ist nicht anfechtbar (§ 28 I). Hält das über die Ablehnung entscheidende Gericht den Ablehnungsgrund nicht für gegeben, so wird das Ablehnungsgesuch durch Beschluß als unbegründet zurückgewiesen. Der abgelehnte Richter wirkt dann in dem weiteren Verfahren wieder mit. Der Beschluß, durch den die Ablehnung als unzulässig verworfen oder als unbegründet zurückgewiesen wird, ist durch sofortige Beschwerde anfechtbar (§ 28 II 1). Soweit es sich jedoch bei dem abgelehnten Richter um einen erkennenden Richter handelt, ist eine Anfechtung nur zusammen mit dem Urteil möglich (§ 28 II 2). Das bedeutet, daß in diesem Fall die Verwerfung oder Zurückweisung des Ablehnungsgesuches nur mit dem Rechtsmittel, das gegen das Urteil zulässig ist (Berufung oder Revision), angefochten werden kann. Im Falle der Berufung muß dann dabei ausdrücklich auf die zu Unrecht nicht gewährte Richterablehnung hingewiesen werden, obwohl sonst das Rechtsmittel der Berufung keiner Begründung bedarf. Der abgelehnte Richter darf vor Erledigung des Ablehnungsgesuches nur unaufschiebbare Amtshandlungen vornehmen (§ 29). Für das Rechtsmittel der Revision schafft § 338 Nr. 3 einen absoluten Revisionsgrund, „wenn bei dem Urteil ein Richter, Geschworener oder Schöffe mitgewirkt hat, nachdem er wegen Besorgnis der Befangenheit abgelehnt war und das Ablehnungsgesuch entweder für begründet erklärt war oder mit Unrecht verworfen worden ist“. Praktische Bedeutung hat im wesentlichen nur die 2. Alt., die dann eingreift, wenn ein Ablehnungsgesuch von dem über die Ablehnung entscheidenden Gericht falsch beschieden wurde.

Str. ist dabei, ob „mit Unrecht“ auch dann gegeben ist, wenn das über die Ablehnung entscheidende Gericht vorschriftswidrig besetzt war; bejahend RG 49, 9; ablehnend BGH 18, 200, der darauf abstellt, daß der Schutzzweck der Richterablehnung ist, dem Angeklagten einen unparteiischen Richterspruch zu garantieren. Daher ist die Grenze dieses Rechtsinstituts in dem wirklichen Vorhandensein der Besorgnis der Befangenheit zu finden; für den Angeklagten ist nur maßgebend, ob sachlich richtig entschieden wurde.

Nach § 30 ist es auch möglich, daß der Richter einen seiner Meinung nach möglicherweise eingreifenden Ablehnungsgrund selbst anzeigt. Der Richter muß dabei Tatsachen vorbringen, aus denen sich seine Befangenheit ergeben kann. Nicht genügend ist seine bloße Äußerung, daß er sich befangen fühle (vgl. Kleinknecht § 30 Anm. 1). Über die Anzeige hat das zuständige Gericht zu entscheiden; erst danach darf der Vertreter des ausscheidenden Richters eintreten (vgl. BGH 25, 122).
Die Vorschriften über die Richterablehnung und die Ausschließung von Richtern gelten entsprechend für Schöffen und für Urkundsbeamte der Geschäftsstelle und als Protokollführer tätige Personen (§ 31 I). Zur Zuständigkeit für die Entscheidung vgl. näher § 31 II.

1.7. Der Urkundsbeamte als Hilfsorgan des Gerichts

Der Urkundsbeamte ist gerichtliche Hilfsperson (vgl. Peters 134) und als solche dem Gericht zugeordnet. Bei jedem Gericht ist eine Geschäftsstelle eingerichtet, die mit der erforderlichen Zahl von Urkundsbeamten besetzt wird (§ 153 GVG). Zu den Hauptaufgaben des Urkundsbeamten gehören die Protokollführung in der Hauptverhandlung (vgl. dazu näher Peters 135 f.) und die Entgegennahme von Erklärungen (z. B. Rechtsmitteln), die zu Protokoll der Geschäftsstelle abgegeben werden können. Zu weiteren Funktionen des Urkundsbeamten vgl. Peters 136 f.

2. Die Staatsanwaltschaft

2.1. Historische Entstehung und grundlegende Bedeutung

Die Einrichtung der Staatsanwaltschaft entstammt dem französischen Recht. 1808 wurde im code d'instruction criminelle die Staatsanwaltschaft als Anklagebehörde gesetzlich geschaffen. Über die Einführung der Staatsanwaltschaft in der napoleonischen Zeit im Rheinland gelangte diese Institution nach

Deutschland. Im Jahre 1848 galt eine der Hauptforderungen im Bereich der Gestaltung der Strafrechtspflege der allgemeinen Einführung der Staatsanwaltschaft. In der Reichsjustizgesetzgebung 1877/79 wurden dafür die gesetzlichen Voraussetzungen geschaffen.

Die grundlegende Bedeutung einer vom Gericht getrennten Anklagebehörde wird deutlich, wenn man sich den Inquisitionsprozeß betrachtet. Eines der Hauptgebrechen dieser Verfahrensgestaltung war es, daß Ankläger und Richter in einer Person vereinigt waren. Das Zusammenfallen der Ankläger- und Richterrolle muß den Inquisitor überfordern. Gegenüber der eigenen Anklage bestehen nicht die nötige Distanz und innere Freiheit, die erst ein wirkliches richterliches Tätigwerden ermöglichen. Daher ist es von entscheidender Bedeutung für die Strafrechtspflege gewesen, eine vom Gericht unabhängige selbständige Anklagebehörde zu schaffen, die die Anklage beim Gericht zu erheben hat. Daraus ergibt sich innerhalb der staatlichen Strafrechtspflegeorgane eine Funktionsteilung auf ein Organ (die Staatsanwaltschaft), das die Strafverfolgung einleitet, die nötigen Ermittlungen anstellt und bei ausreichendem Tatverdacht die Anklage erhebt, und ein anderes Organ (das Gericht), das über die bei ihm anhängig gemachte Anklage in voller sachlicher und persönlicher Unabhängigkeit entscheidet. „Diese Verteilung der Aufgaben stellt einen der bedeutsamsten Ordnungsgesichtspunkte unseres Strafprozeßrechts dar" (Eb. Schmidt Lehrk. I Rdnr. 93).

Diese Funktionsberteilung auf zwei selbständige Strafverfolgungsorgane bedingt auch weitgehend den Ablauf und die Gliederung des Verfahrensganges. Besteht der Verdacht einer Straftat, so nimmt zunächst die Anklagebehörde ihre Ermittlungen auf, wobei die praktische Ermittlungstätigkeit weitgehend von der Polizei durchgeführt wird. Das Ermittlungsverfahren liegt in der Hand der Staatsanwaltschaft, die sich auch nach Abschluß der Ermittlungen darüber klar werden muß, ob die ermittelten Tatsachen eine Anklage rechtfertigen oder ob das Ermittlungsverfahren einzustellen ist. Erst nach Anklageerhebung wird das Gericht mit der Strafsache befaßt. Zunächst entscheidet das Gericht im sogenannten Zwischenverfahren darüber, ob ein hinreichender Tatverdacht besteht und dementsprechend auf die Anklage hin das Hauptverfahren eröffnet wird. Kommt es zum Hauptverfahren, dann untersucht das Gericht in der Hauptverhandlung völlig selbständig den Anklagevorwurf und muß dabei die Tatsachen in der Hauptverhandlung feststellen, die dem Anklagevorwurf zugrundeliegen. Erfüllen die festgestellten Handlungen des Angeklagten den Tatbestand einer strafbaren Handlung, so muß das Gericht die danach zulässigen Rechtsfolgen verhängen; andernfalls ergeht Freispruch (oder Einstellung). Einerseits wird also das Gericht nur auf Anregung der Anklagebehörde hin mit der Strafsache befaßt, andererseits kann nur das Gericht selbst strafrechtliche Sanktionen verhängen. Nur im Zusammenwirken von Anklagebehörde und Gericht realisiert sich also der staatliche Strafanspruch.

2.2. Die Rechtsstellung der Staatsanwaltschaft und ihre Einordnung in die Staatsgewalt

2.21. Das Verhältnis der Staatsanwaltschaft zur inneren Verwaltung

Das Verhältnis der Staatsanwaltschaft zur inneren Verwaltung, insbesondere zur Polizei, ist deshalb schwierig zu bestimmen, weil im Ermittlungsverfahren eine vielfache Verzahnung beider Behörden gegeben ist. Nach § 152 GVG können die Staatsanwaltschaften den Polizeibeamten, die nach den Rechtsverordnungen der Landesregierungen zu Hilfsbeamten der Staatsanwaltschaft bestellt sind, Weisungen erteilen. Jedoch handelt es sich hier um ein streng sachgebundenes Weisungsrecht. An der Zuordnung der Polizei zur inneren Verwaltung und der Staatsanwaltschaft zur Justiz ändert sich dadurch nichts. Die Staatsanwaltschaft ist konzipiert als eine Behörde, die eine Vermittlungsfunktion zwischen der Polizei und dem Gericht hat.

2.22. Das Verhältnis der Staatsanwaltschaft zur Justiz

§ 151 GVG bestimmt, daß Staatsanwälte richterliche Geschäfte nicht wahrnehmen dürfen und daß ihnen die Dienstaufsicht über Richter nicht übertragen werden darf. Weiterhin legt § 146 GVG die Weisungsgebundenheit der Staatsanwälte fest. Das bedeutet, daß die Staatsanwaltschaft keinen Anteil an der persönlichen und sachlichen Unabhängigkeit des Richters hat. Ihre Rechtsstellung ist damit klar von der besonderen Rechtsstellung des Richters abgesetzt. Das bestätigt auch § 122 DRiG, wonach nur ganz wenige Vorschriften des Richtergesetzes auch für Staatsanwälte anwendbar sind.

Grenzt sich auch die Rechtsstellung der Staatsanwaltschaft klar von der richterlichen Stellung ab, so ist andererseits die Zuordnung der Staatsanwaltschaft zur Justiz als dritter Staatsgewalt im geltenden Recht klar festgelegt.

2.23. Bestimmung der Rechtsstellung der Staatsanwaltschaft im einzelnen

Die Staatsanwaltschaft ist eine Justizbehörde. Das besagt zweierlei. Mit der Verwaltung teilt die Staatsanwaltschaft die Behördeneigenschaft. § 147 GVG regelt die Dienstaufsicht über die Staatsanwaltschaften, und § 148 GVG erklärt für den Bereich des Bundes den Generalbundesanwalt und die Bundesanwälte zu Beamten. Eine Grenze für die Dienstaufsicht und die Weisungsgebundenheit der Staatsanwälte liegt freilich im Legalitätsprinzip. Die Staatsanwaltschaft darf nur rechtmäßigen Anordnungen und Weisungen der vorgesetzten Dienststelle Folge leisten.

Die Staatsanwaltschaft resortiert aber zum Justizministerium (des Bundes und derjenigen der Länder). Mit der Justiz verbindet die Staatsanwaltschaft die Ausrichtung ihrer Tätigkeit „auf Rechtsverwirklichung und Rechtsdurchsetzung“ (Peters 139). Sie ist gleichermaßen die Hüterin der Gesetze gegenüber dem Gericht wie gegenüber Verwaltungsbehörden. So muß z. B. der Staatsanwalt Freispruch beantragen, wenn das Beweisergebnis der Hauptverhandlung den Anklagevorwurf nicht bestätigt, oder ein Rechtsmittel zu Gunsten des verurteilten Angeklagten einlegen (vgl. § 296 II).

2.3. *Aufbau und Organisation der Staatsanwaltschaft*

2.31. Hierarchischer Behördenaufbau

Die Staatsanwaltschaft ist nach dem hierarchischen Prinzip aufgebaut und eine monokratische Behörde. Deutlich bringt dies § 144 GVG zum Ausdruck. Besteht eine Staatsanwaltschaft aus mehreren Beamten, so handeln die dem ersten Beamten beigeordneten Personen als dessen Vertreter. Die nachgeordneten Staatsanwälte werden also immer als Vertreter des Leiters der entsprechenden Staatsanwaltschaft tätig. Hinzu kommt § 146 GVG, der ein Weisungsrecht des Vorgesetzten bezüglich aller ihm unterstellten Beamten der Staatsanwaltschaft begründet (vgl. dazu Martin JZ 1973, 415). Jedoch dürfen die Staatsanwälte nur rechtmäßigen Weisungen nachkommen und sind wie alle Beamten verpflichtet, Bedenken gegen die Rechtmäßigkeit einer Weisung durch Gegenvorstellung und Herbeiführung einer Entscheidung des nächsthöheren Vorgesetzten geltend zu machen. Hinzu kommt gegebenenfalls eine strafrechtliche Verantwortlichkeit bei der Ausführung rechtswidriger Weisungen (vgl. dazu Peters 142). Die Weisungsgebundenheit hat aber nur eine interne Wirkung. Nimmt der Staatsanwalt eine Amtshandlung entgegen einer Weisung vor, so wird diese Handlung in ihrer Rechtswirksamkeit nicht beeinträchtigt, sofern sich der Staatsanwalt innerhalb der allgemeinen Grenzen seiner Amtsbefugnisse und seines Tätigkeitsbereiches hält (vgl. näher Peters 142 f.).

2.32. Organisation der Staatsanwaltschaft

Grundsätzlich soll nach § 141 GVG bei jedem Gericht eine Staatsanwaltschaft bestehen. Diese Vorschrift ist so zu verstehen, daß für jedes Gericht eine Staatsanwaltschaft zuständig sein muß (Kleinknecht § 141 GVG Anm. 2). Für die sachliche Zuständigkeit ordnet § 142 GVG den Gerichten jeweils folgende Staatsanwaltschaften zu: Beim Bundesgerichtshof nimmt die staatsanwaltschaftlichen Befugnisse ein Generalbundesanwalt mit mehreren Bundesanwälten wahr (§ 142 I Nr. 1 GVG). Auf Landesebene ist dem Oberlandesgericht ein Generalstaatsanwalt zugeordnet (§ 142 I Nr. 2 GVG). Bei den Landgerichten haben die Staatsanwaltschaften in der Regel einen Oberstaatsanwalt als Behördenleiter; diese Staatsanwaltschaften sind zumeist auch zuständig für die Amtsgerichte des entsprechenden Landgerichtsbezirkes. Jedoch können bei den Amtsgerichten auch Amtsanwaltschaften eingerichtet werden (§ 142 I Nr. 3 GVG). Nähere Vorschriften für die Zuständigkeit des Generalbundesanwalts enthält § 142 a GVG.

Dieser organisatorischen Zuordnung der Staatsanwaltschaften zu den Gerichten entspricht auch die örtliche Zuständigkeit nach § 143 GVG. Die örtliche Zuständigkeit wird nämlich durch die örtliche Zuständigkeit des Gerichts bestimmt, für das die Staatsanwaltschaft eingerichtet ist (§ 143 I GVG). Nähere Vorschriften für Eilmaßnahmen und die Überschreitung von Landesgrenzen enthält § 143 II und III GVG.

2.4. Die Aufgaben der Staatsanwaltschaft im Überblick

Die Staatsanwaltschaft hat Funktionen im Strafprozeß und im Zivilprozeß; im folgenden werden die zivilprozessualen Aufgaben ausgeklammert. Im Bereich des Strafverfahrens hat die Staatsanwaltschaft im wesentlichen folgende Aufgaben zu erfüllen: ihre wichtigste Funktion ist es, das Ermittlungsverfahren zu leiten und nach Abschluß der Ermittlungen die Entscheidung über die Anklageerhebung oder die Einstellung des Verfahrens herbeizuführen.

In diesem Verfahrensabschnitt wurden die Befugnisse der Staatsanwaltschaft ab 1. 1. 1975 erheblich erweitert. Nach § 161 a n. F. sind Zeugen und Sachverständige jetzt verpflichtet, auf Ladung vor der Staatsanwaltschaft zu erscheinen und zur Sache auszusagen oder ihr Gutachten zu erstatten. Diese Bestimmung dient der Zielsetzung, das Ermittlungsverfahren ganz in der Hand der Staatsanwaltschaft zu konzentrieren. Nur die eidliche Vernehmung ist dem Richter vorbehalten (§ 161 a I 3). Gleichzeitig ist auch die gerichtliche Voruntersuchung (vgl. dazu 1. Aufl. 132 ff.) entfallen, so daß jetzt das Ermittlungsverfahren ganz von der Staatsanwaltschaft betrieben wird. Eine weitere neuartige Befugnis enthält § 153 a n. F., wonach die Staatsanwaltschaft mit Zustimmung des für die Eröffnung des Hauptverfahrens zuständigen Gerichts und des Beschuldigten bei einem Vergehen vorläufig von der Erhebung der öffentlichen Klage absehen kann, wenn bestimmte Auflagen und Weisungen an den Beschuldigten geeignet erscheinen, bei geringer Schuld das öffentliche Interesse an der Strafverfolgung zu beseitigen (vgl. näher zu diesem Rechtsinstitut u. 80).

In der Hauptverhandlung hat die Staatsanwaltschaft die Anklage zu vertreten und nach der Beweisaufnahme ihr Plädoyer zu halten. Nach dem Urteil in erster Instanz muß die Staatsanwaltschaft sich über die Einlegung von Rechtsmitteln klar werden, wobei sie gegebenenfalls auch ein Rechtsmittel zugunsten des Angeklagten einzulegen hat (vgl. § 296 II). Nach rechtskräftigem Abschluß eines Strafverfahrens ist die Staatsanwaltschaft an der Strafvollstreckung und dem Strafvollzug beteiligt (vgl. dazu auch u. 216). Seit dem Inkrafttreten des Gesetzes über das Zentralregister und das Erziehungsregister (BZRG v. 18. März 1971, BGBl. I 243) wird ein Bundeszentralregister für strafgerichtliche Verurteilungen und weitere Entscheidungen nach § 3 BZRG von dem Generalbundesanwalt in Berlin geführt (vgl. §§ 1 und 2 BZRG). Schließlich wirkt die Staatsanwaltschaft im Gnadenverfahren mit (Peters 154). Im einzelnen werden diese Aufgaben der Staatsanwaltschaft bei der Besprechung des Ganges des Strafverfahrens dargestellt.

3. Der Verteidiger

3.1. Aufgabe und Stellung des Verteidigers im Strafverfahren

„Der Strafprozeß ist ein ständiges Bemühen um den gerechten Ausgleich zwischen der Aufgabe des Staates zur wirksamen Verbrechensbekämpfung und dem legitimen Schutzanspruch des Individuums gegenüber der staatlichen Machtentfaltung" (Dahs Rdnr. 2). Aufgabe des Verteidigers ist es dabei, dem Schutz des betroffenen Staatsbürgers zu dienen, indem er die Gesetzlichkeit des Verfahrens überwacht (Kontrollfunktion; vgl. Dahs Rdnr. 3 und 6), die Rechte des Beschuldigten zur Geltung bringt und auf alle für diesen günstigen Umstände hinweist (Entlastungsfunktion).

Ist der Verteidiger damit eindeutig dem Beschuldigten als Beistand zugeordnet, so steht er doch in einer Doppelstellung. Er ist nicht nur Beistand des Beschuldigten, sondern gleichzeitig auch Organ der Rechtspflege (krit. dazu Knapp, Der Verteidiger – ein Organ der Rechtspflege? 1974 und in JuS 1974, 21). Unsere heutige Gestaltung der Strafrechtspflege geht für die Durchführung des Strafverfahrens von einer Funktionsteilung auf drei Organe aus: Gericht, Staatsanwaltschaft und Verteidigung (vgl. Dahs Rdnr. 102). Der Staatsanwaltschaft fällt die Aufgabe der Ermittlungstätigkeit von seiten des Staates und der Erhebung der Anklage zu. Das Gericht entscheidet als unabhängiges selbständiges Organ über den Anklagevorwurf, indem es selbst den Sachverhalt feststellt und ihn rechtlich beurteilt. Der Verteidigung obliegt es, zum Schutz des Angeklagten die Wahrung seiner Rechte und die Gesetzmäßigkeit des Verfahrens insgesamt zu gewährleisten. Sie ist dabei nicht wie Staatsanwaltschaft und Gericht zur Unparteilichkeit verpflichtet, sondern gerade zum Schutz des Beschuldigten aufgerufen (Kleinknecht Vorbem. 1 vor § 137). In diesem Zusammenwirken der drei Organe wird am besten der Ausgleich zwischen den staatlichen Belangen der Verbrechensbekämpfung und den individuellen Garantien des betroffenen Staatsbürgers erreicht und die Wahrheitsfindung gefördert (vgl. BGH 13, 343).

Ist damit der Verteidigung der Rang und die Verantwortung eines Strafrechtspflegeorgans gegeben, so bedeutet dies einerseits zwar eine Aufwertung ihrer Stellung gegenüber Gericht und Staatsanwaltschaft, kann sie aber andererseits in Konflikt mit der Schutzfunktion gegenüber dem Mandanten bringen. Solche Konfliktslagen können in zahlreichen Fällen entstehen. So kann die Beratung des Mandanten durchaus dazu beitragen, daß sich dieser entgegen der tatsächlichen Rechtslage einer Bestrafung entziehen kann (vgl. Peters 191 ff.). Die Grenzen sind hier sehr schwierig zu ziehen. Auszugehen ist davon, daß der Verteidiger seinem Mandanten jede objektiv zutreffende Rechtsauskunft geben darf und geben muß. Dies gilt auch, wenn er mit einem unredlichen Ausnützen der vermittelten Kenntnisse durch den Mandanten rechnen kann. Auch den objektiven Stand der Beweislage darf der Verteidiger seinem Mandanten vollständig mitteilen, selbst wenn er dadurch dem Mandanten dazu verhilft, sein Prozeßverhalten entsprechend gestalten zu können (z. B. Unterlassen eines in Erwägung gezogenen Geständnisses, weil die Beweislage wahrscheinlich zur Verurteilung nicht ausreichen wird). Der Anwalt bleibt so lange innerhalb der Grenzen zulässiger Beratung, als er seinem Mandanten die Ausschöpfung aller vom Gesetz eingeräumten Rechte ermöglicht.

Diese Grenze wird überschritten, wenn der Verteidiger seinem Mandanten den Rat gibt, bewußt die Unwahrheit zu sagen. Desgleichen darf der Verteidiger den Angeklagten nicht auffordern, ein wahrheitsgemäßes Geständnis zu widerrufen (BGH 2, 378). Sehr str. ist aber, ob der Verteidiger den Rat geben darf, ein Geständnis abzulegen oder zu unterlassen (vgl. dazu Peters 193 und Dahs Rdnr. 35). Allgemein anerkannt ist, daß der Verteidiger sich an keiner Beweisfälschung durch Rat oder Tat beteiligen darf. Erfährt der Verteidiger von einer ohne sein Wissen geplanten oder inszenierten Beweisfälschung (z. B. von der Benennung falscher Zeugen), so muß er seinen Mandanten davon abzubringen versuchen und, wenn ihm dies nicht gelingt, äußerstenfalls sein Mandat niederlegen (Peters 194); nicht verpflichtet ist aber der Verteidiger zur Überprüfung der vom Angeklagten benannten Zeugen auf ihre Glaubwürdigkeit (Dahs Rdnr. 40). Schließlich darf der Verteidiger nicht bewußt auf eine Verzögerung des Verfahrens hinarbeiten (Dahs Rdnr. 38). Überschreitet der Verteidiger die Grenzen des zulässigen Beistandes gegenüber dem Beschuldigten, so kann er sich der Strafvereitelung nach § 258 StGB schuldig machen (vgl. dazu Dreher, Komm. z. StGB, 36. Aufl. 1976, § 258 Rdnr. 7).

3.2. Das Verhältnis zum Beschuldigten

Die Stellung als Organ der Strafrechtspflege bestimmt die Stellung des Verteidigers gegenüber dem Beschuldigten. Der Verteidiger ist in der Ausübung seines Amtes grundsätzlich selbständig gegenüber seinem Mandanten. Er kann grundsätzlich unabhängig vom Beschuldigten Anträge stellen und zum Verhalten des Gerichts oder anderer Verfahrensbeteiligter Stellung nehmen. Jedoch ist er bezüglich einzelner besonders einschneidender Prozeßhandlungen an den Willen des Beschuldigten gebunden. Nach § 297 kann der Verteidiger kein Rechtsmittel gegen den ausdrücklichen Willen des Beschuldigten einlegen; zur Zurücknahme eines eingelegten Rechtsmittels bedarf der Verteidiger der ausdrücklichen Ermächtigung durch den Angeklagten (§ 302 II). Umgekehrt ist auch der Beschuldigte bei seinen Prozeßerklärungen von seinem Verteidiger unabhängig. Daher ist es auch möglich, daß es zu widersprechenden Erklärungen zwischen dem Angeklagten und seinem Verteidiger in der Hauptverhandlung kommen kann (vgl. Peters 184).

Beispiel: Stellt der Verteidiger einen bestimmten Beweisantrag und widerspricht der Angeklagte diesem Antrag, so liegt dennoch ein wirksamer Beweisantrag der Verteidigung vor, mit dem sich das Gericht befassen muß. Wenn der Verteidiger schuldhaft eine Frist versäumt, dann kann für den Angeklagten durchaus Wiedereinsetzung in den vorigen Stand in Betracht kommen (vgl. dazu näher u. 110).

3.3. Die Befugnisse des Verteidigers (Überblick)

3.31. Verkehr mit dem Beschuldigten

§ 148 bestimmt, daß dem Beschuldigten, auch wenn er sich nicht auf freiem Fuß befindet, schriftlicher und mündlicher Verkehr mit dem Verteidiger gestattet ist. Wenn auch diese Formulierung auf den Beschuldigten zugeschnitten ist, so ergibt sich doch daraus auch umgekehrt das Recht des Verteidigers, mit seinem Mandanten auch dann ungehindert mündlich oder schriftlich zu verkehren, wenn dieser sich nicht auf freiem Fuß befindet. Der Fall ungehinderten Verkehrs mit dem in Freiheit befindlichen Beschuldigten ist dabei in § 148 als selbstverständlich vorausgesetzt. Im einzelnen bedeutet die Regelung nach § 148, daß der schriftliche Verkehr zwischen Beschuldigtem und Verteidiger nicht überwacht oder zensiert werden darf (vgl. zu Durchsicht und Beschlagnahme BGH NJW 73, 2035; Waldowski AnwBl. 75, 106; Dahs NJW 75, 1385). Beim mündlichen Kontakt muß zwar die Ordnung in der Anstalt beachtet werden (vgl. BGH JZ 74, 426: Durchsuchung auf Waffen und Ausbruchwerkzeuge zulässig; vgl. auch Kleinknecht § 148 Anm. 1 A), jedoch muß eine ausreichend lange Sprechzeit gewährt werden.

Eine einschneidende Veränderung des § 148 ist durch das Gesetz zur Änderung des Strafgesetzbuches, der Strafprozeßordnung, des

Gerichtsverfassungsgesetzes, der Bundesrechtsanwaltsordnung und des Strafvollzugsgesetzes vom 18. 8. 1976 (BGBl. I 2181) eingetreten. Danach erfaßt im Strafgesetzbuch ein eigener Straftatbestand (§ 129 a StGB) die Bildung terroristischer Vereinigungen. An diesen neuen Straftatbestand knüpfen sich zahlreiche prozessuale Folgerungen, so insbesondere im Recht der Strafverteidigung (u. 3.6. a. E.) in Haftrecht (u. IV. 2. 5224) und im Gerichtsverfassungsrecht (wo die §§ 120 und 142 a GVG betroffen wurden).

Die Neufassung des § 148 behält zwar in Abs. 1 den Grundsatz bei, daß dem Beschuldigten, auch wenn er sich nicht auf freiem Fuß befindet, schriftlicher und mündlicher Verkehr mit dem Verteidiger gestattet ist. Im zweiten Absatz der Neufassung wird aber das Recht des ungehinderten Verkehrs des inhaftierten Beschuldigten mit dem Verteidiger erheblich eingeschränkt, wenn der Gegenstand der Untersuchung eine Straftat nach § 129 a StGB ist. Nach § 148 II sind Schriftstücke und andere Gegenstände zurückzuweisen, sofern sich der Absender nicht damit einverstanden erklärt, daß sie zunächst einen Richter vorgelegt werden. Zuständig zur Durchführung der Überwachungsmaßnahmen nach § 148 II ist der Richter bei dem Amtsgericht, in dessen Bezirk die Vollzugsanstalt liegt (§ 148 a I 1); dieser Richter darf mit dem Gegenstand der Untersuchung weder befaßt sein noch befaßt werden (§ 148 a II 1). Über Kenntnisse, die er bei der Überwachung erlangt, hat er Verschwiegenheit zu bewahren; eine Anzeigepflicht nach § 138 StGB, der die Bildung terroristischer Vereinigungen in dem neu eingeführten Abs. 2 erfaßt, bleibt aber unberührt (§ 148 a II 2). Im Gesetzgebungsverfahren[1] umstritten blieb insbesondere die Überwachung des mündlichen Verkehrs, zu der sich der Gesetzgeber nicht entschließen konnte.

3.32. Anwesenheit und Mitwirkung bei Verfahrenshandlungen

Der Verteidiger übt seine Tätigkeit gegenüber den Strafrechtspflegepersonen hauptsächlich durch die Stellung von Anträgen, besonders Beweisanträgen, und durch Vorbringen von Anregungen an das Gericht aus.

---

[1] Der Bundestag hat dem Gesetz am 24. 6. 1976 zugestimmt, während der Bundesrat am 16. 7. 1976 den Vermittlungsausschuß anrief, dann aber am 29. 7. 1976 trotz starker Bedenken das Gesetz passieren ließ.

3.33. Das Recht auf Akteneinsicht

Beim Recht auf Akteneinsicht handelt es sich um einen Ausfluß des rechtlichen Gehörs, weil nur die Kenntnis der Akten dem Verteidiger eine sachgerechte Ausführung seiner Verteidigerfunktionen ermöglicht. Nach § 147 I ist der Verteidiger befugt, „die Akten, die dem Gericht vorliegen oder diesem im Falle der Erhebung der Anklage vorzulegen wären, einzusehen sowie amtlich verwahrte Beweisstücke zu besichtigen". Das Recht auf Akteneinsicht besteht auch grundsätzlich schon während des Ermittlungsverfahrens, jedoch kann dem Verteidiger bis zum Abschluß der Ermittlungen die Einsicht in die Akten (sowie die Besichtigung der amtlich verwahrten Beweisstücke) versagt werden, wenn der Untersuchungszweck gefährdet werden kann (§ 147 II; zu den praktisch daraus entstehenden Schwierigkeiten vgl. Dahs Rdnr. 178 ff.). Stets Einsicht zu gewähren ist dem Verteidiger in Niederschriften über die Vernehmung des Beschuldigten und über solche richterlichen Untersuchungshandlungen, bei denen dem Verteidiger die Anwesenheit gestattet worden ist oder hätte gestattet werden müssen, sowie in Gutachten von Sachverständigen (§ 147 III). Unter die Beschuldigtenvernehmung fällt dabei auch die polizeiliche Vernehmung. Da die Akten häufig umfangreich sein werden, bestimmt § 147 IV, daß dem Verteidiger auf Antrag die Akten mit Ausnahme der Beweisstücke in seine Geschäftsräume oder in seine Wohnung mitgegeben werden sollen, soweit nicht wichtige Gründe entgegenstehen (zur Praxis vgl. Dahs Rdnr. 182). Dabei ist es dem Verteidiger auch grundsätzlich erlaubt, Notizen, Abschriften und Fotokopien aus den Akten zu machen (Peters 196). Fraglich ist aber, wieweit der Verteidiger seinem Mandanten den Akteninhalt zugänglich machen darf (vgl. dazu näher Peters a. a. O.). Grundsätzlich unzulässig ist die Aushändigung der Originalakten an den Mandanten (Dahs Rdnr. 189). Die Weitergabe des Akteninhalts ist dagegen zulässig, soweit sie zur sachgerechten Verteidigung des Beschuldigten erforderlich ist.

Dabei darf der Verteidiger dem Mandanten auch Abschriften und Fotokopien einzelner Aktenteile aushändigen, sollte jedoch dafür Sorge tragen, daß sie keinen dritten Personen zugänglich gemacht und nach Erledigung der Sache zurückgegeben werden; allerdings besteht eine entsprechende Verpflichtung des Verteidigers nicht (vgl. Dahs Rdnr. 189). Die Entscheidung über die Akteneinsicht trifft nach § 147 V während des vorbereitenden Verfahrens die Staatsanwaltschaft und im übrigen der Vorsitzende des mit der Sache befaßten Gerichts. Das Rechtsmittel gegen die Versagung der Akteneinsicht ist bei richterlichen Entscheidungen die Beschwerde (vgl. auch § 304 IV Nr. 4), gegenüber staatsanwaltschaftlichen Ablehnungen die Dienstaufsichtsbeschwerde (Dahs Rdnr. 180). Str. ist, ob auch der Antrag nach § 23 EGGVG zulässig ist (vgl. Dahs a. a. O.).

3.4. Die notwendige Verteidigung

Nach § 137 I kann sich der Beschuldigte in jeder Lage des Verfahrens des Beistandes eines Verteidigers bedienen; die Zahl der Wahlverteidiger darf drei nicht übersteigen (§ 137 I 2; näher u. 3.5.). Ist es damit in jedem Verfahren für den Beschuldigten möglich, sich eines Verteidigers zu bedienen, so ist nur in bestimmten Fällen die Mitwirkung eines Verteidigers zwingend vorgeschrieben (notwendige Verteidigung). Nach § 140 I ist die Mitwirkung eines Verteidigers notwendig, wenn:

„1. die Hauptverhandlung im ersten Rechtszug vor dem Oberlandesgericht oder dem Landgericht stattfindet;
2. dem Beschuldigten ein Verbrechen zur Last gelegt wird;
3. das Verfahren zu einem Berufsverbot führen kann;
4. der Beschuldigte taub oder stumm ist;
5. der Beschuldigte sich mindestens drei Monate auf Grund richterlicher Anordnung oder mit richterlicher Genehmigung in einer Anstalt befunden hat und nicht mindestens zwei Wochen vor Beginn der Hauptverhandlung entlassen wird;
6. zur Vorbereitung eines Gutachtens über den psychischen Zustand des Beschuldigten seine Unterbringung nach § 81 in Frage kommt;
7. ein Sicherungsverfahren durchgeführt wird;
8. Der bisherige Verteidiger durch eine Entscheidung von der Mitwirkung in dem Verfahren ausgeschlossen ist.“

Auch in anderen Fällen bestellt der Vorsitzende dann auf Antrag oder von Amts wegen einen Verteidiger, „wenn wegen der Schwere der Tat oder wegen der Schwierigkeit der Sach- oder Rechtslage die Mitwirkung eines Verteidigers geboten erscheint oder wenn ersichtlich ist, daß sich der Beschuldigte nicht selbst verteidigen kann" (§ 140 II). Während also § 140 I einen enumerativen Katalog von Gründen für eine notwendige Verteidigung enthält, stellt Abs. 2 eine Generalklausel mit unbestimmten Rechtsbegriffen dar (Kleinknecht § 140 Anm. 1 A). Das Fehlen eines notwendigen Verteidigers in der Hauptverhandlung bedeutet einen absoluten Revisonsgrund nach § 338 Nr. 5. Das gilt grundsätzlich auch für § 140 II. Zwar räumt § 140 II einen Beurteilungsspielraum ein, bei seinem Überschreiten liegt jedoch ein Rechtsfehler vor (vgl. Peters 186), der die Revision begründen kann.

Bleibt im Falle der notwendigen Verteidigung der Verteidiger in der Hauptverhandlung aus, so hat der Vorsitzende dem Angeklagten sogleich einen anderen Verteidiger zu bestellen; gleiches gilt bei der Entfernung des Verteidigers oder seiner Weigerung, die Verteidigung zu führen (§ 145 I). Möglich ist auch stattdessen eine Aussetzung der Verhandlung. Um dem neu eintretenden Verteidiger Gelegenheit zur ausreichenden Vorbereitung der Verteidigung zu geben, ist die Verhandlung zu unterbrechen oder auszusetzen (§ 145 III). Damit soll sichergestellt werden, daß der Angeklagte im Falle notwendiger Verteidigung nie ohne ausreichend vorbereiteten Verteidiger ist.

Rechtspolitisch sind die Grenzen der notwendigen Verteidigung durchaus umstritten. Die Reformbemühungen zielen gleichzeitig darauf ab, die Generalklausel des § 140 II zu präzisieren und die notwendige Verteidigung auszuweiten. Vernünftig erscheint der Vorschlag, eine notwendige Verteidigung immer dann anzunehmen, wenn eine Verurteilung zu Freiheitsstrafe zu erwarten ist (vgl. Peters 186).

3.5. *Wahlverteidiger und Offizialverteidiger*

Von einem Wahlverteidiger spricht man, wenn der Mandant sich selbst nach seinen eigenen Vorstellungen den Verteidiger auswählt. Der Offizial- oder Pflichtverteidiger wird dagegen

vom Vorsitzenden des Gerichts, das für das Hauptverfahren zuständig oder bei dem das Verfahren anhängig ist, bestellt (vgl. § 141).
Grundsätzlich geht das Gesetz davon aus, daß sich jeder Beschuldigte seinen Verteidiger selbst wählt (vgl. § 137). Zu Wahlverteidigern sind dabei nach § 138 I befähigt alle bei einem deutschen Gericht zugelassenen Rechtsanwälte (ohne Beschränkung auf das Gericht, bei dem sie zugelassen sind) und die Rechtslehrer an deutschen Hochschulen. Zu den Rechtslehrern in diesem Sinne zählen dabei ordentliche und außerordentliche Professoren, Honorarprofessoren, Universitäts- und Privatdozenten, nicht aber die Lehrbeauftragten (Kleinknecht § 138 Anm. 1). Nach § 138 II können auch andere Personen mit Genehmigung des Gerichts als Wahlverteidiger zugelassen werden. Die Genehmigung wird nicht vom Vorsitzenden allein, sondern vom ganzen Gericht erteilt. Sie kann auch stillschweigend erfolgen (Kleinknecht § 138 Anm. 2 A). Im Falle der notwendigen Verteidigung können aber solche Personen, wenn sie nicht zu denjenigen gehören, die zu Verteidigern bestellt werden dürfen, nur in Gemeinschaft mit solchen Personen als Wahlverteidiger auftreten (§ 138 II). Nach § 139 darf ein als Verteidiger gewählter Rechtsanwalt mit Zustimmung des Angeklagten die Verteidigung einem Rechtsreferendar übertragen, der sich bereis seit mindestens einem Jahr und drei Monaten im Ausbildungsdienst befindet.

Hat der Beschuldigte keinen Verteidiger gewählt und liegt ein Fall notwendiger Verteidigung vor, so wird ihm nach § 141 I ein Pflichtverteidiger bestellt. Grundsätzlich erfolgt die Bestellung, sobald der Angeschuldigte gemäß § 201 zur Erklärung über die Anklageschrift aufgefordert wird (§ 141 I). Möglich ist aber auch schon eine Bestellung während des Vorverfahrens (vgl. dazu näher § 141 III). Die Zuständigkeit für die Bestellung richtet sich nach § 141 IV. Die Auswahl des Pflichtverteidigers erfolgt durch den Vorsitzenden des Gerichts möglichst aus der Zahl der in dem Gerichtsbezirk zugelassenen Rechtsanwälte (§ 142 I). Nach näherer Maßgabe des § 142 II ist auch die Bestellung eines Referendars möglich, der sich mindestens ein Jahr und drei Monate im Ausbildungsdienst befindet. Die

Bestellung zum Pflichtverteidiger ist zurückzunehmen, wenn ein anderer Verteidiger gewählt wird und dieser die Wahl annimmt (§ 143). Dabei gebietet es die Fürsorgepflicht (vgl. dazu näher u. 89 f.), daß eine Bestellung nicht zur Unzeit zurückgenommen wird. Unter besonderen Umständen kann es die Fürsorgepflicht auch gebieten, einen Pflichtverteidiger abzuberufen, der sich zur sachgerechten Verteidigung als ungeeignet erweist (vgl. Kleinknecht § 143 Anm. 3).

Ist ein Wahlverteidiger vorhanden, dessen Vollmacht sich bei den Akten befindet, oder ist ein Pflichtverteidiger bestellt, so gelten diese als ermächtigt, Zustellungen für den Beschuldigten in Empfang zu nehmen (§ 145 a I; vgl. zum Verfahren bei Zustellungen und Ladungen näher § 145 a II bis IV).

Die *Zahl der Wahlverteidiger* ist nach § 137 I 2 auf drei beschränkt; die Festlegung dieser Höchstzahl ist mit dem Grundgesetz vereinbar (BVerfG NJW 75, 1013). Jede weitere Bevollmächtigung wäre unwirksam und führt zur Zurückweisung (Kleinknecht Vorbem. 2 vor § 137). Ist eine Beschränkung auf drei Wahlverteidiger nicht erfolgt (z. B. bei der Bevollmächtigung einer Anwaltsgemeinschaft), so führt dies zur Zurückweisung der unzulässig gewählten Verteidiger (vgl. BGH JZ 76, 325; BayObLG JZ 76, 371; teilweise a. A. BayObLG JZ 76, 186). Die Regelung dient der Vorbeugung vor einer Prozeßverschleppung (BVerfG a. a. O.), damit der Sicherung eines ordnungsgemäßen Prozeßablaufes und der Verfahrensbeschleunigung (Peters, Der neue Strafprozeß 130).

Der gesetzliche Vertreter des Beschuldigten kann selbständig einen Verteidiger wählen (§ 137 II 1); dafür gilt § 137 I 2 entsprechend (§ 137 II 2). Bei wörtlicher Auslegung bedeutet dies, daß auch der gesetzliche Vertreter bis zu 3 Wahlverteidiger bestimmen kann. Kleinknecht interpretiert diese Vorschrift in teleologischer Auslegung aber dahin, daß hier insgesamt keine Erhöhung der Zahl der Wahlverteidiger eintreten darf (§ 137 Anm. 3 C). Gegen diese Auslegung bestehen aber Bedenken, weil sich dann aus dem Gesetz nicht die Aufteilung der drei zulässigen Wahlverteidiger auf Beschuldigten und gesetzlichen Vertreter ergibt (Wem stehen zwei Wahlverteidiger zu und wer muß sich mit einem begnügen? Was geschieht, wenn der Beschuldigte oder gesetzliche Vertreter schon drei Wahlverteidiger benannt hat?). Wegen dieser praktischen Schwierigkeiten wird man es dabei belassen müssen, daß sowohl der Beschuldigte selbst als auch der gesetzliche Vertreter je bis zu drei Wahlverteidiger benennen können.

Nach § 146 ist jetzt die Verteidigung mehrerer Beschuldigter durch einen *gemeinschaftlichen Verteidiger unzulässig*. Das Gericht (und entsprechend die Staatsanwaltschaft, solange eine richterliche Zuständigkeit nicht begründet ist; vgl. BVerfG NJW 76, 231) muß einen unter Verstoß gegen § 146 gewählten Verteidiger zurückweisen (BGH NJW 76, 1106). Auch die Vereinbarkeit dieser Vorschrift mit dem Grundgesetz ist von BVerfG NJW 75, 1013 bejaht worden. Das Verbot gemeinschaftlicher Verteidigung mehrerer Beschuldigter dient der Vermeidung von Interessenkollisionen (vgl. Lampe MDR 75, 529 f.).

Dabei darf aber auf der anderen Seite nicht übersehen werden, daß in vielen Fällen kein Interessenwiderstreit bei der Verteidigung der Angeklagten auftritt und daß hier eine gemeinschaftliche Verteidigung eine praktikable und kostensparende Lösung war (kritisch zum generellen Ausschluß gemeinschaftlicher Verteidigung Zuck NJW 75, 434 und Quack NJW 75, 1393, der als Alternative die Entscheidung über den Interessenkonflikt in die Hand des Verteidigers selbst legen will).

Der Anwendungsumfang des § 146 gibt in mehrfacher Hinsicht zu Zweifeln Anlaß und hat deshalb die Gerichte bereits intensiv beschäftigt. Grundsätzlich bezieht sich das Verbot gemeinschaftlicher Verteidigung auf denselben Tatkomplex (vgl. Kleinknecht § 146 Anm. 1). Eine unzulässige gemeinschaftliche Verteidigung liegt deshalb auch im Falle getrennter Verfahren vor, wenn es sich um denselben Verfahrensgegenstand handelt (OLG Düsseldorf MDR 76, 70): dies gilt auch dann noch, wenn einer der Mitbeschuldigten bereits rechtskräftig verurteilt ist (OLG München NJW 76, 252). Die Verfassungsmäßigkeit dieser Regelung hat BVerfG NJW 76, 231 bestätigt. Ebenso ist auch umgekehrt die sukzessive gemeinschaftliche Verteidigung mehrerer Angeklagten in einem Verfahren unzulässig (OLG Hamburg NJW 76, 250). Nach OLG Düsseldorf MDR 76, 70 soll eine gemeinschaftliche Verteidigung auch insoweit unzulässig sein, als gegen einen der Mitangeklagten noch wegen einer weiteren, nur ihm zur Last gelegten Tat verhandelt wird (vgl. dazu auch Kleinknecht § 146 Anm. 1). Das Verbot gemeinschaftlicher Verteidigung umfaßt auch den Zusammenschluß von Verteidigern in einer Anwaltssozietät, wenn die dort zusammengeschlossenen Anwälte ermächtigt sind, jeweils mehrere Beschuldigte desselben Strafverfahrens zu verteidigen (vgl. OLG Karlsruhe NJW 76, 249). Auch in „Untervollmacht" kann ein Strafverteidiger nicht für mehrere Beschuldigte im Anwendungsbereich des § 146 tätig werden (OLG München NJW 76, 252). Ein von einem ausgeschlossenen Verteidiger eingelegtes Rechtsmittel ist nicht unzulässig (BGH NJW 76, 1106; a. A. OLG Karlsruhe NJW 76, 249); die Unwirksamkeit sonstiger Prozeßhandlungen wird man erst ab dem Zeitpunkt der Zurückverweisung des Verteidigers annehmen dürfen (vgl. Kleinknecht § 146 Anm. 2 und Schmidt-Leichner NJW 75, 417 ff.).

3.6. *Der Ausschluß des Verteidigers*

Der Ausschluß des Verteidigers ist erst seit dem 1. 1. 1975 im Gesetz selbst geregelt; zur früheren Rechtslage vgl. 1. Aufl. 54 f. Eine gesetzliche Regelung wurde unabweisbar, weil BVerfGE 34, 293 (vgl. dazu Schmidt-Leichner NJW 73, 969 und Knapp JuS 74, 20) wegen der Tangierung der grundgesetzlich geschützten Berufsfreiheit des Rechtsanwalts (vgl. dazu schon BVerfGE 22, 114) einen Ausschluß nur auf Grund gesetzlicher Regelung für zulässig ansah. Die Regelung ist im Gesetz zur Ergänzung des 1. StVRG vom 20. 12. 1974 erfolgt und am 1. 1. 1975 in Kraft getreten. Die dabei dem Gesezte neu eingefügten §§ 138 a und b enthalten die Ausschließungsgründe, während die §§ 138 c und d das Ausschließungsverfahren regeln. In die §§ 138 a und b wurden nur einzelne der in der eingehenden Diskussion erörterten Ausschließungsgründe aufgenommen (vgl. Kleinknecht § 138 a Anm. 1); die Verfassungsgemäßheit der in § 138 a I, II Nr. 1 getroffenen Regelungen wurde von BVerfG NJW 75, 2341 bestätigt. Die rechtspolitische Diskussion über den Verteidigerausschuß dauert an (vgl. zur Reformdiskussion und der Neuregelung Dahs NJW 75, 1385; Gross ZRP 74, 25; Dünnebier NJW 76, 1; Knapp AnwBl. 75, 373; Ulsenheimer GA 1975, 103). Die gesetzliche

Ausschlußregelung gilt für den Wahlverteidiger (einschließlich eines im Steuerstrafverfahren als Verteidiger tätigen Steuerberaters, OLG Karlsruhe NJW 75, 943), nicht aber für den Pflichtverteidiger und die als Verteidiger zugelassenen Personen nach § 138 II (Kleinknecht § 138 a Anm. 1).

Ein Ausschließungsgrund liegt nach § 138 a I vor, wenn der Verteidiger dringend (oder in einem die Eröffnung des Hauptverfahrens rechtfertigenden Grade) verdächtig ist, „an der Tat, die den Gegenstand der Untersuchung bildet, beteiligt zu sein oder eine Handlung begangen zu haben, die für den Fall der Verurteilung des Beschuldigten Begünstigung, Strafvereitelung oder Hehlerei wäre“. Ein solcher Verdacht der Beteiligung oder strafbaren Begünstigung bezüglich der angeklagten Tat war auch früher als Ausschließungsgrund anerkannt (vgl. BGH 8, 196); er erstreckt sich auf alle Mitangeklagten (BGH NJW 76, 58). Die Notwendigkeit und Zulässigkeit dieses Ausschlußgrundes wird von der weitüberwiegenden Auffassung nicht in Frage gestellt (vgl. eingehend Ulsenheimer GA 1975, 106 ff.).

Der zweite, in § 138 a II geregelte Ausschließungsgrund beruht auf dem Mißbrauch des ungehinderten Verkehrs mit dem Beschuldigten (vgl. Kleinknecht § 138 a Anm. 3). Diese Regelung war ursprünglich nicht vorgesehen, sie wurde erst kurzfristig in das Gesetzgebungsverfahren aufgenommen; ihr fehlt daher auch eine ausreichende wissenschaftliche Vorklärung. Vor allem verquicken sich bei ihr in recht unerfreulicher Weise Probleme der Ausschließung mit solchen der Überwachung des Verteidigers beim Kontakt mit dem inhaftierten Beschuldigten.

Ein Verteidiger ist nach § 138 a II auszuschließen, „wenn er 1. dringend verdächtigt ist, daß er den Verkehr mit dem nicht auf freien Fuß befindlichen Beschuldigten dazu mißbraucht, Straftaten die im Höchstmaß mit mindestens einem Jahr Freiheitsstrafe bedroht sind, zu begehen, oder 2. den Verkehr mit dem nicht auf freien Fuß befindlichen Beschuldigten dazu mißbraucht, die Sicherheit einer Vollzugsanstalt erheblich zu gefährden“. Der Ausschluß erstreckt sich zusätzlich auf andere gesetzlich geordnete Verfahren des Beschuldigten (§ 138 a IV); ob er sich auch auf Mitangeklagte erstreckt, war nach der gesetzlichen Fassung zweifelhaft (weshalb im sog. „Terroristengesetz" – vgl. o. II 3.31 – eine entsprechende Klarstellung erfolgt ist; s. unten), nach dem Sinn der Vorschrift aber schon bisher anzunehmen (BGH MDR 76, 59).

Einen zusätzlichen Ausschließungsgrund für Staatsschutzsachen schafft § 138 b (vgl. dazu Ulsenheimer a. a. O. 114 f.).

Die Ausschließung ist immer aufzuheben, sobald ihre Voraussetzungen nicht mehr gegeben sind (§ 138 a III, § 138 b S. 2).

Das Ausschließungsverfahren ist in sehr komplizierter Weise in den §§ 138 c und d geregelt (vgl. dazu näher Peters, Der neue Strafprozeß 132 ff.). Grundsätzlich hat sich der Gesetzgeber dafür entschieden, die den Ausschluß anordnende Entscheidung nicht vom erkennenden Gericht, sondern vom Oberlandesgericht bzw. vom Bundesgerichtshof (wenn die Ermittlungen im vorbereitenden Verfahren vom Generalbundesanwalt geführt werden oder das Verfahren beim BGH anhängig ist) treffen zu lassen. Wenn das Verfahren selbst beim OLG oder beim BGH anhängig ist, so entscheidet ein anderer Senat (vgl. 138 c I). Das Gericht, bei dem das Verfahren anhängig ist, kann aber bis zum Ergehen dieser Entscheidung das Ruhen der Verteidigerrechte anordnen (§ 138 c III 1). Bis zur endgültigen Entscheidung ist eine Hauptverhandlung zu unterbrechen oder auszusetzen (näher § 138 c IV); zu den Erfordernissen des Antrags auf Ausschließung vgl. OLG Karlsruhe NJW 75, 943. Zur Verhandlung über den Verteidigerausschluß, zur Entscheidung und zu den zulässigen Rechtsmitteln vgl. § 138 d. Eine Entfernung des Verteidigers aus sitzungspolizeilichen Gründen nach den §§ 176 ff. GVG ist nicht zulässig (Kleinknecht Vorbem. 3 vor § 137); dies wäre mit der Rechtsstellung des Strafverteidigers als Organ der Rechtspflege unvereinbar.

Veränderungen überwiegend klarstellender Natur sind in den §§ 138 a und c durch das sog. „Terroristengesetz" (näher dazu o. II 3. 31) eingetreten. Kernpunkt ist dabei die erfolgte Einfügung eines Absatzes 5 in § 138 a, der vorsieht, daß sich ein Verteidigerausschluß auch auf andere Beschuldigten in denselben Verfahren erstreckt (was auch schon BGH MDR 76, 59 für die geltende Fassung angenommen hat), und weiterhin eine Ausdehnung auf die Verteidigung auch in anderen Verfahren, „die eine Straftat nach § 129 a des Strafgesetzbuches zum Gegenstand haben und die im Zeitpunkt der Ausschließung bereits eingeleitet worden sind".

3.7. Der Beistand

Neben dem Verteidiger gibt es die allerdings weit weniger bedeutsame Institution des Beistandes nach § 149. Als Beistände sind danach der Ehegatte eines Angeklagten und der gesetzliche Vertreter zuzulassen (§ 149 I und II); nach richterlichem Ermessen ist eine solche Zulassung auch bereits im Vorverfahren möglich (§ 149 III). Die Mitwirkungsfunktion des Beistandes erschöpft sich in einem Fürsprache- und Anhörungsrecht (Kern-Roxin 92).

4. Die sonstigen Verfahrensbeteiligten

4.1. Der Beschuldigte

4.11. Die Rechtsstellung des Beschuldigten

Unter Beschuldigtem wird hier diejenige Person verstanden, „gegen die wegen Verdachts einer strafbaren Handlung Strafverfolgungsmaßnahmen durchgeführt werden" (Peters 172). Die schwierige Frage, von welchem Zeitpunkt ab jemand zum Beschuldigten wird, kann erst später u. 115 behandelt werden.

Die Rechtsstellung des Beschuldigten wird entscheidend dadurch gekennzeichnet, daß er nicht nur Untersuchungsobjekt (im Sinne des Inquisiten im Inquisitionsprozeß) ist, sondern daß er als Prozeßsubjekt mit eigenen Rechten ausgestattet ist, denen freilich auch bestimmte Pflichten korrespondieren. Der Beschuldigte steht damit gleichzeitig in einer Passiv- und Aktivstellung (vgl. Peters 174). Auch soweit der Beschuldigte Passivbeteiligter ist, setzt seine Persönlichkeit der Untersuchung Grenzen. Die enge Verflechtung zwischen Aktiv- und Passivbeteiligung zeigt sich vielleicht am deutlichsten in der Beweisaufnahme, wo der Beschuldigte einerseits Beweismittel ist und doch gleichzeitig in entscheidender Weise an der Beweisaufnahme selbst mitwirkt (z. B. durch die Stellung von Beweisanträgen und durch die Stellungnahme zu Zeugenaussagen).

4.12. Die Rechte des Beschuldigten

4.121. Der Anspruch auf rechtliches Gehör

Die Rechtsstellung des Beschuldigten in ihrer Gesamtheit wird gebildet durch zahlreiche einzelne Rechte, von denen das wichtigste der Anspruch auf rechtliches Gehör ist (Kern-Roxin 79).

Der Anspruch auf rechtliches Gehör ist in Art. 103 I GG verankert (vgl. auch Art. 6 MRK). Das rechtliche Gehör dient letztlich der Wahrung der Menschenwürde (BVerfGE 7, 279). Wesentlicher Inhalt des Anspruchs auf rechtliches Gehör ist, daß das Gericht seiner Entscheidung nur Vorgänge und Tatsachen zugrundelegt, zu denen der jeweils betroffenen Person Gelegenheit zur Äußerung gegeben wurde (vgl. Kleinknecht Einl. 1 F c). Auf die Ausgestaltung des rechtlichen Gehörs in den einzelnen Verfahrensabschnitten wird hier nicht näher eingegangen (vgl. dazu aber Kern-Roxin 80), sondern bei der Besprechung des Verfahrensganges an der jeweiligen Stelle hingewiesen. Im Strafverfahren hat der Anspruch auf rechtliches Gehör auch gegenüber der Staatsanwaltschaft besondere Ausprägungen erfahren (vgl. § 163 a). Das rechtliche Gehör ist grundsätzlich vor der Entscheidung zu gewähren; jedoch genügt für das summarische Strafbefehlsverfahren die Möglichkeit des Einspruchs, mit dem der Betroffene auch seinen Anspruch auf rechtliches Gehör für das sich dann anschließende Verfahren geltend machen kann. Der Anspruch auf rechtliches Gehör schließt die Befugnis des Beschuldigten ein, vor Gericht Rechtsausführungen zu machen (vgl. BVerfGE 12, 110). Der Anspruch auf rechtliches Gehör ist gewahrt, wenn dem Beschuldigten Gelegenheit zur Äußerung gegeben wurde; nimmt er diese nicht wahr, so hat das keinen Einfluß auf das rechtliche Gehör.

Da die Strafprozeßordnung zahlreiche Verfahrensvorschriften enthält, die das rechtliche Gehör im einzelnen näher ausgestalten, sind diese Vorschriften grundsätzlich für die Ausprägung des rechtlichen Gehörs im Strafverfahren maßgebend. Jedoch müssen diese Vorschriften ihrerseits dem Verfassungsgebot des Art. 103 I GG genügen. Ergibt sich im Rahmen der positivrechtlichen Ausgestaltung eine Lücke bezüglich des Anspruchs auf das rechtliche Gehör, so greift Art. 103 I GG ein, um diese Lücke auszufüllen und dem Beschuldigten umfassend rechtliches Gehör zu gewährleisten (vgl. dazu näher Henkel 264 ff.). Umfassend über Fagen des rechtlichen Gehörs im Strafverfahren unterrichtet die Arbeit von Dahs jr., Das rechtliche Gehör im Strafprozeß, 1965.

4.122. *Das Recht auf Verteidigung*

Das Recht des Beschuldigten auf sachgerechte Verteidigung ist in vielfältiger Weise ausgestaltet. Zunächst steht es dem Beschuldigten in jeder Verfahrenslage frei, sich eines rechtskundigen Verteidigers zu bedienen (vgl. dazu o. 55 ff.). Für zahlreiche schwerwiegende Fälle ist die Verteidigung sogar als notwendige vorgeschrieben (vgl. o. 54 f.). Daneben sind aber dem Beschuldigten selbst zahlreiche Einzelrechte eingeräumt, die sämtlich darauf abzielen, ihn zu einer sachgerechten Verteidigung zu befähigen (vgl. dazu näher Kern-Roxin 80 f.). Schließlich wird zunehmend das Recht auf Verteidigung beim Beschuldigten besonders unter dem Gesichtspunkt der Effizienz abgesichert durch die Erfordernisse der gerichtlichen Fürsorgepflicht (vgl. dazu u. 89 f.). Besonders wichtig für die Verteidigung des Beschuldigten ist dabei ein Recht auf Information bezüglich aller Vorgänge, die seine Verteidigung beeinflussen können (vgl. besonders § 265), und schließlich das Recht auf das letzte Wort (s. dazu u. 160 f.).

Das Recht auf Verteidigung schließt auch ein, daß der Beschuldigte zum Anklagevorwurf schweigen darf. Dieses Schweigerecht des Beschuldigten beinhaltet freilich kein Recht auf Lüge, sondern will dem Beschuldigten nur die Möglichkeit einräumen, von sich aus nicht zu seiner Überführung beitragen zu müssen. Ein solches Schweigen des Angeklagten zum Anklagevorwurf darf auch grundsätzlich weder bei der Beweiswürdigung, noch bei der Strafzumessung zu seinem Nachteil verwertet werden (vgl. auch u. 184).

4.13. Pflichten des Beschuldigten

Die Rechtsstellung des Beschuldigten ist aber nicht nur durch die Einräumung von Rechten, sondern auch durch die Auferlegung solcher Pflichten gekennzeichnet, die zur ordnungsgemäßen Durchführung des Strafverfahrens unerläßlich sind. So trifft den Beschuldigten eine Erscheinens- und Anwesenheitspflicht, die sich auf gerichtliche Vernehmungen und besonders auf das Erscheinen und die Anwesenheit in der Hauptverhandlung bezieht (vgl. Peters 175). Die Äußerungspflicht des Beschuldigten ist stark eingeschränkt, um ihm die Möglichkeit des Schweigens zum Anklagevorwurf zu geben, und bezieht sich nur auf die Fragen zur Person. Besonders wichtig und für den Beschuldigten einschneidend ist die Verpflichtung, die gesetzlich zugelassenen Zwangsmaßnahmen zu dulden, also sich gegebenenfalls der Anordnung der Untersuchungshaft, einer Durchsuchung, Beschlagnahme oder Vorführung zu unterziehen. Immer ist dabei das Übermaßverbot strikt zu beachten (vgl. BVerfGE 16, 194 und 17, 108).

4.2. Der Verletzte

4.21. Begriff des Verletzten

Handelt es sich beim Beschuldigten um den mutmaßlichen Täter der Straftat, so stellt der Verletzte das Opfer der strafbaren Handlung dar. Mit der empirischen Erforschung der Situation des Opfers der Straftat befaßt sich heute ein eigener Zweig der Kriminologie, die sogenannte Viktimologie („Opferkunde"; vgl. bes. Schneider, Viktimologie, Wissenschaft vom Verbrechensopfer, UTB 447, 1975). Dieser Teilbereich der Kriminologie versucht zunächst, den Einfluß des Opfers auf das Zustandekommen der Straftat zu erfassen (vgl. z. B. § 213 StGB) und darüber hinaus die Belange des Opfers innerhalb der Strafrechtspflege zur Geltung zu bringen.

Der Verletzte läßt sich in einem engeren und weiteren Begriff erfassen. Zunächst ist sicher derjenige verletzt, der in einem strafrechtlich geschützten Rechtsgut tangiert wurde, also z. B. der Eigentümer beim Diebstahl oder der Geschädigte beim Betrug. Der Begriff des Verletzten ist aber nicht in dieser strengen Weise mit dem strafrechtlichen Rechtsgutsträger identisch. Verletzter ist darüber hinaus jeder, der in seiner Rechtssphäre durch die Straftat unmittelbar betroffen wurden (vgl. Henkel 185). So ist z. B. Rechtsgut der Aussagedelikte die Rechtspflege;

unmittelbar in seinem Rechtskreis betroffen wird durch eine Falschaussage aber auch derjenige, gegen den sich die Falschaussage richtet, z. B. der Angeklagte, der aufgrund einer falschen Zeugenaussage für schuldig befunden wird. Diese Erweiterung des Begriffes des Verletzten über den Rechtsgutsträger hinaus, hat vor allem praktische Bedeutung für alle Straftatbestände, denen der Schutz von Rechtsgütern der Allgemeinheit zugrunde liegt. Noch weiter läßt sich der Begriff des Verletzten ausdehnen, wenn man auch die mittelbare Beeinträchtigung miteinbezieht. Wird z. B. ein Kraftfahrzeug gestohlen, so ist zunächst der Eigentümer unmittelbar Verletzter. In ihrem Rechtskreis angesprochen wird aber auch die Versicherung, die dem bestohlenen Eigentümer den Schaden ersetzen muß; sie ist hier durch den Diebstahl mittelbar verletzt worden.
In der Strafprozeßordnung ist kein einheitlicher Begriff des Verletzten zugrundegelegt. Vielmehr ist jeweils beim konkreten Verwendungsfall zu entscheiden, wie der Begriff des Verletzten zu fassen ist. So ist bei der Ausschließung vom Richteramt in § 22 Nr. 1 nur der durch eine strafbare Handlung unmittelbar Verletzte erfaßt (BGH 1, 299), während der Begriff des Verletzten in § 61 Nr. 2 auch den nur mittelbar Verletzten einschließt (Kleinknecht § 61 Anm. 5 A mit Nachw. aus der BGH-Rspr.).

4.22. Die Beteiligung des Verletzten am Strafverfahren

4.221. Der Strafantrag

Jeder von einer Straftat Betroffene hat das Recht, durch eine Strafanzeige bei der Polizei den Vorfall zur Kenntnis der Strafverfolgungsorgane zu bringen (vgl. § 158 I). Diese Strafanzeige hat aber nur die Funktion, die Strafverfolgungsorgane faktisch von der Straftat in Kenntnis zu setzen; rechtlich gesehen ist die Strafanzeige nur eine Anregung zum Tätigwerden, zu dem die Strafverfolgungsorgane von Amts wegen (Legalitätsprinzip) verpflichtet sind. Dieses Recht der Strafanzeige steht auch nicht nur dem Verletzten, sondern jeder Person zu, die von einer Straftat Kenntnis erlangt. Von der Strafanzeige scharf zu unterscheiden ist der Strafantrag. Bei Straftaten, deren Verfolgung nur auf einen Strafantrag hin rechtlich zulässig ist (Antragsdelikte), bedeutet der Strafantrag eine Verfolgungsvoraussetzung (vgl. zum Stellen des Antrages näher § 158 II; zur Schriftlichkeit genügt nicht die Aufnahme durch den Beamten auf telefonischen Anruf hin, vgl. Riegel NJW 73, 495). Hier ist dem Verletzten als Antragsberechtigtem die Befugnis eingeräumt, über die Strafverfolgung zu entscheiden (vgl. zur rechtspolitischen Problematik näher Verf., GA 1969, 234).

4.222. *Die Privatklage*

Liegt es beim Strafantrag so, daß der Verletzte zwar durch das Stellen des Antrages erst die Möglichkeit zur Strafverfolgung schafft, dann aber die Strafverfolgungsorgane die Strafverfolgung voll übernehmen, so muß bei der Privatklage der Verletzte als Privatkläger auch die Strafverfolgung in eigener Person durchführen. Die Privatklagedelikte sind in § 374 I erfaßt. Hier geht also das Mitwirkungsrecht des Verletzten so weit, daß er an Stelle der Staatsanwaltschaft die Privatklage selbst durchführen muß. Da es sich beim Privatklageverfahren um eine besondere Verfahrensart handelt, ist die Privatklage im Zusammenhang u. V 1 S. 226 ff. dargestellt.

4.223. *Die Nebenklage*

Tritt bei der Privatklage der Verletzte als Privatkläger an die Stelle der staatlichen Anklagebehörde, so kommt bei der Nebenklage der Verletzte als Nebenkläger auf der Anklageseite zu dem staatlichen Anklageorgan hinzu. Die Nebenklage charakterisiert sich damit als ein Mitwirkungsrecht des Verletzten am Offizialverfahren auf der Anklageseite. Bei der Nebenklage handelt es sich nicht um eine besondere Verfahrensart, sondern um das Hinzutreten eines zusätzlichen Verfahrensbeteiligten zum normalen Prozeß.

Die Befugnis zur Nebenklage steht nach § 395 zu:

demjenigen, der nach § 374 als Privatkläger aufzutreten berechtigt ist, wenn die Staatsanwaltschaft die öffentliche Klage erhebt (§ 395 I);
den Eltern, Kindern, Geschwistern und dem Ehegatten eines durch eine rechtswidrige Tat Getöteten (§ 395 II Nr. 1);
dem Verletzten, der durch einen Antrag auf gerichtliche Entscheidung (§ 172) die Erhebung der öffentlichen Klage herbeigeführt hat (§ 395 II Nr. 2);

weiterhin im Falle des § 90 StGB dem Bundespräsidenten und im Falle des § 90 b StGB der betroffenen Person (§ 395 III).

Der Anschluß als Nebenkläger erfolgt nach § 396 I durch eine schriftliche Anschlußerklärung. Nach § 396 II entscheidet das Gericht über die Berechtigung des Nebenklägers zum Anschluß. Diese Entscheidung des Gerichts hat aber nur deklaratorische Bedeutung (Kleinknecht § 396 Anm. 4 mit Nachw.). Die Stellung als Nebenkläger wird unmittelbar durch die Anschlußerklärung begründet. Lediglich die Befugnis zu Prozeßhandlungen ist für den Nebenkläger durch den Zulassungsbeschluß aufschiebend bedingt. Entscheidend für das Erlangen der Stellung eines Nebenklägers ist also das Vorliegen der Befugnis zur Nebenklage und eine wirksame Anschlußerklärung.

Wird in dem Beschluß der Nebenkläger zu Unrecht nicht zugelassen, so ist das für ihn und gegebenenfalls die Staatsanwaltschaft ein Revisionsgrund. Sehr streitig ist, ob umgekehrt die unberechtigte Zulassung als Nebenkläger für den Angeklagten einen Revisionsgrund schafft. Zum Teil wird hier die Auffassung vertreten, daß dann ein Revisionsgrund vorliege, wenn der Nebenkläger in der Hauptverhandlung mit Erfolg Beweisanträge gestellt hat, weil dann das Urteil auf der Mitwirkung eines Beteiligten beruht, der überhaupt nicht hätte zugezogen werden dürfen. Überwiegend wird jedoch die Mitwirkung eines unberechtigt zugelassenen Nebenklägers nur als ein Aufklärungszuwachs im Sinne des § 244 II aufgefaßt (Kleinknecht § 396 Anm. 7 A mit Nachw.). Die Folge dieser Auffassung ist, daß grundsätzlich die Revision nicht auf die unberechtigte Zulassung als Nebenkläger gestützt werden kann.

Die Anschlußerklärung ist auch noch nach der Durchführung der Hauptverhandlung ausschließlich zu dem Zwecke zulässig, ein Rechtsmittel einzulegen (§ 395 I 2). Grundsätzlich hat der Nebenkläger die Rechte des Privatklägers (§ 397 I). Jedoch wird der Fortgang des Verfahrens durch den Anschluß nicht aufgehalten (§ 398 I). Das Recht auf die Einlegung von Rechtsmitteln steht dem Nebenkläger unabhängig von der Staatsanwaltschaft zu (§ 401 I 1). Das bedeutet, daß das Rechtsmittel des Nebenklägers hinsichtlich Frist, Einlegung und Begründung von dem Rechtsmittel der Staatsanwaltschaft unabhängig ist

(Kleinknecht § 401 Anm. 1). Ob die Staatsanwaltschaft ihrerseits ebenfalls ein Rechtsmittel einlegt oder nicht, ist für das Rechtsmittel des Nebenklägers unerheblich. Jedoch wirkt sie in der Rechtsmittelinstanz in jedem Fall mit, auch wenn sie selbst kein Rechtsmittel eingelegt hat. Der Nebenkläger kann in seinem Rechtsmittel aber nur geltend machen, daß das Nebenklagedelikt nicht richtig behandelt worden ist (Kleinknecht § 401 Anm. 2). Wenn sich jedoch der Nebenklagepunkt von dem übrigen Urteilsinhalt nicht trennen und selbständig überprüfen läßt, so wird auf das Rechtsmittel des Nebenklägers hin der gesamte Urteilsinhalt auch über den Nebenklagepunkt hinaus nachgeprüft (vgl. Kleinknecht a. a. O. mit Rspr.-Nachw.).
Der Nebenkläger kann seine Anschlußerklärung widerrufen (§ 402). Die Nebenklage endet mit dem Tod des Nebenklägers (§ 402). Streitig ist dabei, ob die Angehörigen des Nebenklägers ein Weiterführungsrecht analog § 393 II haben (bejahend OLG Saarbrücken NJW 66, 2077; verneinend OLG Stuttgart NJW 70, 822).

4.3. Nebenbeteiligte (Überblick)

Nicht unter dem Begriff des Verfahrensbeteiligten erfaßt werden Sachverständige und Zeugen, die zwar eine wichtige Funktion im Rahmen der Beweisaufnahme erfüllen, aber keine eigenen Beteiligungsrechte haben. Es gibt jedoch neben den Strafrechtspflegeorganen und neben Beschuldigten und Verletzten noch weitere Personen, denen eine Beteiligtenrolle am Strafverfahren zufallen kann, wie Beteiligte bei Einziehung und Verfall (vgl. § 442 II) oder durch eine Beschlagnahme oder Unbrauchbarmachung betroffene Personen. Hier wird z. T. der Begriff Drittbeteiligte (Peters 207) oder Nebenbeteiligte (Henkel 118) gebraucht. Zu Einzelheiten sei verwiesen auf Peters 207 ff.

III. Die allgemeinen Verfahrensgrundsätze

1. Vorbemerkung

Wer in das Wesen und System einer Verfahrensordnung eindringen will, muß nach den handelnden Personen in erster Linie die grundlegenden Verfahrensprinzipien betrachten. Aus ihnen erwächst mosaikartig das charakteristische Bild der jeweiligen Verfahrensordnung in ihren Grundzügen.

Es ist aber gerade im Strafprozeßrecht nicht leicht zu bestimmen, was man zu den grundlegenden und allgemeinen Verfahrensprinzipien zählen soll[1]. Die Verfahrensgrundsätze betreffen teils stärker die Einleitung, teils stärker die Durchführung des Verfahrens. Da aber zumeist beide Gesichtspunkte ineinander übergehen, empfiehlt sich keine Unterteilung unter diesem Blickwinkel. Die Darstellung verfährt im folgenden so, daß die allgemeinen Prinzipien, die den gesamten Verfahrensgang durchziehen, hier in einem eigenen Hauptteil dargestellt werden, während die speziellen Grundsätze der Durchführung der Hauptverhandlung u. IV 4.21 behandelt und die Beweisgrundsätze in den Rahmen des Beweisrechts (u. IV 4.32, 4.36) einbezogen werden.

2. Die einzelnen Prinzipien

2.1. Das Offizialprinzip

2.11. Inhalt und Ausgestaltung in der StPO

Es bedurfte einer langen geschichtlichen Entwicklung (vgl. dazu Kern-Roxin 54 f., Eb. Schmid Lehrk. I Rdnr. 355), bis sich die Strafverfolgung als eine ausschließlich staatliche Aufgabe herausbildete. Das Offizialprinzip besagt, daß die Strafverfolgung (Einleitung und Durchführung der Strafverfahren) von Amts

[1] Eb. Schmidt (Lehrk. I Rdnr. 334 ff.) faßt unter seinen Begriff der „Prozeßprinzipien“ auch Gesichtspunkte, die hier anders eingeordnet sind, z. B. die Unabhängigkeit des Richters (Rdnr. 457 ff.) oder die Laienrichterbeteiligung (Rdnr. 561 ff.). Das Lehrbuch von

wegen als Staatsaufgabe durchgeführt wird. Dieses Offizialprinzip beinhaltet mehrere Aspekte. Zunächst steht der Strafanspruch als materielle Strafberechtigung ausschließlich dem Staate selbst zu. Weiterhin betreibt der Staat selbst alle Maßnahmen, die erforderlich sind, um diesen Strafanspruch zu realisieren. Dabei haben zunächst Staatsanwaltschaft und Polizei die Aufgabe, alle ihnen bekannt werdenden Straftaten von Amts wegen zu verfolgen. Die Strafanzeige des Verletzten stellt nur eine Anregung an die staatlichen Verfolgungsorgane zum Tätigwerden dar; zum Einschreiten sind sie von Amts wegen verpflichtet. Auch nach der Anklageerhebung ist der Richter von Amts wegen verpflichtet, das Verfahren weiter zu betreiben.

Diese rechtliche Behandlung darf aber nicht darüber hinwegtäuschen, daß es faktisch vom Verletzten in erheblichem Umfang abhängt, ob eine Straftat zur Kenntnis der Strafverfolgungsorgane gelangt und dann dort den Vorgang der Strafverfolgung auslöst. Die kriminologische Dunkelfeldforschung (Aufdeckung der Differenz zwischen den tatsächlich begangenen und den zur Kenntnis der Strafverfolgungsorgane gekommenen Straftaten; vgl. dazu Schwind u. a., Dunkelfeldforschung in Göttingen 1973/74, BKA-Forschungsreihe Bd. 2, 1975) macht deutlich, daß es weitgehend vom Opfer abhängt, ob ein Strafverfahren in Gang gesetzt wird oder nicht. Besonders ausgeprägt zeigt sich dies auch im Bereich der sogenannten „Betriebsjustiz", in dem der Betrieb weitgehend leichtere Straftaten von Mitarbeitern am Arbeitsplatz unter Ausschluß der staatlichen Strafverfolgungsorgane zu erledigen sucht (z. B. durch die Verhängung von Betriebsbußen).

2.12. Ausnahmen und Einschränkungen des Offizialprinzips

Der Grundsatz, daß der Staat die Strafverfolgung von Amts wegen betreibt, ist im geltenden Recht nicht rein durchgeführt.

Peters enthält überhaupt keinen eigenen Abschnitt über die Prozeßgrundsätze, während Kern-Roxin (§§ 11–16) in die Grundsätze des Strafverfahrens auch die Beweisgrundsätze und die nur für die Hauptverhandlung geltenden Prinzipien miteinbeziehen. Am nächsten kommt der hier gewählten Aufteilung wohl Henkel, der in den §§ 20–24 seines Lehrbuchs die Aufbaugrundsätze des Verfahrensrechts vorweg behandelt.

Als Einschränkung dieses Prinzips muß zunächst der o. II 4.221 behandelte Strafantrag angesehen werden. Denn bei den Antragsdelikten wird das Einschreiten der staatlichen Strafverfolgungsorgane erst zulässig, wenn vom Verletzten ein Strafantrag gestellt ist. Stellt der Verletzte keinen Strafantrag, dann ist auch die staatliche Strafverfolgungstätigkeit blockiert. Entsprechendes gilt für die sogenannte Ermächtigung, die in zahlreichen Straftatbeständen vorgesehen ist, so in den §§ 90, 90 b, 97, 104 a, 353 a, 353 b StGB.

Eine Ausnahme des Offizialprinzips bilden die Privatklagedelikte (vgl. u. 226). Hier ist auch die Durchführung des Strafverfahrens vom Staat auf den Verletzten verlagert. Der Verletzte tritt hier als Ankläger auf und muß vor dem Privatklagerichter versuchen, die Verurteilung des Privatbeklagten zu erreichen. Allerdings hat sich doch der Staat nicht völlig der Klageberechtigung entäußert, sondern kann bei einem besonderen öffentlichen Interesse an der Strafverfolgung die Durchführung des Strafverfahrens an sich ziehen und dann ex officio betreiben (vgl. § 376). Der an sich zur Privatklage berechtigte Verletzte erhält dann die Stellung eines Nebenklägers (§ 377 III).

2.2. *Das Akkusationsprinzip*

2.21. **Die grundsätzliche Bedeutung**

Wenn der Staat die Strafverfolgung ex offico selbst betreibt, liegt an sich die Gefahr nahe, daß er sich dabei über das Recht des einzelnen betroffenen Staatsbürgers hinwegsetzen könnte. Diese Gefahr macht auch der Inquisitionsprozeß deutlich, der nur die Verwirklichung des Offizialprinzips im Auge hatte. Besteht nur ein staatliches Organ, das mit der Realisierung des Strafanspruchs betraut ist und das alle dazu nötigen Handlungen durchzuführen hat, so ist dieses Organ „vor eine psychologisch unmögliche, geradezu übermenschliche Aufgabe gestellt“ (Eb. Schmidt Lehrk. I Rdnr. 98). Deshalb ist es dringend geboten, die verfolgende (im Sinne von ermittelnder) und richtende Tätigkeit auf zwei getrennte staatliche Organe zu verteilen.

Im Sinne dieser Aufteilung der staatlichen Strafverfolgungstätigkeit auf zwei selbständige Organe wurde die Staatsanwaltschaft als Anklagebehörde geschaffen. Ihre Aufgabe ist es, beim Verdacht einer strafbaren Handlung die Ermittlungen durchzuführen und Anklage zu erheben, wenn sich eine strafbare Handlung als gegeben herausstellt. Der wesentliche Inhalt des Akkusationsprinzips (statt dessen spricht man im Anschluß an Beling auch vom „Klageformprinzip", vgl. Eb. Schmidt Lehrk. I Rdnr. 351) ist also, daß der Richter nicht von sich aus tätig wird, sondern erst auf die Aufforderung durch die Staatsanwaltschaft hin seine Untersuchungstätigkeit aufnimmt. Zu einem gerichtlichen Urteil kann es nur über eine Anklage von Seiten der Staatsanwaltschaft kommen.

2.22. Die Ausgestaltung im geltenden Recht

2.221. Bindung des gerichtlichen Tätigwerdens an die Anklage

Diese Bedingtheit des gerichtlichen Tätigwerdens durch die Erhebung einer Anklage ist in § 151 verankert. Die gerichtliche Untersuchung stellt sich aber nicht als automatische Folge der Anklage ein, sondern erst mit der gerichtlichen Eröffnung. Mit der Eröffnung des Hauptverfahrens tritt dann die Rechtshängigkeit der Strafsache ein. Von diesem Zeitpunkt ab verliert aber auch die Staatsanwaltschaft die Dispositionsbefugnis über die Klage. Nach § 156 kann die öffentliche Klage nach Eröffnung des Hauptverfahrens nicht mehr zurückgenommen werden. Von diesem Zeitpunkt ab ist die Anklagebehörde an die erhobene Klage gebunden (Immutabilitätsprinzip; vgl. Kern-Roxin 65). Hält von diesem Zeitpunkt ab die Staatsanwaltschaft eine Prozeßvoraussetzung für nicht vorliegend oder den Verdacht einer strafbaren Handlung für beseitigt, so kann sie nicht einfach die Klage zurücknehmen, sondern muß Einstellung bzw. Freispruch beantragen.

2.222. Die thematische Bindung des Gerichts durch die Anklage

Das Gericht ist nicht nur hinsichtlich seines Tätigwerdens überhaupt an die Anklage gebunden, sondern auch bezüglich des Umfanges des Tätigwerdens. § 155 I bestimmt, daß sich die

Untersuchung und Entscheidung nur auf die in der Anklage bezeichnete Tat und auf die durch die Klage beschuldigten Personen erstreckt. Daraus ergibt sich eine thematische Bindung des Gerichts sowohl in personeller Hinsicht als auch bezüglich der zur Last gelegten Tat. Die Grenzen der Aburteilungsbefugnis des Gerichts werden durch die Anklage bestimmt. Eine Veränderung des Anklagevorwurfs im gerichtlichen Verfahren in rechtlicher oder tatsächlicher Hinsicht ist nur in den engen Grenzen der §§ 265, 266 möglich (vgl. dazu näher u. 104). Allerdings wirkt auch das Gericht bei der Zulassung der Anklage nach § 207 II auf die endgültige Fassung des Anklagevorwurfes mit ein (vgl. u. 141 f.).
Innerhalb der durch den Anklagevorwurf gezogenen Grenzen ist das Gericht dann aber bei seinem Tätigwerden selbständig (§ 155 II).

2.223. *Der Anklage gleichstehende Maßnahmen*

Hauptform der Verwirklichung des Akkusationsprinzips ist die Erhebung der öffentlichen Klage (§§ 151, 152 I). Der Anklage steht der Antrag auf Erlaß eines Strafbefehls (§ 407 I) gleich.

2.224. *Das Anklagemonopol der Staatsanwaltschaft*

Nach § 152 I ist zur Erhebung der öffentlichen Klage die Staatsanwaltschaft berufen. Jedoch ist dieses Anklagemonopol der Staatsanwaltschaft nicht lückenlos durchgeführt. Als eine Durchbrechung erschien bereits das Privatklageverfahren (vgl. o. 72; s. auch Kern-Roxin 59).

2.3. *Das Legalitäts- und das Opportunitätsprinzip*

2.31. Begriffe und Bedeutung

Zum Ausgleich des Anklagemonopols der Staatsanwaltschaft muß Vorsorge getroffen werden, daß die Staatsanwaltschaft die Anklage auch erhebt. Diese Funktion erfüllt das Legalitätsprinzip. Es verpflichtet die Staatsanwaltschaft dazu, „wegen aller verfolgbaren Straftaten einzuschreiten, sofern zureichende tatsächliche Anhaltspunkte vorliegen" (§ 152 II). Nur mit diesem Korrelat der Anklageverpflichtung ist das Anklagemonopol erträglich. Die Staatsanwaltschaft hat grundsätzlich kein Auswahlermessen darüber, wegen welcher Straftaten sie einschreiten will; sie muß vielmehr unterschiedslos alle Straftaten in ihre Verfolgungstätigkeit einbeziehen. Damit soll im strafrechtlichen Bereich der Grundsatz der Gleichheit vor dem Gesetz und der Gleichbehandlung durch das Gesetz verwirklicht werden. Jeder Straftatbestand ruft die Anklagebehörde zum Tätigwerden auf. Dies ist unabdingbare Grundlage des Vertrauens der Staatsbürger in die Strafrechtspflege.

Kriminologische Forschungen (insbesondere zur Dunkelfeldproblematik und zur Selektion innerhalb der Strafverfolgung) sowie kriminalpolitische Überlegungen haben bewirkt, daß das Legalitätsprinzip in den letzten Jahren wiederholt in Frage gestellt und neu durchdacht wurde (vgl. Hanack in Festschr. f. Gallas 1973, 339; Peters in Festschr. f. Welzel 1974, 415; Schroeder in Festschr. f. Peters 1974, 411; Verf. in Festschr. f. Peters 1974, 487). Soziologische und sozialpsychologische Untersuchungen zeigen, daß es in keiner Gemeinschaft eine Totalbefolgung aller Normen geben kann und daß eine Verfolgung aller Normbrüche auch bei strafbewehrten Normen der Gemeinschaft mehr schaden als nützen würde. Auch hat in den letzten Jahren das Opportunitätsprinzip (s. u.) das Legalitätsprinzip mindestens faktisch weitgehend verdrängt. Die kriminalpolitischen Überlegungen müssen deshalb darauf abzielen, das Legalitätsprinzip neu zu konzipieren. Es geht heute nicht mehr darum, alle Straftaten unterschiedslos zu verfolgen, sondern nach kriminalpolitischen Zweckerwägungen vernünftige Schwerpunktsetzungen innerhalb der Strafverfolgung zu verwirklichen. Nach dieser Vorstellung muß der Gesetzgeber die Strafverfolgungspflicht neu gestalten und dabei die maßgeblichen Kriterien im Gesetz selbst verankern. Es geht dabei nicht um eine bloße Ablösung des Legalitätsprinzips durch Opportunitätserwägungen, sondern um eine vom Gesetzgeber selbst zu schaffende neue Leitlinie für die Strafverfolgungstätigkeit von Polizei und Staatsanwaltschaft. Diese Aufgabe erfordert noch eingehende empirische Untersuchungen.

Die Staatsanwaltschaft ist aber nur zum Einschreiten verpflichtet, sofern „zureichende tatsächliche Anhaltspunkte" für eine Straftat vorliegen. Für diesen „Anfangsverdacht" (Kleinknecht § 152 Anm. 2 B) genügen keine bloßen Vermutungen, sondern es müssen konkrete Tatsachen dafür vorhanden sein, daß ein

Straftatbestand vorliegen kann. Es ist aber kein „dringender“ oder „hinreichender“ Verdacht erforderlich (vgl. Kleinknecht a. a. O.). Die Verfolgbarkeit einer Tat liegt vor, wenn alle Verfahrensvoraussetzungen gegeben sind. Liegt ein behebbares Verfahrenshindernis vor, so verlangt das Legalitätsprinzip auch, daß die Staatsanwaltschaft gegebenenfalls auf die Beseitigung hinwirkt, wenn sie im öffentlichen Interesse liegt (Kleinknecht § 152 Anm. 4).

Dem Legalitätsprinzip steht das Opportunitätsprinzip gegenüber. Dieses besagt, daß die Strafverfolgung nach den Gesichtspunkten der Zweckmäßigkeit (Opportunität) gestaltet wird. Der Staatsanwaltschaft wird ein Ermessen darüber eingeräumt, ob sie Anklage erhebt. Außerdem werden die dabei für sie maßgebenden Kriterien festgelegt. In diesem Sinne schaffen die §§ 153 ff. zahlreiche Einstellungsmöglichkeiten und bedeuten damit eine Durchbrechung des Legalitätsprinzips. Jedoch ist dabei zu beachten, daß der Staatsanwaltschaft nur in einzelnen Fällen ein weitgehend freies Ermessen eingeräumt ist (z. B. bei § 153 c). Zumeist ist der eigentlichen Ermessensentscheidung der Staatsanwaltschaft die Ausfüllung unbestimmter Rechtsbegriffe vorgeschaltet, z. B. „geringe Schuld“ oder „öffentliches Interesse an der Strafverfolgung“ in § 153 I, die aber der Staatsanwaltschaft einen Beurteilungsspielraum belassen (vgl. dazu besonders Kleinknecht § 152 Anm. 3). Im folgenden werden diese im einzelnen unterschiedlich ausgestalteten Einstellungsmöglichkeiten unter dem Gesichtspunkt der Durchbrechung des Legalitätsprinzips behandelt.

2.32. Die einzelnen Einstellungsmöglichkeiten nach den §§ 153 ff.

2.321. Bei Geringfügigkeit: § 153

2.3211. Allgemeine Bedeutung

§ 153 ist eine für das Funktionieren der Strafrechtspflege außerordentlich wichtige Vorschrift, weil sie eine Konzentration der Strafverfolgungsorgane auf schwerwiegendere Straftaten ermöglicht und die Nichtverfolgung leichterer Delikte zuläßt. Bei einem Vergehen kann die Staatsanwaltschaft mit Zustimmung des zur Entscheidung über die Eröffnung des Hauptverfahrens zuständigen Gerichts das Verfahren einstellen, wenn die Schuld des Täters als gering anzusehen ist und kein öffentliches Interesse an der Verfolgung besteht (§ 153 I). Einer Zustimmung des Gerichts bedarf es dabei nicht bei einem Vergehen, „das gegen fremdes Vermögen gerichtet und nicht mit einer im Mindestmaß erhöhten Strafe bedroht ist, wenn der durch die Tat verursachte Schaden gering ist“ (§ 153 I 2). Auch wenn die Klage bereits erhoben ist, kann das Gericht mit Zustimmung der Staatsanwaltschaft und nach Anhörung des Angeschuldigten das Verfahren in jeder Lage durch Beschluß einstellen (§ 153 II). Dieser Einstellungsbeschluß ist nicht anfechtbar. § 153 schafft damit für Vergehen eine Einstellungsmöglichkeit nach dem Ermessen von Gericht und Staatsanwaltschaft, wenn die Voraussetzungen „geringe Schuld des Täters“ und „kein öffentliches Interesse an der Verfolgung“ gegeben sind.

An sich könnte man das gleiche Ergebnis auch im materiellen Recht erreichen, wenn man den Verbrechensbegriff so einschränkt, daß geringfügige Straftatbestandserfüllungen herausfallen (vgl. auch Naucke und Cramer in Festschr. f. Maurach 1972, 197 bzw. 487). Ebenso könnte man bei einer Lösung im materiellen Recht Kriterien (insbesondere an Hand der zu berücksichtigenden Strafzwecke) aufstellen, nach denen die Strafwürdigkeit einer Tat zu verneinen wäre (diese Lösung ist in § 42 des neuen österreichischen Strafgesetzbuches verwirklicht).

2.3212. Begriff der „Schuld“

Unter dem Begriff Schuld in § 153 ist nicht der Begriff der Schuld im Sinne von Vorwerfbarkeit als dritter Aufbaustufe der Straftat gemeint, sondern der Begriff Schuld im Sinne des Strafzumessungsrechts. Daher gibt § 46 StGB für die Auslegung dieses Begriffs wertvolle Hinweise. Der Begriff der Schuld in diesem Sinn enthält zwei Bestandteile: das Maß der Vorwerfbarkeit der Unrechtshandlung und die verschuldeten Tatfolgen. § 46 II StGB enthält in dem Strafzumessungskatalog zahlreiche Gesichtspunkte, die für die Vorwerfbarkeit der unrechtmäßigen Handlung maßgebend sind, wie die Beweggründe und Ziele des Täters, die Gesinnung, die aus der Tat spricht, das Maß der Pflichtwidrigkeit usw. Auch die verschuldeten Tatfolgen sind für den Schuldumfang wichtig. Denn den Täter nach seiner Schuld zu bestrafen bedeutet, ihm das Ausmaß der Rechtsstörung zur Last zu legen, soweit er dafür verantwortlich gemacht werden kann (näher Verf., Die Strafmaßrevision 1969, 83 ff.).

2.3213. Begriff der „geringen" Schuld

Häufig wird die Schuld dann als gering angesehen, wenn sie gemessen an den Durchschnittsverstößen gegen dieselbe Strafdrohung unterdurchschnittlich ist (Kleinknecht § 153 Anm. 2 B; KMR § 153 Anm. 2 b). Jedoch ist dieses Verfahren wenig brauchbar, weil es einen Durchschnittsfall des Verstoßes gegen ein bestimmtes Strafgesetz, etwa einen Durchschnittsfall des einfachen Diebstahls, nicht gibt. Richtiger erscheint es daher, geringe Schuld dann anzunehmen, „wo nur eine geringfügige unsoziale Einstellung des Täters aus seinem Verhalten spricht" (Eb. Schmidt Lehrk. II, Nachtragsband 1967, § 153 Rdnr. 4). Hinzukommen muß allerdings noch, daß auch keine gravierenden verschuldeten Tatfolgen vorliegen. Dagegen schließen auch schwere, aber unverschuldete Tatfolgen eine geringe Schuld nicht aus (vgl. zur Berücksichtigung beim öffentlichen Interesse u. 2.3214).

Fraglich ist, ob die Schuld bereits abschließend festgestellt sein muß, damit § 153 angewendet werden kann. Verzichtet man auf den Nachweis der Schuld, bevor man von § 153 Gebrauch macht, so ergibt sich eine doppelte Schwierigkeit. Zum einen kann dem Angeklagten dann die Möglichkeit eines Freispruches abgeschnitten werden, wenn weitere Ermittlungen dazu führen würden, daß überhaupt keine Schuld vorliegt. Weiterhin ist es sehr schwierig, ohne Nachweis der Schuld beurteilen zu können, ob die Schuld überhaupt gering im Sinne des § 153 ist. Diese Fragen haben eine große Rolle im sog. Contergan-Prozeß gespielt (vgl. LG Aachen JZ 1971, 507; Bruns, Festschr. f. Maurach 1972, 496). Der Gesetzgeber hat zum 1. 1. 1975 in Kenntnis dieses Problemstandes die gesetzliche Fassung dahingehend geändert, daß die Schuld des Täters „als gering anzusehen wäre" (gegenüber der früheren Fassung:

„gering ist"). Daraus ist zu entnehmen, daß jetzt für die Anwendung des § 153 nicht der volle Schuldnachweis und die abschließende Beurteilung des Schuldumfanges Voraussetzung ist (vgl. Kern-Roxin 62).

2.3214. Das öffentliche Interesse an der Verfolgung

Hier ist es zweckmäßig, zuerst negativ abzugrenzen, welche Umstände für das öffentliche Interesse an der Strafverfolgung keine Rolle spielen. Zunächst scheiden alle Umstände aus, die sich auf die Schuldwertung beziehen, da diese bereits im Begriff der geringen Schuld enthalten sind. Das Interesse des Verletzten an einer Strafverfolgung ist grundsätzlich nicht maßgebend, ebensowenig die bloße Klärung von Rechtsfragen (Kleinknecht § 153 Anm. 3). Häufig wird das nachträgliche Verhalten des Beschuldigten als ein Umstand genannt, der das öffentliche Interesse an der Verfolgung positiv oder negativ beeinflussen kann (KMR § 153 Anm. 2 c). Dies gilt aber jedenfalls nicht uneingeschränkt, weil zahlreiche solche Umstände (z. B. die freiwillige Schadenswiedergutmachung) auf die bei der Strafzumessung berücksichtigungsfähigen Tatfolgen Einfluß haben und damit bereits den Schuldumfang berühren.

In positiver Hinsicht lassen sich die Gesichtspunkte, die bei Bewertung des öffentlichen Interesses an der Verfolgung zu berücksichtigen sind, etwa folgendermaßen umschreiben: Gesichtspunkte der Spezial- und Generalprävention, die Gleichbehandlung bei der Strafverfolgung, das Interesse der Öffentlichkeit an der konkreten Tat (insbesondere auch eine besondere Erregung über die Tat) und die Stellung des Verletzten im öffentlichen Leben (so Kleinknecht § 153 Anm. 3). Ob auch unverschuldete Tatfolgen von großem Ausmaß dazu zählen, ist zweifelhaft (bejahend Kleinknecht a. a. O.). Eine Berücksichtigung des Verhältnismäßigkeitsgrundsatzes im Rahmen der Bestimmung des öffentlichen Interesses ist dagegen zu bejahen (LG Aachen JZ 71, 507). Das bedeutet etwa, daß im Rahmen des öffentlichen Interesses an der Strafverfolgung die Grundsätze der Beschleunigung des Strafverfahrens gegen die Verfolgungsinteressen des Staates abgewogen werden können.

2.322. Einstellung nach Erfüllung von Auflagen (§ 153 a)

§ 153 a wurde erst durch Art. 21 Nr. 44 EGStGB geschaffen und ist am 1. 1. 1975 in Kraft getreten. Kriminalpolitisches Ziel dieser Vorschrift ist es, über § 153 hinaus leichtere Straftaten in einem eigenen Verfahren ohne gerichtliches Urteil zu erledigen (vgl. Kleinknecht § 153 a Anm. 1 A); der Gesetzgeber verspricht sich davon eine Beschleunigung und Entlastung bei der Kleinkriminalität (vgl. Eckl JR 75, 99). Die kriminalpolitische Berechtigung und Zweckmäßigkeit des neuen Rechtsinstituts war und ist erheblich umstritten (eingehende Literaturnachweise bei Kleinknecht a. a. O. 1 A und Kern-Roxin 62 f.).

§ 153 a setzt wie § 153 eine geringe Schuld des Täters voraus; im Gegensatz zu dieser Vorschrift besteht aber hier an sich ein öffentliches Interesse an der Strafverfolgung. Sind jedoch bestimmte Auflagen (Leistungen zur Schadenswiedergutmachung, Zahlung eines Geldbetrages zugunsten einer gemeinnützigen Einrichtung oder der Staatskasse, die Erbringung sonstiger gemeinnütziger Leistungen oder die Erfüllung von Unterhaltspflichten) geeignet, bei geringer Schuld das öffentliche Interesse an der Strafverfolgung zu beseitigen (vgl. dazu Boxdorfer NJW 76, 317), so kann die Staatsanwaltschaft mit Zustimmung des für die Eröffnung des Hauptverfahrens zuständigen Gerichts und des Beschuldigten bei einem Vergehen vorläufig von der Erhebung der öffentlichen Klage absehen und dem Beschuldigten entsprechende Auflagen unter einer Fristsetzung auferlegen. Kommt der Beschuldigte diesen Auflagen und Weisungen nach, so kann die Tat nicht mehr als Vergehen verfolgt werden; damit entsteht ein endgültiges Verfahrenshindernis (Kleinknecht § 153 a Anm. 15 B), das mit einem endgültigen Einstellungsbeschluß festgestellt wird (Kleinknecht a. a. O. Anm. 21).

Eine entsprechende Befugnis steht nach Klageerhebung dem Gericht mit Zustimmung der Staatsanwaltschaft und des Angeschuldigten bis zum Ende der Hauptverhandlung in der letzten Tatsacheninstanz zu (näher § 153 a II).

Während des Fristenlaufes für die Erfüllung der Auflagen und Weisungen ruht die Verjährung (§ 153 a III). Werden innerhalb der Frist die Auflagen und Weisungen erfüllt, so tritt ein endgültiges Verfahrenshindernis und damit ein Strafklageverbrauch ein (vgl. Kleinknecht a. a. O. Anm. 20). Eine Eintragung in das

Bundeszentralregister ist mit einer Entscheidung nach § 153 a nicht verbunden.

2.323. *Einstellung bei der Möglichkeit des Absehens von Strafe (§ 153 b)*

In den Fällen, in denen das Gericht von Strafe absehen kann (vgl. dazu Kleinknecht § 153 b Anm. 1), kann bereits die Staatsanwaltschaft mit Zustimmung des Gerichts, das für die Hauptverhandlung zuständig wäre, von der Erhebung der öffentlichen Klage absehen (§ 153 b). Ist die Klage schon erhoben, so kann das Gericht bis zum Beginn der Hauptverhandlung mit Zustimmung der Staatsanwaltschaft und des Angeschuldigten das Verfahren einstellen (§ 153 b II). Nach dem Beginn der Hauptverhandlung endet die Einstellungsmöglichkeit nach § 153 b.

2.324. *Einstellung bei unwesentlichen Punkten (§§ 154 und 154 a)*

Die rechtspolitische Überlegung für diese Einstellungsmöglichkeiten ist, daß bei § 154 die Strafe wegen der Nebendelikte und bei § 154 a die zusätzlichen rechtlichen Gesichtspunkte für die zu erwartende Strafe nicht ins Gewicht fallen. Die beiden Einstellungsmöglichkeiten nach § 154 und § 154 a sind streng auseinanderzuhalten. § 154 betrifft den Fall, daß mehrere selbständige Taten vorliegen, von denen einzelne für die zu erwartende Strafe nicht ins Gewicht fallen.

Beispiel: Die zuständige Staatsanwaltschaft hat gegen A folgende Taten ermittelt: Raub am 1. 3., bewaffneten Einbruchsdiebstahl am 1. 5. und eine Zechbetrügerei über DM 30,– am 1. 6. Neben den beiden erstgenannten Taten, dem Raub und dem bewaffneten Einbruchsdiebstahl, kommt dem Zechbetrug hinsichtlich der festzusetzenden Strafe keine Bedeutung zu. Um die Anklage davon zu entlasten, gibt § 154 der Staatsanwaltschaft die Möglichkeit, nur den Raub und den Einbruchsdiebstahl anzuklagen.

§ 154 a kommt dagegen zur Anwendung, wenn nur eine Tat vorliegt, diese aber nach mehreren Strafgesetzen strafbar ist.

Beispiel: B hat durch dieselbe Handlung Betrug und Mißbrauch von Ausweispapieren (§ 281 StGB) begangen. Wenn die Staatsanwaltschaft diese Tat anklagt, kann sie sich darauf beschränken, zur rechtlichen Charakterisierung der Tat den Gesichtspunkt des Betrugs heranzuziehen; § 281 StGB kann sie nach § 154 a wegfallen lassen.

Wichtig ist § 154 a vor allem für die fortgesetzte Tat. Denn prozessual stellen die Teilakte einer fortgesetzten Tat eine einzige Tat im prozessualen Sinne dar. Hat nun ein Serienbetrüger etwa 15 Betrügereien in Fortsetzungszusammenhang begangen, so kann sich die Staatsanwaltschaft (z. B. aus Beweisgründen) darauf beschränken, sechs Teilakte anzuklagen und die übrigen Teilakte wegfallen zu lassen (vgl. dazu auch Kleinknecht § 154 a Anm. 2). Da die Rechtskraft des Urteils aber die gesamte fortgesetzte Tat mit allen Teilakten erfaßt (vgl. dazu näher u. 203), wird sich die Staatsanwaltschaft nur dann dazu entschließen, wenn die verbleibenden Teilakte den Unrechtsgehalt des gesamten Tätigwerdens des Täters ausreichend erfassen.

2.325. *Einstellung wegen des Tatorts (§ 153 c) und bei Auslieferung (§ 154 b)*

§ 153 c gibt der Staatsanwaltschaft die Möglichkeit, von der Verfolgung von Straftaten abzusehen,

„1. die außerhalb des räumlichen Geltungsbereichs dieses Gesetzes begangen sind oder die ein Teilnehmer an einer außerhalb des räumlichen Geltungsbereichs dieses Gesetzes begangenen Handlung in diesem Bereich begangen hat,

2. die ein Ausländer im Ausland oder die er im Inland auf einem ausländischen Schiff oder Luftfahrzeug begangen hat,

3. wenn wegen der Tat im Ausland schon eine Strafe gegen den Beschuldigten vollstreckt worden ist und die im Inland zu erwartende Strafe nach Anrechnung der ausländischen nicht ins Gewicht fiele oder der Beschuldigte wegen der Tat im Ausland rechtskräftig freigesprochen worden ist."

Zu den Einzelheiten des Verfahrens vgl. § 153 c II–IV. Ebenfalls kann von der Erhebung der öffentlichen Klage abgesehen werden, wenn der Beschuldigte wegen der Tat einer ausländischen Regierung ausgeliefert wird (§ 154 b I; vgl. zu den Einzelheiten § 154 b II–IV).

2.326. Einstellung bei Staatsschutzsachen

Da gerade in Staatsschutzsachen dem Opportunitätsprinzip eine große praktische Bedeutung zukommt, sehen die §§ 153 d und 153 e hier besondere Einstellungsmöglichkeiten vor (vgl. Kern-Roxin 63).

2.327. Einstellung bei Nötigung und Erpressung (§ 154 c)

Eine Nötigung oder Erpressung wird häufig vom Erpresser dadurch begangen, daß er den Erpreßten damit bedroht, eine von diesem begangene Straftat der Öffentlichkeit oder den Strafverfolgungsbehörden zu offenbaren. Hat der Erpreßte diese Tat begangen, so kann er in der Regel den Erpresser nicht anzeigen, ohne gleichzeitig fürchten zu müssen, wegen der von ihm begangenen Tat zur Rechenschaft gezogen zu werden. Deshalb sieht § 154 c vor, daß die Staatsanwaltschaft von der Verfolgung der Tat absehen kann, deren Offenbarung der Erpresser angedroht hat, wenn nicht wegen der Schwere dieser Tat eine Sühne unerläßlich ist. Die gesetzliche Regelung ist für den Erpreßten unerfreulich, weil er aus seiner Sicht nur selten beurteilen kann, wie die Staatsanwaltschaft die Schwere der Tat einordnen wird. Er geht also immer ein Risiko ein, wenn er sich der Staatsanwaltschaft offenbart. Andererseits ist es nicht denkbar, eine generelle Verfolgungseinstellung zuzusichern, weil die Tat des Erpreßten ja ihrerseits eine besondere Schwere aufweisen kann. So stellt § 154 c eine notwendigerweise unvollkommene Regelung dar.

2.328. Einstellung bei Vorfragenklärung (§§ 154 d, 154 e)

Zweck dieser Vorschriften ist es, daß die Staatsanwaltschaft von der eigenen Prüfung komplizierter Vorgänge aus dem Bereich des Zivil- und öffentlichen Rechts entlastet ist; bei § 154 e soll die Klärung der angezeigten oder behaupteten Handlung den Vorrang haben (Kleinknecht § 154 e Anm. 1). Bloße rechtliche Schwierigkeiten reichen aber für die Anwendung nicht aus (Kleinknecht § 154 d Anm. 1).

2.329. Erweiterte Einstellungsmöglichkeit nach § 45 JGG

Eine erheblich erweiterte Aktionsbasis für den Jugendstaatsanwalt schafft § 45 JGG (vgl. dazu näher Schaffstein, Jugendstrafrecht, 5. Aufl. 1975, 143 f.). Hier sind in erster Linie erzieherische Gesichtspunkte dafür maßgebend, das Opportunitätsprinzip in erweitertem Maß gegenüber dem Legalitätsprinzip zur Geltung zu bringen. Die Einzelheiten gehören dem Jugendstrafrecht an.

2.33. Die Sicherung des Legalitätsprinzips durch das Klageerzwingungsverfahren

2.331. Bedeutung und Aufgabe

Das Klageerzwingungsverfahren ermöglicht es, das Verhalten der Staatsanwaltschaft, die dem Antrag auf Erhebung der öffentlichen Klage keine Folge leistet, gerichtlich überprüfen zu lassen. Zweck dieses Verfahrens ist es also, das Anklagemonopol und das Legalitätsprinzip gegen Mißbrauch durch die Staatsanwaltschaft selbst abzusichern. Als Mittel zur Erreichung dieses Zwecks wird dem Verletzten ein Überprüfungsrecht eingeräumt, indem er gegen die Ablehnung der gerichtlichen Klage durch die Staatsanwaltschaft zunächst Beschwerde an den vorgesetzten Beamten der Staatsanwaltschaft und, wenn auch diese keinen Erfolg hat, Antrag auf gerichtliche Entscheidung stellen kann. Man geht dabei davon aus, daß der Verletzte sein Interesse an der Verurteilung des Täters verfolgen wird und stellt dieses Interesse des Verletzten in den Dienst der Wahrung des Anklagemonopols und Legalitätsprinzips.

2.332. Die Antragsberechtigung

Berechtigt zur Durchführung des Klageerzwingungsverfahrens ist nach § 172 I der Antragsteller, der zugleich der Verletzte ist. Antragsteller im Sinn dieser Vorschrift ist jeder, der nach § 158 I bei der Staatsanwaltschaft oder Polizei den Antrag auf Strafverfolgung durch die Anzeige einer bestimmten strafbaren Handlung gestellt hat. Dabei kann Antragsteller nicht nur derjenige sein, der durch die strafbare Handlung selbst betroffen ist. Die Stellung eines Antrags auf Strafverfolgung ist auch von der Stellung des Strafantrags bei Antragsdelikten nach § 158 II zu unterscheiden. Aus dem Kreis der Antragsteller in diesem Sinne ist zum Klageerzwingungsverfahren nur derjenige berechtigt, der durch die strafbare Handlung verletzt ist. Der Begriff des Verletzten im Sinne des Klageerzwingungsverfahrens ist umstritten. Sicher ist zunächst derjenige verletzt, dessen Rechtsgut durch die angezeigte strafbare Handlung beeinträchtigt ist, also z. B. derjenige, der eine Körperverletzung anzeigt, die ihm selbst zugefügt wurde. Jedoch ist eine Identifizierung des Verletzten mit dem Rechtsgutsträger für die Funktion des § 172 zu eng. Der Begriff des Verletzten wird heute allgemein weiter ausgelegt, um eine stärkere Überprüfung des Legalitätsprinzips zu gewährleisten. Verletzt ist jeder, in dessen Rechte die behauptete strafbare Handlung unmittelbar eingreift (vgl. Kleinknecht § 172 Anm. 3; KMR § 172 Anm. 4 a). So sind etwa bei einem vollendeten Tötungsdelikt die nahen Verwandten des Getöteten verletzt, die nach § 395 I Ziff. 1 zur Nebenklage berechtigt sind (KMR a. a. O. 4 b). Bei Körperverletzungen ist nur der an seiner eigenen Gesundheit Geschädigte Verletzter im Sinn des § 172 (Kern-Roxin 196; KMR a. a. O.). Auch bei Straftaten, die sich im Sinne der Rechtsgutslehre gegen die Allgemeinheit richten, kann es einen Verletzten im Sinne des § 172 geben, so bei einer falschen Aussage den durch die Aussage in seinen Rechten Bedrohten (z. B. der Angeklagte bei einer falschen Aussage zu seinen Ungunsten). Die Beeinträchtigung muß aber immer unmittelbar beim Verletzten erfaßbar sein. Nicht genügend ist z. B. die Erregung über eine besonders grausame Tat oder die Entrüstung über die Verbreitung pornographischer Schriften (Kleinknecht § 172 Anm. 3; vgl. auch OLG Hamburg NJW 72, 117); auch die Dirne ist nicht Verletzte bei einer dem Vermieter angelasteten Kuppelei (OLG Hamm NJW 1972, 1874; vgl. dazu auch Frisch JZ 1974, 7).

2.333. *Der Ablauf des Klageerzwingungsverfahrens*

Liegt der Staatsanwaltschaft ein Antrag auf Erhebung der öffentlichen Klage wegen einer bestimmten Straftat vor und will sie entweder diesem Ersuchen von vornherein nicht stattgeben (z. B. weil es ihr völlig sinnlos erscheint) oder will sie nach Durchführung der Ermittlungen das Verfahren einstellen, weil sich der Verdacht nicht bestätigt hat, so hat sie den Antragsteller unter Angabe der Gründe zu bescheiden (§ 171 S. 1).

Wenn der Antragsteller nach Art der vorgetragenen Straftat durch diese verletzt ist, so hat die Staatsanwaltschaft dabei in diesem Bescheid den Antragsteller über die Möglichkeit und die Frist der Beschwerde an den vorgesetzten Beamten der Staatsanwaltschaft nach § 172 I zu belehren (§ 171 S. 2). Der Antragsteller hat dann die Möglichkeit, binnen zwei Wochen nach der Bekanntmachung dieser Entscheidung der Staatsanwaltschaft Beschwerde an den vorgesetzten Beamten der Staatsanwaltschaft einzulegen (gegenüber der Staatsanwaltschaft bei einem Landgericht ist das der Generalstaatsanwalt beim OLG).

Die Zweiwochenfrist läuft nicht, wenn hierüber keine Belehrung erteilt wurde (§ 172 I 3). Wird dieser Beschwerde stattgegeben, so weist der vorgesetzte Beamte die Staatsanwaltschaft an, Anklage zu erheben. Lehnt dagegen der vorgesetzte Beamte den Antrag ab, so kann der Antragsteller hiergegen binnen eines Monats nach der Bekanntmachung gerichtliche Entscheidung beantragen (§ 172 II 1). In dem ablehnenden Bescheid ist er über diese Möglichkeit und die Frist zu belehren (andernfalls die Frist nicht zu laufen beginnt). Dieser Antrag auf gerichtliche Entscheidung ist aber unzulässig, wenn es sich ausschließlich um ein Privatklagedelikt handelt oder wenn die Staatsanwaltschaft das Verfahren in bestimmten Fällen der §§ 153 ff. eingestellt hatte (vgl. näher 172 II 3). Der Antrag auf gerichtliche Entscheidung muß dabei die Tatsachen, die die Erhebung der öffentlichen Klage begründen sollen, und die Beweismittel angeben (§ 172 III 1). Er muß von einem Rechtsanwalt unterzeichnet sein (bezüglich des Armenrechts vgl. § 172 III 2 und Kleinknecht § 172 Anm. 8). Zur Entscheidung über den Antrag ist nach § 172 IV das Oberlandesgericht zuständig. Das nähere Verfahren zur Überprüfung des Antrags für das Oberlandesgericht regelt § 173; nach § 173 II kann dabei das Gericht auch den Beschuldigten zu dem Antrag hören.

Ergibt sich für das Gericht kein genügender Anlaß zur Erhebung der öffentlichen Klage, so verwirft es den Antrag und setzt davon den Antragsteller, die Staatsanwaltschaft und den Beschuldigten in Kenntnis (§ 174 I); die Kosten des Verfahrens fallen in diesem Fall dem Antragsteller zur Last (§ 177). Die Verwerfung des Antrags hat einen beschränkten Strafklageverbrauch zur Folge; nach § 174 II kann die öffentliche Klage nur mehr auf Grund neuer Tatsachen oder Beweismittel erhoben werden. Erachtet das Gericht nach Anhören des Beschuldigten den Antrag für begründet, so beschließt es die Erhebung der öffentlichen Klage (§ 175 S. 1). Die Staatsanwaltschaft muß dann diesen Beschluß durchführen. Auch in diesem Fall ist dann das Akkusationsprinzip formell gewahrt. Materiell liegt aber insoweit eine Durchbrechung vor, als die Staatsanwaltschaft in diesem Fall gegen ihre ursprüngliche Intention zur Anklage durch ein anderes Organ verpflichtet wird (vgl. Kern-Roxin 197).

2.4. *Die Instruktionsmaxime*

Dieser Prozeßgrundsatz wird auch als Ermittlungsgrundsatz oder Prinzip der materiellen Wahrheit oder Inquisitonsprinzip bezeichnet (vgl. Kern-Roxin 66). Er besagt folgendes: In jedem Strafverfahren muß der den Gegenstand der Anklage bildende Sachverhalt aufgeklärt werden. Diese Aufklärung ist für die Strafverfolgungsbehörden durch eigene Tätigkeit zu vollziehen. Die Behörden instruieren sich selbst (vgl. Eb. Schmidt Lehrk. I Rdnr. 363). Diese Instruktionsmaxime findet Ausdruck in den §§ 155 II und 244 II.

Das Wesen der Instruktionsmaxime wird am besten verdeutlicht, indem man es der im Zivilprozeß geltenden Verhandlungs- und Dispositionsmaxime gegenüberstellt. Im Zivilprozeß haben die Parteien die Herrschaft darüber, welchen Verfahrensgegenstand sie dem Gericht unterbreiten; sie können durch die Anträge auf seinen Umfang einwirken, vor allem aber haben sie die Herrschaft über den Prozeßstoff, indem etwa ein Geständnis des Beklagten das Gericht bindet. Im Beweisrecht bedürfen nur bestrittene Tatsachen des Beweises, und die dafür erforderlichen Beweismittel werden auf Betreiben der Parteien beigebracht. All diese Erscheinungen, die dem Zivilprozeß sein Gepräge geben, finden wir im Strafprozeß nicht. Das Gericht hat hier die Wahrheit von Amts wegen zu ermitteln und bestimmt deshalb sein Tätigwerden in eigener Verantwortung. Es ist weder durch Anträge von seiten des Staatsanwalts und des Angeklagten in seinem Tätigwerden beschränkt, noch obliegt andererseits den Verfahrensbeteiligten irgendeine Beweislast (vgl. dazu besonders Eb. Schmidt Lehrk. I Rdnr. 366 f.). Selbst für den Staatsanwalt ist die Rücknahme der Klage ausgeschlossen, wenn das richterliche Verfahren eröffnet wurde (Immutabilitätsprinzip, vgl. Henkel 103). Ein Geständnis des Angeklagten bedeutet für das Gericht nicht automatisch, daß damit die Schuld des Angeklagten festgestellt ist. Vielmehr kommt auch dem Geständnis nur die Funktion eines Beweismittels zu, das gegebenenfalls anhand anderer Beweismittel überprüft werden muß. Im Strafprozeß liegt die Gestaltung des Verfahrens, der Umfang des Prozeßstoffes und der Ablauf des Verfahrens in der Hand des Gerichts. Freilich können die Verfahrensbeteiligten durch Beweisanträge auf die Gestaltung der Beweisaufnahme im einzelnen Einfluß nehmen (vgl. dazu u. 188 ff.). Jedoch liegt hierin keine Durchbrechung der Instruktionsmaxime, sondern lediglich eine Beteiligung der Verfahrensbeteiligten an der Beibringung des Beweismaterials.

2.5. Das Beschleunigungsgebot

Zwar ist in der Strafprozeßordnung kein allgemeiner Grundsatz der Beschleunigung verankert, jedoch enthält Art. 6 I der MRK die Vorschrift, daß jedermann darauf Anspruch habe, „daß seine Sache in billiger Weise öffentlich und innerhalb einer angemessenen Frist gehört wird". Daraus wird in letzter Zeit zunehmend ein Beschleunigungsgebot für die Durchführung der Strafverfahren als allgemeine Prozeßmaxime abgeleitet (vgl. Schroeder 7 f.). Wenn man die Bedeutung dieses Beschleunigungsgebots richtig würdigen will, muß man sich vor Augen halten, daß gerade für das Strafverfahren die Forderung nach möglichster Schnelligkeit der Durchführung kein absolutes Leitprinzip sein kann, sondern daß für das Strafverfahren die Forderung nach „Vorsicht und Behutsamkeit" (Henkel 91) mindestens gleichrangig neben der Beschleunigung des Verfahrens zu sehen ist.

Sehr umstritten ist es, welche Wirkung es hat, wenn die Strafverfolgungsorgane gegen dieses Prinzip der Beschleunigung verstoßen. In BGH 24, 239 wird zu Recht angenommen, daß aus einer Verletzung des Beschleunigungsgebots kein Verfahrenshindernis folgt, das zur Einstellung des Strafverfahrens führen müßte (a. A. LG Frankfurt JZ 71, 234; vgl. auch Kleinknecht Art. 6 MRK Anm. 6). Jedoch läßt der BGH eine Verletzung des Beschleunigungsgrundsatzes auch nicht völlig sanktionslos, sondern er hält es für möglich, eine dem Beschleunigungsgebot zuwiderlaufende Verfahrensverzögerung angemessen bei der Strafzumessung zu berücksichtigen (ohne allerdings anzugeben, wie dies konstruktiv geschehen soll; zu denken ist daran, daß die Schuld auch durch Zeitablauf verringert werden kann, vgl. dazu Verf., Die Strafmaßrevision 1969, 88). Die Auffassung des BGH stellt wegen ihrer flexiblen Lösungsmöglichkeit eine angemessene Bewältigung des Problems dar (krit. dazu Hillenkamp JR 75, 133). Das OLG Stuttgart (NJW 74, 284) hat aus dem Recht des Beschuldigten auf Verhandlung innerhalb angemessener Frist abgeleitet, daß es unzulässig sein kann, ihn nach Ablauf dieser Frist (erstmals) in Haft zu nehmen.

2.6. Die prozessuale Fürsorgepflicht

Die prozessuale Fürsorgepflicht, die erst in den letzten Jahren als eigenes Rechtsinstitut entwickelt wurde, hat bisher keine klaren Grenzen erhalten (krit. zur Fürsorgepflicht v. Löbbecke GA 1973, 200). Sie stellt vielmehr im gegenwärtigen Entwicklungsstand eine Sammelbezeichnung für einzelne Pflichten der Strafverfolgungsorgane dar, die in Ergänzung zur gesetzlichen Regelung aus dem Rechtsstaats- und aus dem Sozialstaatsprinzip entwickelt wurden. Den Inhalt der prozessualen Fürsorgepflicht umschreibt Kleinknecht (Einl. 7 A) folgendermaßen: „Außer den gesetzlich im Detail geregelten Pflichten erwachsen dem Gericht und den Strafverfolgungsbehörden eine Reihe von Nebenpflichten aus dem Rechtsstaatsprinzip (Einl. 1 E), aus dem im öffentlichen Recht geltenden Grundsatz des Vertrauensschutzes (BVerwGE 5, 312), aus dem Recht auf Verteidigung und dem Recht auf ein faires Verfahren (BVerfGE 26, 66, 71; 4 zu Art. 6 MRK, Anh. A 4) und aus der allgemeinen Rechtspflicht, das Verfahren justizförmig, pfleglich und zweckvoll zu gestalten." Aus dem Begriff der prozessualen Fürsorgepflicht auszuscheiden sind der Grundsatz der Verhältnismäßigkeit und das Beschleunigungsgebot (vgl. dazu Kleinknecht

a. a. O. D), weil sich diese zu eigenständigen Rechtsinstituten entwickelt haben.

Die prozessuale Fürsorgepflicht trifft nicht nur das Gericht (hier ist sie aber praktisch am bedeutsamsten), sondern alle Strafverfolgungsorgane (Staatsanwaltschaft, Polizei). Ob auch der Pflichtverteidiger (so wohl OLG Frankfurt NJW 71, 949 bei einer unrichtigen Rechtsbelehrung, die einen Rechtsmittelverzicht zur Folge hatte, den das Gericht als unwirksam ansah) und der Wahlverteidiger einzubeziehen sind, ist sehr fraglich.

Die Anwendungsfälle sind bisher nicht systematisch erfaßt. Man wird als wesentliche Funktionen der Fürsorgepflicht anhand der bisher in der Rechtsprechung behandelten Fälle vor allem die folgenden annehmen dürfen: eine Art Auffang- und Ergänzungsfunktion, wo die einzelnen gesetzlichen Vorschriften lückenhaft sind (vgl. Kleinknecht a. a. O. B); weiterhin dient sie zur Durchbrechung gesetzlicher Regelungen, wo diese als unbillig erscheinen (praktisch wichtigster Anwendungsfall ist es, einen voreiligen Rechtsmittelverzicht als unwirksam zu behandeln), zur Heilung von Verfahrensverstößen (vgl. Kleinknecht a. a. O. C) und besonders zur Belehrung des Angeklagten über seine Rechte, wobei der Umfang der notwendigen Information unterschiedlich danach zu bestimmen ist, ob der Angeklagte durch einen rechtskundigen Verteidiger beraten ist oder nicht (vgl. Kleinknecht a. a. O. und Kern-Roxin 211 f.). Vor allem kann sich auch aus einem fehlerhaften Verhalten des Gerichts die Pflicht zur Fürsorge ergeben (so mit Recht KMR Einl. 13 I e).

IV. Der Ablauf des Strafverfahrens

1. Allgemeine Fragen des Verfahrensganges

1.1. Vorbemerkung

Die Darstellung bemüht sich im folgenden darum, das Strafprozeßrecht in Funktion darzustellen, nachdem in den ersten Abschnitten dafür die Voraussetzungen geschaffen wurden. Das Strafverfahren läßt sich nicht als eine statische Lage darstellen, sondern nur als ein dynamischer Prozeß erfassen, der sich von den ersten Ermittlungen der Strafverfolgungsorgane über das gerichtliche Verfahren und das Urteil zur Strafvollstreckung hin entwickelt. Mit der Darstellung des Strafverfahrens in seinem dynamischen Ablauf soll ein besserer Zugang und ein besseres Verständnis für diese schwierige Materie erreicht werden.

Zur Ergänzung und Vertiefung vgl. Verf., Einführung in das Strafverfahren an Hand der Arbeitsweise von Staatsanwalt und Strafrichter, Praktische Rechtswissenschaft, 1976, wo anhand von Fällen der Verfahrensablauf veranschaulicht wird.

1.2. Die prozessualen Handlungen der Verfahresbeteiligten

1.21. Die Prozeßhandlungen im allgemeinen

1.211. Begriff und Arten der Prozeßhandlungen

Das Strafverfahren entwickelt sich nicht von selbst gleichsam automatisch, vielmehr bedarf es dazu der Handlungen der verfahrensbeteiligten Personen. Diese sind der Motor des Verfahrensganges. Diese Handlungen, die auf den Prozeßablauf zielen, bezeichnet man als Prozeßhandlungen. „Sie müssen sich auf die Einleitung, Durchführung oder den Abschluß des Prozesses in seinem formellen Gang beziehen" (Peters 211). Der Begriff der Prozeßhandlung ist im einzelnen umstritten. Zunächst gehören nicht zu den Prozeßhandlungen reine Wissensäußerungen, wie die Aussagen von Zeugen und Sachverständigen (Peters a. a. O.; Eb. Schmidt Lehrk. I Rdnr. 202, Fußn. 358). Weiterhin fallen nicht unter den Begriff der Prozeßhandlung reine Realakte, wie etwa das Abschließen der Saaltür des Sitzungszimmers durch den Justizwachtmeister (vgl. Peters a. a. O. unter Hinweis auf RG 43, 188). Zu beachten ist, daß eine Prozeßhandlung aber auch in einem Unterlassen bestehen kann (so daß im ebengenannten Beispiel eine Prozeßhandlung im Unterlassen des Vorsitzenden gesehen werden kann, sich zu vergewissern, ob die Öffentlichkeit Zutritt zum Sitzungssaal hat).

Die Prozeßhandlungen werden unter zahlreichen Gesichtspunkten systematisch zu ordnen versucht. Bisher hat sich daraus kein allgemein anerkanntes Einteilungsschema entwickelt. Die bisherigen Einteilungsversuche können hier nicht vollständig aufgeführt werden, sondern es sollen einige wichtige Einteilungskriterien exemplarisch herausgegriffen werden. Nach dem handelnden Prozeßsubjekt lassen sich richterliche und nichtrichterliche Prozeßhandlungen unterscheiden (skeptisch zu dem daraus folgenden Erkenntniswert Henkel 236). Wichtiger ist die Unterteilung nach der Bedeutung der Handlung für den Prozeßvorgang in Erwirkungs- und Bewirkungshandlungen (vgl. Peters 215). Die Bewirkungshandlungen gestalten selbst unmittelbar die Prozeßsituation (Henkel 237), sie bewirken selbst eine Prozeßgestaltung. So beendet etwa die Rechtsmittelrücknahme das Verfahren bezüglich des eingelegten Rechtsmittels (Peters 215). Die Erwirkungshandlungen streben dagegen eine andere Prozeßhandlung an, ohne selbst die Prozeßsituation zu gestalten (Peters 215; Henkel 236 f.). Es handelt sich dabei häufig um Anträge, die ein bestimmtes richterliches Tätigwerden herbeiführen sollen. So wird etwa das Gericht durch einen Beweisantrag aufgefordert, sich mit dem Beweisthema zu befassen und das genannte Beweismittel zu verwerten.

Nach der Wirkung im materiellen und im prozessualen Bereich werden häufig einfache und sogenannte doppelfunktionale (nach Peters 216: doppelwirksame) Prozeßhandlungen unterschieden. Eine einfache Prozeßhandlung bezieht sich in ihrer

Wirkung nur auf den Verfahrensgang, z. B. ein Beweisantrag. Eine doppelfunktionale Prozeßhandlung dagegen greift gestaltend sowohl in das Verfahrensrecht als auch in das materielle Recht ein. Wenn sich ein Arzt entschließt, von seinem Zeugnisverweigerungsrecht nach § 53 I Nr. 3 keinen Gebrauch zu machen und zur Sache auszusagen, so hat diese Erklärung zunächst die prozessuale Funktion, daß der Arzt sich damit als Beweismittel zur Verfügung stellt. Dieses Verhalten des Arztes ist aber zugleich materiellrechtlich bedeutsam; denn es kann sich dabei entweder um strafbare Verletzung des Berufsgeheimnisses nach § 203 StGB handeln oder der Arzt kann aufgrund rechtfertigenden Notstands (§ 34 StGB) zu dem Bruch der Schweigepflicht berechtigt sein (Beispiel nach Peters 217). Der gleiche Vorgang äußert also sowohl Wirkungen im prozessualen Bereich als auch eine Ausstrahlung ins materielle Recht (zu weiteren Beispielen vgl. Henkel 238).

Wenn auch die Prozeßhandlungen darauf abzielen, eine bestimmte Gestaltung der prozessualen Rechtslage zu erreichen, so unterscheiden sie sich doch deutlich von den Rechtsgeschäften des Zivilrechts (diesen Gesichtspunkt betont besonders Eb. Schmidt Lehrk. I Rdnr. 204 ff.); praktische Bedeutung hat diese Feststellung vor allem für etwaige Willensmängel, deren Beurteilung eigenen Regeln unterliegt (vgl. dazu u. 95 ff.).

1.212. Wirksamkeitsvoraussetzungen

1.2121. Verhandlungsfähigkeit

Bei der Verhandlungsfähigkeit handelt es sich um eine tatsächliche Fähigkeit, bei der darauf abgestellt wird, ob der jeweilige Verfahrensbeteiligte in der Lage ist, dem Verfahrensgang zu folgen und seine Rechte wahrzunehmen (vgl. Peters 220). Sie kann z. B. entfallen infolge starker Übermüdung oder besonders heftiger Erregung. Wird etwa ein Rechtsmittelverzicht in diesem Zustand abgegeben, so ist er wegen mangelnder Verhandlungsfähigkeit unwirksam (Kern-Roxin 102). In der Hauptverhandlung wird eine nichtverhandlungsfähige Person als nichtanwesend betrachtet (vgl. BGH 18, 51, 55 bezüglich eines verhandlungsunfähigen Richters, wobei dann eine nichtvorschriftsmäßige Besetzung des Gerichts gegeben ist).

Die Verhandlungsfähigkeit ist nicht abstrakt, sondern ganz konkret auf die jeweilige Verfahrenssituation hin zu beurteilen (so ist etwa ein blinder Richter für eine Augenscheinseinvernahme als verhandlungsunfähig zu behandeln, vgl. BGH 18, 51; zur Verhandlungsfähigkeit des Angeklagten vgl. OLG Hamm NJW 73, 1894). Bei vorsätzlicher und schuldhafter Herbeiführung der Verhandlungsunfähgikeit seitens der Angeklagten gilt § 231 a (u. 4.222).

1.2122. Formvoraussetzungen

Soweit für eine Verfahrenshandlung die Beachtung einer bestimmten Form vorgeschrieben ist, hängt die Wirksamkeit dieser Handlung von der Einhaltung dieser Form ab. Als solche für Prozeßhandlungen zu wahrende Formen (vgl. bes. den Überblick bei Peters 224 und Kleinknecht Einl. 5) kommen in Betracht: Schriftlichkeit (vorgeschrieben z. B. bei §§ 158 II, 314, 341), Erklärungen zu Protokoll (möglich z. B. statt der Schriftform beim Strafantrag und bei der Einlegung von Rechtsmitteln), Unterschrift durch einen Rechtsanwalt (z. B. bei den Revisionsanträgen und der Revisionsbegründung nach § 345). Die meisten Prozeßhandlungen, vor allem in der Hauptverhandlung, werden aber mündlich vorgenommen und – soweit erforderlich – in der Sitzungsniederschrift festgehalten. Dabei ist besonders zu beachten, daß Prozeßhandlungen ausnahmsweise auch durch konkludentes Verhalten (vgl. dazu Kleinknecht Einl. 5 A) und durch Unterlassen (vgl. BGH NJW 52, 1305) geschehen können. Hier kann es die prozessuale Fürsorgepflicht (vgl. o. 89 f.) gebieten, eine nicht hinreichend deutlich gewordene Prozeßhandlung klarzustellen bzw. zu wiederholen.

1.2123. Zulässigkeit der Stellvertretung bei Prozeßhandlungen

Das Problem der Stellvertretung bei Prozeßhandlungen hat mehrere Aspekte. Zunächst empfiehlt es sich, innerhalb des Handelns der staatlichen Verfolgungsorgane den Gesichtspunkt der Stellvertretung auszuklammern. Hier handelt es sich nicht um Stellvertretungs-, sondern um Zuständigkeitsprobleme.

Wenn statt des Staatsanwalts A der Staatsanwalt B als Sitzungsvertreter an der Hauptverhandlung teilnimmt, so ist eben das staatliche Organ „Staatsanwaltschaft" anwesend.

Die Frage der Stellvertretung bei Prozeßhandlungen reduziert sich damit auf die Prozeßhandlungen der privaten Verfahrensbeteiligten (Peters 221). Hier ist nun teils die Frage der Stellvertretung im Gesetz selbst geregelt (so z. B. beim Strafantragsrecht nach § 77 III StGB); z. T. ist die Stellvertretung dadurch ausgeschlossen, daß die persönliche Anwesenheit eines Verfahrensbeteiligten im Gesetz gefordert ist (z. B. beim Angeklagten nach §§ 230, 231). In den übrigen Fällen ist die Frage der Stellvertretung nach dem Sinn und Zweck der jeweiligen Prozeßhandlung zu entscheiden (eingehend zur Frage der Stellvertretung Peters 220 ff.).

1.213. Mängel und ihre Heilung bei Prozeßhandlungen

1.2131. Die Bewertung der Prozeßhandlungen

Ehe sich die Bedeutung von Mängeln auf die Wirksamkeit von Prozeßhandlungen darstellen läßt, müssen die Möglichkeiten der Fehlerhaftigkeit von Prozeßhandlungen erfaßt werden. Man kann hier vier Bewertungsgesichtspunkte unterscheiden: Gültigkeit, Wirksamkeit, Zulässigkeit und Begründetheit (so Peters 225; Henkel, 239 f. faßt dagegen gültig und wirksam zum Begriff beachtlich zusammen und bildet dementsprechend nur drei Wertkategorien: beachtlich, zulässig, begründet). Gültig ist eine Prozeßhandlung, wenn sie als solche rechtlich existent geworden ist (Peters a. a. O.); die erpreßte Prozeßhandlung ist ungültig (vgl. Peters a. a. O.). Unwirksam ist eine Prozeßhandlung, wenn sie im Prozeß keine Rechtsfolgen auslöst, z. B. das gegen den ausdrücklichen Willen des Beschuldigten eingelegte Rechtsmittel (§ 297; vgl. Peters 226). Unzulässig ist eine Prozeßhandlung, die den an sie zu stellenden formellen Voraussetzungen nicht genügt. So ist z. B. die Einlegung eines Rechtsmittels ohne Beschwer unzulässig (vgl. dazu u. S. 207). Unbegründet ist eine Prozeßhandlung, wenn sie inhaltlich nicht gerechtfertigt ist. So ist z. B. ein Rechtsmittel unbegründet, wenn das angefochtene Urteil in formeller und sachlicher Hinsicht zu Recht ergangen ist. Diese vier Wertungsgesichtspunkte bilden eine Wertungsreihenfolge, anhand deren jede Prozeßhandlung auf ihre Wirkung hin zu überprüfen ist.

1.2132. Die Bedeutung von Irrtum, Täuschung und Drohung bei Prozeßhandlungen

Für die Bedeutung von Willensmängeln ist zu beachten, daß es die Sicherheit des Verfahrensganges erfordert, grundsätzlich von der Beständigkeit der Prozeßhandlungen auszugehen (Peters 229). Denn jede Prozeßhandlung führt den Verfahrensablauf weiter, und eine Zurückdrehung des Verfahrensgeschehens ist zumeist mit großen Schwierigkeiten verbunden oder gar unmöglich. Zunächst ist auch die prozessuale Erklärung auslegungsfähig. Unschädlich ist vor allem die falsche Bezeichnung (z. B. des zulässigen Rechtsmittels; vgl. § 300). Ist die Erklärung unvollständig oder mehrdeutig, so ist zunächst mit den anerkannten Auslegungsbehelfen zu versuchen, ihr einen eindeutig faßbaren Sinn zu geben (vgl. dazu Henkel 243 f.). Dafür ist die gesamte Verfahrenssituation und die Interessenlage des Erklärenden zu berücksichtigen (vgl. dazu näher Peters 230 f.). Vor allem ist auch von Bedeutung, ob die Erklärung von einem Laien oder einem Juristen formuliert ist. Die gerichtliche Fürsorgepflicht kann es hier gebieten, auf die klare Fassung einer prozessualen Erklärung hinzuwirken (Kleinknecht Einl. 7 B).

Beim Irrtum ist zu differenzieren. Der Motivirrtum gilt allgemein als unbeachtlich (Peters 232). Sehr streitig ist dagegen die Behandlung des Erklärungsirrtums (vgl. Peters 231, Eb. Schmidt Lehrk. I Rdnr. 208 jeweils mit eingehenden Nachw.). Ein Erklärungsirrtum liegt vor, wenn der Erklärende eine derartige Erklärung überhaupt nicht abgeben wollte, z. B. einen Rechtsmittelverzicht unterschreibt in der Meinung, es handle sich um eine bloße Vollmacht. Sehr fraglich ist auch die Behandlung des Inhaltsirrtums. Er liegt vor, wenn der Erklärende zwar die Erklärung abgeben wollte, aber über ihre rechtliche Tragweite im Irrtum war.

Beispiel: (nach Peters 231): Ein Laie bejaht die Frage, ob er das Urteil annehme, weiß dabei aber nicht, daß er damit nach Gerichtspraxis einen Rechtsmittelverzicht ausspricht. In diesem Fall wird nach h. A. kein bindender Rechtsmittelverzicht angenommen (a. A. Eb. Schmidt Lehrk. I Rdnr. 208). Fraglich ist es aber, ob man dafür die gerichtliche Fürsorgepflicht heranziehen oder direkt auf den Inhaltsirrtum als solchen abstellen soll. Eine Rolle spielt die gerichtliche Fürsorgepflicht jedenfalls immer dann, wenn das Gericht einen erkennbaren Irrtum eines Verfahrensbeteiligten nicht aufklärt, obwohl dies nach der Verfahrenslage geboten wäre (vgl. Kern-Roxin 102).

Sehr umstritten ist auch die Frage einer durch Täuschung beeinflußten Prozeßhandlung. Die h. M. (Peters 233; Eb. Schmidt Lehrk. I Rdnr. 208; Henkel 242 f.) spricht der Täuschung grundsätzlich jede über den Irrtum hinausgehende Relevanz ab (a. A. Kern-Roxin 102, die in § 136 a einen allgemeinen auf Art. 1 GG zurückgehenden Rechtsgedanken sehen und daraus die Unwirksamkeit einer solchen Prozeßhandlung ableiten).

Ähnlich umstritten ist auch die Behandlung der Drohung. Grundsätzlich keine Bedeutung für die Wirksamkeit der Prozeßhandlung messen ihr Henkel (242) und Eb. Schmidt (Lehrk. I Rdnr. 209) bei. Kern-Roxin (102) bejahen hier eine sinngemäße Anwendung des § 136 a (a. A. BGH 17, 14). Eine mit Recht differenzierende Behandlung des Problems findet sich bei Peters (233 f.), wo zunächst danach unterschieden wird, ob die Drohung von einer staatlichen Stelle oder von einer Privatperson ausgeht und schließlich auf den objektiven Grad der Drohung und des damit billigerweise zumutbaren Widerstands gegen die Drohung abgestellt wird. Ist ein Widerstand gegen die Drohung nicht zumutbar, dann wird die Prozeßhandlung als unwirksam behandelt (a. a. O. 235).

1.2133. Heilungsmöglichkeiten

Ein Willensmangel wird dann für eine Prozeßhandlung irrelevant, wenn seine Heilung möglich ist. Das setzt in der Regel voraus, daß die Prozeßhandlung ohne den Willensmangel nachgeholt werden kann.

Beispiel: Ein Beschuldigter war von der Polizei vernommen worden, ohne daß die ordnungsgemäße Belehrung nach §§ 163 a IV, 136 I 2 erfolgt war. In einer zweiten Vernehmung war er zunächst ordnungsgemäß belehrt worden und hatte dann die zur ersten Vernehmung inhaltsgleichen Angaben wiederholt. Der BGH (22, 129) hat zu Recht auf die zweite Vernehmung abgestellt und den Mangel bei der ersten Vernehmung als durch die zweite ordnungsgemäße Vernehmung geheilt angesehen. In einer weiteren Entscheidung (22, 170) hat sich der BGH dann allerdings sogar dafür entschieden, in einem Vorstoß gegen die Belehrungspflicht nach § 136 I überhaupt kein Verwertungsverbot zu sehen.

Denkbar ist es auch, daß eine Heilungsmöglichkeit durch eine Wiedereinsetzung in den vorigen Stand oder durch eine anderweitige Behebung geschaffen wird (vgl. Peters 235).

1.214. Bedingung, Widerruf, Verzicht und Verwirkung

Prozeßhandlungen sind im allgemeinen bedingungsfeindlich, weil sie auf die Herbeiführung eines bestimmten, den Strafverfahrensgang gestaltenden Erfolges gerichtet sind und über den Eintritt ihrer Wirkung, Klarheit herrschen muß (vgl. LR Schäfer Einl. Kap. 9, 5). Bedingungsfeindlich sind insbesondere die Einlegung von Rechtsmitteln und die Stellung des Strafantrags (vgl. LR Schäfer a. a. O. mit Rspr.-Nachw.). Ausnahmsweise sind Bedingungen zulässig, soweit es mit dem Zweck der Prozeßhandlung vereinbar ist. Insbesondere kann ein Beweisantrag bedingt gestellt werden (vgl. dazu näher u. 192).

Auch die Widerruflichkeit von Prozeßhandlungen ist teils kraft gesetzlichen Ausschlusses, teils nach der Natur der Sache zu verneinen (vgl. LR Schäfer Einl. Kap. 9, 3). Häufig widerruflich sind aber Anträge und Erklärungen der Verfahrensbeteiligten im Prozeßverlauf, solange nicht der jeweilige Verfahrensabschnitt abgeschlossen ist. Zurücknehmbar ist der Strafantrag nach § 77 d StGB.

Der Verzicht auf eine Prozeßhandlung ist dann möglich, soweit die Vornahme der Prozeßhandlung nicht Pflicht ist, sondern in die Entscheidungsfreiheit des jeweiligen Verfahrensbeteiligten gestellt ist (vgl. Kleinknecht Einl. 4 H). Praktisch große Bedeutung hat der Rechtsmittelverzicht (vgl. dazu u. 210 f.).

Ausnahmsweise tritt auch eine Verwirkung von Prozeßhandlungen ein. Dann ist die Vornahme der betreffenden Prozeßhandlung eine unzulässige Rechtsausübung (vgl. Kleinknecht

a. a. O.). Praktisch wichtig ist vor allem die Verwirkung von Verfahrensrügen (vgl. dazu u. 217); allgemein zum Mißbrauch prozessualer Rechte im Strafverfahren Weber GA 1975, 289 ff.

1.22. Die richterlichen Entscheidungen

1.221. Arten der richterlichen Entscheidungen

Die richterlichen Entscheidungen werden nach ihrer Form in Urteile, Beschlüsse und Verfügungen eingeteilt. Das Urteil ergeht auf Grund einer mündlichen Hauptverhandlung und schließt die betreffende Instanz ab. Es erwächst in Rechtskraft, soweit es nicht durch Rechtsmittel anfechtbar ist und tatsächlich angefochten wird. Von einer Verfügung spricht man, wenn eine einzelne Entscheidung eines Richters (sei es des Vorsitzenden, sei es des Ermittlungsrichters) ergeht. Beschlüsse sind alle übrigen gerichtlichen Entscheidungen in oder außerhalb der Hauptverhandlung (vgl. Kleinknecht Einl. 5 A).

1.222. Gemeinsame Regeln für richterliche Entscheidungen

Gemeinsame Vorschriften für die gerichtliche Entscheidung und ihre Bekanntmachung enthalten die §§ 33 bis 41. Dabei behandeln die §§ 33 und 33 a die Anhörung und das rechtliche Gehör der Beteiligten. § 34 schreibt eine Begründung vor, wenn die Entscheidung durch ein Rechtsmittel anfechtbar ist. Die §§ 35 ff. befassen sich mit der Bekanntmachung (vgl. dazu näher Kern-Roxin 107).

1.3. Die Verfahrensvoraussetzungen

1.31. Bedeutung und Funktion

Verfahrensvoraussetzungen sind „diejenigen Umstände oder Handlungen, welche die Zulässigkeit des Verfahrens bedingen" (Henkel 230). Diese Umstände können positiver oder negativer Art sein. Positiv bedeutet dabei, daß das Verfahren erst beim Vorliegen bestimmter Umstände zulässig ist (z. B. nach Stellung des Strafantrags bei Antragsdelikten). Negativ bedeutet, daß beim Eingreifen einer bestimmten Tatsache (z. B. Eintritt der Verfolgungsverjährung) das Verfahren nicht mehr zulässig ist.

Dementsprechend unterscheidet man auch zwischen Prozeßvoraussetzungen und Prozeßhindernissen. Jedoch besteht zwischen beiden in der Funktion kein Unterschied. Es handelt sich letztlich um die positive oder negative Formulierung des gleichen Problems (vgl. Eb. Schmidt Lehrk. I Rdnr. 193 und Henkel 230).

Verfahrensvoraussetzungen können eine totale oder partielle Wirkung haben (vgl. Kleinknecht Einl. 6 B c). Ein Verfahrenshindernis kann sich auf die Zulässigkeit eines Verfahrens vor einem deutschen Gericht schlechthin beziehen (Exterritorialität), das gesamte Einschreiten wegen einer Tat erfassen (z. B. wegen anderweitiger rechtskräftiger Erledigung), nur den Teil eines Verfahrensgegenstandes berühren (z. B. bei Teilrechtskraft) und sich schließlich nur auf die Zulässigkeit eines bestimmten Verfahrens oder einer bestimmten Instanz beziehen (z. B. fehlende sachliche Zuständigkeit). Der Begriff Verfahrens- oder Prozeßvoraussetzung trifft eigentlich nicht genau den Kern des Problems. Denn ausgeschlossen wird nicht das Verfahren als solches, sondern der Erlaß eines Sachurteils, ganz exakt formuliert: „Das weitere Prozedieren mit dem Ziel eines Sachurteils“ (LR Schäfer Einl. Kap. 10 A 1).

Richtiger ist deshalb die Bezeichnung Sachurteilsvoraussetzungen. Da sich jedoch der Terminus Verfahrensvoraussetzungen eingebürgert hat, wird er im folgenden verwendet (vgl. zu einem Überblick über das Entstehen der Lehre von den Prozeßvoraussetzungen Eb. Schmidt Lehrk. I Rdnr. 113 ff.).

1.32. Überblick über die wichtigsten Verfahrensvoraussetzungen

Es gibt zahlreiche Versuche, die Verfahrensvoraussetzungen systematisch einzuteilen (vgl. dazu LR Schäfer a. a. O. 10 A 2; Eb. Schmidt Lehrk. I Rdnr. 122 ff.). Da sich aber bisher kein Einteilungsschema durchgesetzt oder als sachdienlich erwiesen hat, wird im folgenden ein Überblick über die wichtigsten Verfahrensvoraussetzungen ohne weitere systematische Aufgliederung und ohne Anspruch auf Vollständigkeit gegeben (vgl. auch Kleinknecht Einl. 6 C).

Zu den wichtigsten Verfahrensvoraussetzungen gehören:

das Eingreifen der deutschen Gerichtsbarkeit (§§ 18, 19 GVG);
Fehlen von Immunität und Indemnität (vgl. Art. 46 I, II GG, § 152 a);
Zulässigkeit des Rechtsweges (§ 13 GVG);
örtliche und sachliche Zuständigkeit des Gerichts (vgl. für die sachliche Zuständigkeit besonders: §§ 6 StPO, 24 ff., 73 ff. und 120 GVG; für die örtliche Zuständigkeit: §§ 7 ff. StPO; für die Zuständigkeit der Jugendgerichte: §§ 39 ff., 102, 108, 112 JGG);
Fehlen anderweitiger Rechtshängigkeit;
Fehlen anderweitiger rechtskräftiger oder teilrechtskräftiger Erledigung (Art. 103 III GG);
Nichtvorliegen einer **Amnestie;**
Fehlen der Verfolgungsverjährung (§§ 78–78 c StGB);
zulässige öffentliche Klage oder wirksame Privatklage;
Eröffnungsbeschluß;
Strafantrag bei Antragsdelikten (§§ 77–77 e StGB);
Verhandlungsfähigkeit;

Unzulässigkeit des Strafbefehlsverfahrens, beschleunigten Verfahrens, Privatklageverfahrens, der Nebenklage und des Adhäsionsverfahrens bei Jugendlichen (vgl. §§ 79 ff. JGG).

1.33. Die prozessuale Behandlung

Grundsätzlich erfolgt die Prüfung der Verfahrensvoraussetzungen in jeder Lage des Verfahrens von Amts wegen. Die Ermittlung geschieht durch das sogenannte Freibeweisverfahren (vgl. KMR Einl. 11 h). Umstritten ist die Geltung des Grundsatzes „in dubio pro reo" für das Vorliegen der Verfahrensvoraussetzungen; notwendig ist eine differenzierende Betrachtung für die einzelnen Verfahrensvoraussetzungen (vgl. dazu eingehend LR Schäfer Einl. Kap. 10 A 7).

Die prozessuale Behandlung der Verfahrensvoraussetzungen ist abhängig vom Stand des Verfahrensganges (vgl. dazu auch Schöneborn MDR 75, 6). Im einzelnen gilt folgendes:

Entdeckt der Staatsanwalt das Fehlen einer Verfahrensvoraussetzung, so prüft er zunächst, ob die Verfahrensvoraussetzung noch beigebracht werden kann. Ist das der Fall, ist Anklageerhebung möglich (z. B. wenn der Verletzte den erforderlichen Strafantrag noch innerhalb der Antragsfrist stellt). Kann die Verfahrensvoraussetzung nicht geschaffen werden, so wird das Ermittlungsverfahren eingestellt (vgl. näher u. 136).

Bemerkt das Gericht vor der Eröffnung des Verfahrens das Fehlen einer Verfahrensvoraussetzung, so wird die Eröffnung des Hauptverfahrens durch Beschluß abgelehnt (§ 204).

Entdeckt das Gericht nach Eröffnung des Hauptverfahrens, aber vor der Hauptverhandlung das Fehlen einer Verfahrensvoraussetzung, so ergeht eine vorläufige Einstellung nach § 205, wenn die Verfahrensvoraussetzung nachgebracht werden kann; bei einem irreparablen Verfahrenshindernis ergeht Einstellung nach § 206 a. Hält das Gericht seine sachliche Zuständigkeit nicht mehr für gegeben, so ergeht vor der Hauptverhandlung ein Abgabebeschluß an ein Gericht höherer Ordnung (Kleinknecht § 270 Anm. 9 mit eingehenden Rspr.-Nachw.).

Bemerkt das Gericht in der Hauptverhandlung das Fehlen einer Verfahrensvoraussetzung, so kann nach § 228 ausgesetzt werden, wenn die Verfahrensvoraussetzung nachholbar ist. Bei fehlender sachlicher Zuständigkeit erfolgt eine Verweisung nach § 270. Beim Fehlen einer irreparablen Verfahrensvoraussetzung erfolgt eine Einstellung durch Urteil nach § 260 III.

Im Rechtsmittelverfahren gilt folgendes: Bemerkt das Rechtsmittelgericht vor der Hauptverhandlung, daß bereits für das bisherige Verfahren eine Prozeßvoraussetzung fehlte, so wird dennoch die Hauptverhandlung anberaumt und das Urteil der Vorinstanz aufgehoben und das Verfahren eingestellt. Entsprechendes gilt, wenn das Fehlen der Verfahrensvoraussetzung in der Rechtsmittelverhandlung bemerkt wird. Stellt das Rechtsmittelgericht fest, daß die Vorinstanz sachlich unzuständig war, so wird das Urteil aufgehoben und an das zuständige Gericht zurückverwiesen (vgl. eingehend zu dem Problem der Prüfung der Verfahrensvoraussetzungen durch das Rechtsmittelgericht LR Schäfer Einl. Kap. 10 A 5).

Wird das Fehlen einer Verfahrensvoraussetzung erst entdeckt, wenn das Verfahren bereits rechtskräftig abgeschlossen ist, so kann beim Vorliegen eines Wiederaufnahmegrundes die Durchführung des Wiederaufnahmeverfahrens Abhilfe schaffen, sonst nur ein Gnadenerweis durch die zuständige Gnadenbehörde.

1.4. Der Verfahrensgegenstand

1.41. Praktische Bedeutung

Die Bestimmung des Gegenstandes des Strafverfahrens hat eine große praktische Bedeutung. Der Verfahrensgegenstand umgrenzt die Aburteilungsbefugnis des Gerichts, bestimmt die Notwendigkeit einheitlicher Erledigung („Unteilbarkeit" des Verfahrensgegenstandes, vgl. dazu besonders Kern-Roxin 95 f.) und ist für die Rechtshängigkeit und die Rechtskraft maßgebend.

1.42. Die Abhängigkeit des Verfahrensgegenstandes vom Prozeßablauf

1.421. Der Gegenstand der „Beschuldigung"

Der Gegenstand des Strafverfahrens ist im Verfahrensablauf zahlreichen Änderungen unterworfen. Im Ermittlungsverfahren taucht zunächst häufig ein Tatverdacht auf, ohne daß die Tat in ihren Einzelheiten oder der Täter bereits klar erfaßbar sind. Vor allem in personeller Hinsicht ist es aber wichtig zu wissen, von welchem Zeitpunkt ab jemand zum Beschuldigten wird. Denn gegenüber dem Beschuldigten sind besondere Rechtsvorschriften zu beobachten (für die Vernehmung etwa § 163 a), und es ergibt sich von diesem Zeitpunkt ab die Unvereinbarkeit mit der Zeugenstellung (vgl. dazu näher u. 169). Der Zeitpunkt, von dem ab jemand zum Beschuldigten wird, ist deshalb schwer zu bestimmen, weil ein formeller Akt (wie bei der Anklage) fehlt. Die zunächst bestechende Konsequenz, die Beschuldigteneigenschaft als automatische Folge der Tatbegehung aufzufassen (so von Gerlach NJW 69, 776), ist für das Ermittlungsverfahren nicht gangbar, weil dieses ja in der Regel gerade erst zur Täterermittlung führen soll. Entscheidend für den Zeitpunkt, von dem ab jemand zum Beschuldigten wird, ist es, daß „das Strafverfolgungsorgan, welches das Verfahren in seinem jeweiligen Abschnitt maßgebend gestaltet, es gegen ihn gerade als Beschuldigten betreibt" (BGH 10, 12). Dabei hat das jeweilige Strafverfolgungsorgan nach pflichtgemäßen Ermessen zu entscheiden, „ob es gegen jemand einen solchen Grad des Verdachts auf eine strafbare Handlung für gegeben hält, daß sie ihn als Beschuldigten verfolgt" (BGH a. a. O.). Ein Ermessensmißbrauch würde dann vorliegen, wenn gute Gründe, jemanden als Beschuldigten zu verfolgen, aus sachfremden Erwägungen nicht beachtet werden.

Neben dem Zeitpunkt der Beschuldigung ist auch häufig der Vorwurf, der gegen den Beschuldigten erhoben wird, im Ermittlungsverfahren noch nicht klar umgrenzt. Die Ermittlungen zielen ja zumeist erst darauf ab, das Tatbild in seinem genauen Hergang zu ermitteln.

1.422. Umgrenzung mit der Anklage und ihrer Zulassung

Am Ende des Ermittlungsverfahrens muß sich dann die Anklagebehörde über den Anklagevorwurf klar sein. Das setzt voraus, daß das geschichtliche Geschehnis, das der Anklage zugrundegelegt werden soll, klar erfaßbar ist und die Person des Angeklagten feststeht. In diesem Sinne spricht § 155 I davon, daß sich die Untersuchung und Entscheidung nur auf die in der Klage bezeichnete Tat und auf die durch die Klage beschuldigten Personen erstreckt. Ebenso spricht § 264 I davon, daß Gegenstand der Urteilsfindung die in der Anklage bezeichnete Tat ist. Die §§ 155 und 264 sind dabei aufeinander bezogen und bestimmen gemeinsam den Rahmen des richterlichen Tätigwerdens und damit den Gegenstand des Strafverfahrens als thematische Bindung des Gerichts (vgl. Henkel 98).

1.423. Umgestaltung der Strafklage

Da der Verhandlungsgegenstand als Thema der Hauptverhandlung durch die gerichtlich zugelassene Anklage bestimmt ist (vgl. Kleinknecht § 265 Anm. 1), ist eine Veränderung nach diesem Zeitpunkt nur mehr ganz ausnahmsweise unter den engen Voraussetzungen der §§ 265 und 266 möglich. Dabei betrifft § 265 eine Umgestaltung der Strafklage in rechtlicher Hinsicht.

Beispiel: Wenn eine Körperverletzung in der Anklage und im Eröffnungsbeschluß als vorsätzliche nach § 223 StGB erfaßt war, und sich in der Hauptverhandlung herausstellt, daß der Angeklagte höchstens fahrlässig gehandelt hat, so muß ein Hinweis auf die Veränderung dieses rechtlichen Gesichtspunktes nach § 265 ergehen; näher dazu Kleinknecht § 265 Anm. 2 und 3.

§ 265 liegt der Gesichtspunkt zugrunde, daß es dem Angeklagten in jeder Verfahrenslage möglich sein muß, sich sachgerecht zu verteidigen. Erscheint in der Hauptverhandlung eine andere rechtliche Beurteilung der angeklagten Tat möglich, als sie in der Anklageschrift und dem Eröffnungsbeschluß angenommen wurde (bes. Annahme einer anderen Strafnorm, z. B. § 242 statt § 263 StGB; Annahme einer anderen Begehungsform, z. B. § 250 Nr. 1 statt § 250 Nr. 3 StGB, oder eines anderen Regelbeispiels, z. B. § 243 I Nr. 2 statt § 243 I Nr. 1 StGB; Annahme einer anderen Beteiligungsform, z. B. Mittäterschaft statt Beihilfe; Annahme einer anderen Konkurrenzform, z. B. Real- statt Idealkonkurrenz; vgl. näher LR Gollwitzer § 265 Anm. 3), so muß der Angeklagte (und bei seiner Abwesenheit der Verteidiger, vgl. § 265 V) darauf hingewiesen werden, damit er sich auch dagegen sachgerecht verteidigen kann; dafür ist gegebenenfalls die Hauptverhandlung auszusetzen (§ 265 IV). Entsprechendes gilt für neu hervortretende Umstände, welche die Strafbarkeit erhöhen oder die Anordnung einer Maßregel der Besserung und Sicherung rechtfertigen (vgl. § 265 II, III).

§ 266 betrifft eine echte Erweiterung des Verfahrensgegenstandes. Durch Nachtragsanklage ist es in den in § 266 vorgesehenen Fällen möglich, zusätzliche Taten des Angeklagten zum Gegenstand des anhängigen Strafverfahrens zu machen.

1.43. Der dogmatische Aufbau des Verfahrensgegenstandes

Der Verfahrensgegenstand braucht zu seiner klaren Erfaßbarkeit eine Umgrenzung in persönlicher und in örtlich-zeitlicher Hinsicht. Demgemäß wird er aus einer Kombination von Tat und Täter aufgebaut (vgl. Kern-Roxin 94 f.). Dabei ergibt sich im Rahmen des Verfahrens ein dynamischer Prozeß von der Tat zum Täter hin (vgl. Peters 242). Die personelle Umgrenzung ist dabei in aller Regel klar erfaßbar. Schwierig ist aber zumeist die gegenständliche Begrenzung. Sie vorzunehmen ist Aufgabe des prozessualen Tatbegriffs (vgl. dazu eingehend Bertel, Die Identität der Tat, 1970; s. auch Schöneborn MDR 74, 530 und Achenbach ZStW 87, 87). Dieser Tatbegriff liegt in gleicher Weise den §§ 155 und 264 zugrunde (so h. M., LR Kohlhaas § 155 Anm. 2 mit Rspr.-Nachw.; Henkel 388; Kern-Roxin 94; a. A. Peters 243). Unter der Tat im prozessualen Sinn ist ein „historisches" oder „konkretes Vorkommnis" (BGH 22, 385), ein einheitlicher geschichtlicher Vorgang zu verstehen, innerhalb dessen der Angeklagte einen Straftatbestand verwirklicht hat (vgl. Kleinknecht § 264 Anm. 1 A). Der Tatbegriff geht also von einer faktischen Betrachtungsweise, keiner rechtlichen Beurteilung aus (vgl. BGH 22, 106). Der Begriff der Tat im prozessualen Sinn ist unabhängig von dem Begriff der Handlung im Sinne der sachlichrechtlichen Konkurrenzlehre zu bestimmen; beide Begriffe decken sich nicht. Das hat zur Folge, daß innerhalb desselben geschichtlichen Vorgangs (prozessualer Tatbegriff) mehrere selbständige Handlungen im Sinne des § 53 StGB vorliegen können.

Beispiel: Ein Autofahrer verursacht in angetrunkenem Zustand einen Verkehrsunfall und begeht daran anschließend Unfallflucht. Die materiellrechtliche Beurteilung ergibt, daß eine Trunkenheitsfahrt (§ 315 c StGB) und eine Verkehrsunfallflucht (§ 142 StGB) in Tatmehrheit (§ 53 StGB) vorliegen (vgl. BGH 21, 203). Unter dem Gesichtspunkt des prozessualen Tatbegriffes ergibt sich, daß hier ein einheitlicher geschichtlicher Vorgang, also eine Tat im Sinne der §§ 155, 264 vorliegt (BGH 23, 144). Der BGH (a. a. O. 145) sieht dabei als eine Tat an „das gesamte Verhalten des Angeklagten, soweit es mit dem durch den Eröffnungsbeschluß bezeichneten geschichtlichen Vorkommnis nach der Auffassung des Lebens einen einheitlichen Vorgang bildet, ohne Rücksicht darauf, ob sich bei der rechtlichen Beurteilung eine oder mehrere strafbare Handlungen statt oder neben der im Eröffnungsbeschluß bezeichneten Tat ergeben".

Funktion des prozessualen Tatbegriffes ist es also, „das gesamte Verhalten des Täters, soweit es nach natürlicher Auffassung einen einheitlichen Lebensvorgang darstellt" (Kleinknecht § 264 Anm. 1 A), als eine Tat erfassen zu können. Es soll damit die getrennte Aburteilung eines einheitlichen Lebensvorganges vermieden werden. Als Gegenstand des Strafverfahrens stellt sich damit eine Tat (im prozessualen Sinne) in bezug auf einen Täter dar. In diesem Sinne spricht man auch von einer Strafsache als dem Verfahren gegen einen Beschuldigten wegen einer Tat (vgl. Kleinknecht § 2 Anm. 2).

1.44. Zusammenfassung mehrerer Strafsachen in einem Verfahren

Der Begriff des Verfahrensgegenstandes oder der Strafsache ist als Entscheidungseinheit für das Strafverfahren wichtig, weil über einen Verfahrensgegenstand nur einheitlich entschieden werden kann (ein Teilurteil, wie es im Zivilprozeß möglich ist, ist dem Strafverfahren unbekannt). Da es aber aus Praktikabilitätsgründen durchaus zweckmäßig ist, in einem Strafverfahren entweder mehrere Angeklagte zusammenzufassen oder gegen einen (bzw. mehrere Angeklagte) mehrere Taten zur Aburteilung zu bringen, ist es häufig, daß in einem Strafverfahren mehrere Strafsachen gleichzeitig erledigt werden.

1.441. Persönlicher Zusammenhang

Eine Zusammenfassung mehrerer Strafsachen ist nach § 2 (der dabei den Normalfall, daß das gleiche Gericht zuständig ist, als selbstverständlich voraussetzt) möglich, wenn ein Zusammenhang im Sinne des § 3 besteht (vgl. dazu Rosenmeier, Die Verbindung von Strafsachen im Erwachsenenstrafrecht, 1973 und Dünnebier JR 75, 1). Dieser Zusammenhang kann zunächst darin bestehen, daß eine Person mehrerer strafbarer Handlungen beschuldigt wird (persönlicher Zusammenhang). Dieser Fall liegt z. B. vor, wenn A angeklagt wird, am 1. 3. dem X eine Uhr gestohlen und am 1. 5. den Y um 50,– DM betrogen zu haben. Dann liegen zwei selbständige Taten desselben Angeklagten vor.

1.442. Sachlicher Zusammenhang

Der sachliche Zusammenhang besteht nach § 3 darin, daß mehrere Personen an der gleichen strafbaren Handlung als

Täter, Teilnehmer, Begünstiger oder Hehler beteiligt sind. Dieser Fall ist z. B. gegeben, wenn hinsichtlich eines Einbruchsdiebstahls bei Z am 1. 4. der A als Täter, der B als Anstifter und der C als Gehilfe gemeinsam angeklagt werden.

1.443. Kombinierter Zusammenhang

Der kombinierte Zusammenhang ist in § 3 nicht ausdrücklich erwähnt, ergibt sich aber aus einer Zusammenfassung der beiden genannten Möglichkeiten.

Beispiel: A hat am 1. 3. einen Diebstahl und am 1. 6. einen Betrug begangen. B hat am 1. 6. Beihilfe zum Betrug des A geleistet und am 1. 8. eine Urkundenfälschung begangen. Hier ist die Zusammenfassung in einer Klage möglich. Bezüglich der Straftaten des A liegt ein persönlicher Zusammenhang vor. Bei B liegt bezüglich seiner Beihilfehandlung vom 1. 6. ein sachlicher Zusammenhang zum Betrug des A vom 1. 6. vor. Die Urkundenfälschung vom 1. 8. steht wiederum im persönlichen Zusammenhang zu der Beihilfehandlung vom 1. 6. bei B. Es liegen also hier insgesamt vier Verfahrensgegenstände vor (jeweils zwei bei A und bei B), die sich über die Figur des kombinierten Zusammenhangs in einem Strafverfahren gemeinsam erledigen lassen. Das Urteil muß dann zu den vier Verfahrensgegenständen jeweils eine Aussage treffen, z. B. drei Verurteilungen und einen Freispruch oder zwei Verurteilungen und zwei Freisprüche usw. (vgl. zur Fassung des Urteilsspruches näher u. 197 ff.).

1.5. Fristen und Termine

1.51. Begriff und Funktion

Zeitliche Bestimmungen und zeitliche Grenzen für die Vornahme von Verfahrenshandlungen sind geboten, um den Prozeßablauf innerhalb eines angemessenen Zeitraums zu gewährleisten (Henkel 260) und um dem Beschleunigungsgebot (vgl. o. 88 f.) zu dienen. Zu diesem Zweck ist im Strafverfahren die Beobachtung zahlreicher Fristen und Termine vorgeschrieben.

Unter *Frist* ist dabei ein Zeitraum zu verstehen, innerhalb dessen ein Verfahrensbeteiligter eine Prozeßhandlung vornehmen kann oder muß (Kleinknecht Vorbem. 1 vor § 42). Die Frist soll einerseits der Verfahrensverzögerung vorbeugen, andererseits aber auch einen ausreichenden Überlegungszeitraum zur

Verfügung stellen. *Termin* ist der für die Vornahme bestimmter Verfahrenshandlungen vorgesehene Zeitpunkt oder Zeitraum (Henkel 260).

Für die Fristenberechnung geben die §§ 42, 43 nähere Anweisungen.

1.52. Die Wiedereinsetzung in den vorigen Stand bei einer Fristversäumung

Viele Fristen haben eine Ausschlußwirkung, d. h. nach Fristablauf kann die jeweilige Prozeßhandlung nicht mehr wirksam vorgenommen werden. Dies kann eine große Härte bedeuten, wenn das Verstreichenlassen der Frist auf Gründe zurückgeht, die dem Betroffenen nicht vorgeworfen werden können. Daher ist als außerordentlicher Rechtsbehelf dem Betroffenen der Antrag auf Wiedereinsetzung nach § 44 eingeräumt. Mit dieser Regelung wird ein Ausgleich erstrebt zwischen der grundsätzlich notwendigen Einhaltung von Fristen im Interesse des Verfahrensganges und den schutzwürdigen Belangen des durch die Fristversäumung unter Umständen stark betroffenen Verfahrensbeteiligten. Gegen die Versäumung einer Frist kann nach § 44 S. 1 die Wiedereinsetzung in den vorigen Stand beansprucht werden, wenn jemand ohne Verschulden gehindert war, die Frist einzuhalten.

Diese Formulierung beruht auf der Änderung des § 44 durch Art. 1 Nr. 8 des 1. StVRG. Nach der bis zum 1. 1. 1975 geltenden Fassung konnte Wiedereinsetzung in den vorigen Stand beansprucht werden „wenn der Antragsteller durch Naturereignisse oder andere unabwendbare Zufälle an der Einhaltung der Frist verhindert worden ist" (vgl. dazu 1. Aufl. 101 f.). Ein unabwendbarer Zufall war dabei anzunehmen, „wenn derjenige, dem die Verfahrenshandlung wahrzunehmen obgelegen hatte, bei Anwendung der gerade ihm nach Lage des Falles gerechterweise zuzumutenden Sorgfalt den Eintritt oder die Folge des Ereignisses nicht abwenden konnte" (LR Dünnebier § 44 Anm. II 1). Da schon mit dieser Formulierung ohnehin auf das Verschulden abgestellt wurde, ist die frühere Rechtsprechung und Kommentierung auch zur Neufassung noch weitgehend verwertbar.

Nach § 44 S. 2 ist die Versäumung einer Rechtsmittelfrist als unverschuldet anzusehen, wenn die Belehrung nach den

§§ 35 a, 319 II 3 oder 346 II 3 unterblieben ist. Ein amtliches Verschulden ist den Verfahrensbeteiligten grundsätzlich nicht zuzurechnen (näher Kleinknecht § 44 Anm. 8; vgl. auch BVerfG NJW 75, 1405 und BVerfG NJW 76, 513 bez. Verzögerungen bei der Briefbeförderung). Bezüglich der Kenntnisnahme von Zustellungen gilt, daß bei vorübergehender Abwesenheit (z. B. während des Urlaubs) keine generellen Vorkehrungen hinsichtlich möglicher Zustellungen verlangt werden können (vgl. BVerfGE 25, 166; 26, 318; 35, 296); anderes kann nur gelten, wenn der Betreffende gerade in dieser Zeit mit einer Zustellung rechnen mußte (vgl. OLG Hamm MDR 75, 422). Ein Verschulden des Verteidigers wird dem Beschuldigten grundsätzlich nicht angelastet (vgl. eingehend Kleinknecht § 44 Anm. 7 und Dittmar MDR 75, 270; einschränkend bei der Anfechtung von Kosten- und Auslagenentscheidungen BGH 26, 126), außer es trifft den Beschuldigten an der Fristversäumung ein Mitverschulden. Umstritten ist, ob sich dieser Grundsatz auf das Verhältnis zum Beschuldigten beschränkt, oder auch im Verhältnis zum Privatkläger und Nebenkläger gilt (vgl. Kleinknecht a. a. O. und Kern-Roxin 105).

Die Wiedereinsetzung wird nur auf Antrag hin gewährt. Das Wiedereinsetzungsgesuch muß nach § 45 I binnen einer Woche nach Beseitigung des Hindernisses bei dem Gericht gestellt werden, bei dem die Frist wahrzunehmen gewesen wäre, unter Angabe und Glaubhaftmachung der Versäumnisgründe. Dabei ist nach § 45 II mit dem Gesuch zugleich die versäumte Handlung selbst nachzuholen. Ist also z. B. eine Rechtsmittelfrist versäumt worden, so ist gleichzeitig das Gesuch auf Wiedereinsetzung und die Einlegung des Rechtsmittels vorzunehmen.

Über das Wiedereinsetzungsgesuch entscheidet nach § 46 I das Gericht, das bei rechtzeitiger Handlung zur Entscheidung in der Sache selbst berufen gewesen wäre. Gegen die Entscheidung, durch die Wiedereinsetzung gewährt wird, findet kein Rechtsmittel statt (§ 46 II). Gegen den ablehnenden Bescheid ist sofortige Beschwerde zulässig (§ 46 III).

Str. ist beim Klageerzwingungsverfahren, ob bei der Versäumung der Frist des § 172 I für die Wiedereinsetzung das OLG (so OLG

Nürnberg MDR 72, 67) oder der Generalstaatsanwalt (so OLG Celle GA 1971, 277) zuständig ist.

1.6. Überblick über die einzelnen Abschnitte des Strafverfahrens

Um die im folgenden behandelten einzelnen Abschnitte des Strafverfahrens in ihrer Stellung innerhalb des Gesamtkomplexes des Strafverfahrensrechts deutlich zu machen, soll hier ein kurzer Überblick über die Verfahrensabschnitte im allgemeinen und ihre Einordnung in den Gesamtgang des Verfahrens gegeben werden (vgl. dazu bes. Kern-Roxin 18 ff.).

Die erste grundlegende Unterteilung scheidet den Strafprozeß in das Erkenntnisverfahren (2.–6. Buch der StPO) und das Vollstreckungsverfahren (7. Buch). Das Erkenntnisverfahren zielt auf das Zustandekommen einer rechtskräftigen und damit vollstreckungsfähigen Entscheidung ab. Es zerfällt in das ordentliche Erkenntnisverfahren (2.–4. Buch) und die besonderen Verfahrensarten (5. und 6. Buch). Erst mit der Rechtskraft der Entscheidung kann das Vollstreckungsverfahren beginnen (vgl. § 449). Das Vollstreckungsverfahren befaßt sich mit der Beitreibung der Geldstrafen und der Vollstreckung der Freiheitsstrafe, besonders mit der Zuständigkeitsverteilung auf die dafür vorgesehenen Organe und dem für die Vollstreckung zu beachtenden Verfahrensgang.

Das ordentliche Erkenntnisverfahren unterteilt sich wieder in drei Abschnitte: Vorverfahren, Zwischenverfahren und Hauptverfahren. Das Vorverfahren besteht aus dem staatsanwaltschaftlichen Ermittlungsverfahren. Das Zwischenverfahren liegt in der Hand des Gerichts und hat die Entscheidung zum Gegenstand, ob die Anklage zugelassen werden soll. Dementsprechend endet es mit der Entscheidung des beschließenden Gerichts, die entweder auf Ablehnung der Eröffnung des Hauptverfahrens oder auf Eröffnung desselben lauten kann. Nach dem Eröffnungsbeschluß beginnt das Hauptverfahren, das sich seinerseits wieder unterteilt in die Vorbereitung der Hauptverhandlung und die Hauptverhandlung selbst. Diese ist das Kernstück des Strafprozesses und hat die gerichtliche Feststellung von Schuld oder Unschuld des Angeklagten zum Gegenstand. Die Hauptverhandlung schließt entweder mit Freispruch, Verurteilung oder Verfahrenseinstellung ab.

Das Urteil der ersten Instanz kann entweder in Rechtskraft erwachsen (dann schließt sich das Vollstreckungsverfahren an, soweit eine Verurteilung erfolgt ist) oder es wird mit Rechtsmitteln angefochten. Dann schließt sich das Rechtsmittelverfahren (Berufung oder Revision) an das erstinstanzliche Verfahren an.

2. Das Vorverfahren

2.1. Aufgabe und Ziel des Ermittlungsverfahrens

Aufgabe des Ermittlungsverfahrens ist es, beim Auftauchen des Verdachts einer strafbaren Handlung den Sachverhalt soweit aufzuklären, daß die Entschließung der Staatsanwaltschaft über Anklageerhebung oder Einstellung möglich wird (vgl. Peters 462). Dabei gewinnt neben der reinen Sachverhaltsermittlung im Zuge der Individualisierung der Strafen und Maßnahmen zunehmend die Persönlichkeitserforschung an Bedeutung (Peters 460 f.). Die Durchführung der Ermittlungen liegt in der Hand der Staatsanwaltschaft und ihrer Hilfsbeamten.

2.2. Die Träger des Ermittlungsverfahrens

2.21. Staatsanwaltschaft und Polizei

Die Durchführung der Ermittlungen ist funktional zwischen Staatsanwaltschaft und Polizei aufgeteilt. Für die Polizei bedeutet das eine Aufspaltung ihrer Zuständigkeit und ihres Aufgabenkreises in zwei ganz verschiedene Tätigkeitsbereiche. Zunächst erfüllt die Polizei eine präventive Aufgabe (sicherheitspolizeiliche Tätigkeit) im Rahmen der inneren Verwaltung. Insoweit ist die Polizei als Schutzpolizei voll der inneren Verwaltung und damit der Exekutive zugeordnet. Gleichzeitig wird die Polizei aber auch im Rahmen der Strafverfolgung tätig (Kriminalpolizei); insoweit ist die Tätigkeit der Polizei dann dem Justizsektor zugeordnet.

Soweit die Polizei im Rahmen der Strafverfolgung mitwirkt (vgl. dazu § 163), handelt sie als Hilfsorgan der Staatsanwaltschaft, die Herrin des Ermittlungsverfahrens ist (vgl. §§ 152, 160, 163).

2.22. Kompetenzabgrenzung

Es liegt auf der Hand, daß diese Funktionsverteilung der Ermittlungen auf zwei selbständige Behörden, die ihrerseits unterschiedlichen staatlichen Gewalten (Justiz und Verwaltung) zugeordnet sind, erhebliche Schwierigkeiten im Abgrenzen der jeweiligen Zuständigkeit begründet. Für die Kompetenzabgrenzung ist dabei ein doppelter Aspekt zu beachten. Soweit es um das Auseinanderhalten zwischen strafverfolgender und präventivpolizeilicher Tätigkeit geht, ist eine echte Zuständigkeitsabgrenzung zwischen den Staatsgewalten vorhanden. Innerhalb der präventivpolizeilichen Gefahrenabwehr ist die Polizei von der Staatsanwaltschaft völlig unabhängig und den Behörden der allgemeinen inneren Verwaltung unterstellt. Soweit die Polizei im Bereich der Strafverfolgung tätig wird, ist umgekehrt der allgemeinen inneren Verwaltung grundsätzlich die Einflußnahme versagt, während hier die Staatsanwaltschaft zu Weisungen gegenüber der Polizei berechtigt ist.

Nun würden sich daraus keine Schwierigkeiten ergeben, wenn sich präventivpolizeiliches und strafverfolgendes Tätigwerden immer klar auseinanderhalten ließen. So liegt es jedoch in vielen Fällen nicht; vielmehr gehen häufig präventivpolizeiliches Einschreiten und Strafverfolgungstätigkeit ineinander über.

Beispiel: Bewaffnete Bankräuber dringen in eine Zweigstelle einer Bank ein, setzen dort drei Angestellte als Geiseln fest und fordern von der Polizei freien Abzug. Bei dem daraufhin ausgelösten Polizeieinsatz verbinden sich zwangsläufig präventives Tätigwerden (Aufrechterhaltung der öffentlichen Sicherheit und Ordnung und konkrete Gefahrenabwehr von den Geiseln) und Strafverfolgungstätigkeit (bezüglich der bereits begangenen Straftaten, wie Raub, räuberische Erpressung, Geiselnahme).

Wer nun für die Leitung eines solchen polizeilichen Einsatzes zuständig sein soll, ist leider der gesetzlichen Regelung nicht zu entnehmen. Eine Doppelzuständigkeit von innerer Verwaltung und Staatsanwaltschaft ist unzweckmäßig, weil sie gerade für Eilfälle zu zeitraubend ist. Bei einer Abwägung zwischen der Zuständigkeit der inneren Verwaltung und der der Staatsanwaltschaft sprechen die besseren Gründe für die Zuständigkeit der inneren Verwaltung. Denn in der Regel duldet der Gesichtspunkt der Gefahrenabwehr keinen Aufschub und bestimmt deshalb primär den Polizeieinsatz. Wünschenswert wäre allerdings für die Zukunft eine ausdrückliche Regelung im Gesetz für diese Kompetenzabgrenzung.

Beim Tätigwerden der Polizei im Rahmen der Strafverfolgung handelt es sich dagegen im Verhältnis zur Staatsanwaltschaft um keine Kompetenzabgrenzung, sondern um die Frage der zweckmäßigen Gestaltung des arbeitsteiligen Zusammenwirkens innerhalb des gleichen Tätigkeitsbereiches (vgl. auch Görgen, Die organisationsrechtliche Stellung der Staatsanwaltschaft zu ihren Hilfsbeamten und zur Polizei, 1973 und in ZRP 1976, 59). Die Praxis hat sich nun hier dahin entwickelt, daß die Staatsanwaltschaft lediglich nominal die Herrin des Ermittlungsverfahrens ist, faktisch die Polizei aber die Ermittlungstätigkeit weitgehend nach eigenem Ermessen betreibt und die Staatsanwaltschaft nur die rechtlichen Konsequenzen bezüglich des Ermittlungsergebnisses im Hinblick auf Anklageerhebung oder Einstellung des Verfahrens zieht.

Daß dieser Zustand Anlaß zu zahlreichen Vorschlägen de lege ferenda war und ist, versteht sich von selbst. Die Staatsanwaltschaft kann solange das polizeiliche Ermittlungsverfahren in faktischer Hinsicht nicht maßgeblich beeinflussen, als ihre Beamten oft nicht ausreichend kriminalistisch vorgebildet sind. Daß eine solche Ausbildung der Staatsanwälte wünschenswert wäre, steht außer Diskussion. Über das Ziel schießen allerdings Vorschläge hinaus, die entweder einerseits die Kriminalpolizei ganz in die Staatsanwaltschaft eingliedern oder umgekehrt die Staatsanwaltschaft in die Kriminalpolizei einbauen wollen. Geht man auch für die Zukunft von zwei selbständigen Behörden aus, so kann eine Verbesserung nur innerhalb der Kooperationsbedingungen geschaffen werden. Daß dies notwendig und möglich ist, zeigt sich ansatzweise bereits heute bei der Strafverfolgung von Wirtschaftsverbrechen (vgl. Kern-Roxin 43).

2.3. Der Beschuldigte und seine Rechtsstellung

2.31. Der Begriff des Beschuldigten

Beschuldigter ist jeder, gegen den sich ein eingeleitetes Strafverfahren richtet mit dem Ziel, ihn der zur Last gelegten Straftat zu überführen (vgl. Henkel 169). Der Begriff des Beschuldigten bleibt als Oberbegriff das ganze Strafverfahren über bestehen, jedoch wird der Beschuldigte, gegen den die öffentliche Klage bereits erhoben ist, Angeschuldigter genannt (§ 157) und der Beschuldigte, gegen den die Eröffnung des Hauptverfahrens beschlossen worden ist, Angeklagter (§ 157). Nach einer Verurteilung spricht man dann vom Verurteilten.

Schwierig zu bestimmen ist aber der Anfangszeitpunkt, von dem ab jemand zum Beschuldigten wird (vgl. auch o. 62). Zunächst ist der Beschuldigte vom bloß Verdächtigen abzugrenzen. Das Strafverfahren kann zunächst rein sachbezogen im Hinblick auf die begangene Tat beginnen und richtet sich dann zunächst gegen „Unbekannt". Ergeben sich Verdachtsmomente im Hinblick auf eine bestimmte Person, so spricht man vom Verdächtigen. Zum Beschuldigten wird der Verdächtige dann, wenn das jeweilige Strafverfolgungsorgan das Verfahren gegen ihn mit dem Ziel seiner Verurteilung betreibt. Hierzu besteht die Verpflichtung, wenn sich der Verdacht so konkretisiert hat, daß er ernstlich als Täter in Betracht zu ziehen ist (vgl. Kleinknecht Einl. 3 B b). Da von diesem Zeitpunkt ab die Beschuldigtenstellung mit ihrem besonderen Rechten- und Pflichtenkreis beim Beschuldigten beginnt, kommt dem sachgemäß geübten Ermessen des jeweils zuständigen Strafverfolgungsorgans große Bedeutung zu. Bevor das Strafverfolgungsorgan diesen Zeitpunkt für gegeben hält, kann es den Verdächtigen informativ hören, ohne bereits an die Schranken der Beschuldigtenvernehmung gebunden zu sein (Kleinknecht a. a. O.).

2.32. Rechte und Pflichten des Beschuldigten

Der Beschuldigte ist auch im Ermittlungsverfahren nicht Untersuchungsobjekt, sondern Prozeßsubjekt, d. h. eine selbständig am Verfahren mitwirkende Person (Henkel 171). Gerade in diesem Verfahrensstadium ist es aber besonders schwierig, die rechte Mitte zwischen den Bedürfnissen der Ermittlungsarbeit und den Rechten des Beschuldigten zu finden. Denn die Gefahr, daß der mit zu großen Rechten ausgestattete Beschuldigte das Ermittlungsverfahren erheblich erschweren und das Ermittlungsziel unter Umständen vereiteln kann, ist nicht gering zu veranschlagen. Ziel der kleinen Strafrechtsreform von 1964 war es, die Rechtsstellung des Beschuldigten im Vorverfahren zu verstärken.

Die Rechtsstellung des Beschuldigten ergibt sich aus einem Bündel von Rechten und Pflichten, deren wichtigste kurz herausgegriffen werden sollen. Zunächst ist für die Rechtstellung des Beschuldigten von entscheidender Bedeutung, wie er zu dem Anklagevorwurf gehört und über diesen Vorwurf informiert wird. Die näheren Vorschriften über die Beschuldigtenvernehmung enthält § 163 a. Grundsätzlich ist der Beschuldigte vor Abschluß der Ermittlungen zu vernehmen, es sei denn, daß das Verfahren zur Einstellung führt (§ 163 a I 1). Dabei genügt in einfachen Sachen die Gelegenheit zur schriftlichen Äußerung (§ 163 a I 2). Bereits bei der ersten Vernehmung durch Beamte des Polizeidienstes ist dem Beschuldigten zu eröffnen, welche Tat ihm zur Last gelegt wird (§ 163 a IV 1). Dabei muß er darauf hingewiesen werden, daß es ihm nach dem Gesetz freisteht, sich zu der Sache zu äußern (§ 163 a IV 2 i. V. m. § 136 I 2). Sehr problematisch ist es, daß der BGH (22, 170) aus einem Verstoß gegen diese Belehrungspflicht grundsätzlich kein Verwertungsverbot hinsichtlich der unter Verletzung dieser Belehrungspflicht zustandegekommenen Aussagen des Beschuldigten herleiten will. Läßt der BGH auch die Möglichkeit offen, daß das Unterlassen der Belehrung unter Umständen einer Täuschung i. S. des § 136 a (mit der anerkannten Folge des Verwertungsverbots) gleichgestellt werden kann, so schränkt die Entscheidung doch die Effizienz der Belehrungspflicht praktisch stark ein. Macht der Beschuldigte zur Sache keine Angaben, so darf dieses Schweigen nicht zu seinem Nachteil verwertet werden (vgl. dazu näher LR Sarstedt § 136 Anm. 5–7). Umstritten ist die Frage, ob der Beschuldigte bei seiner Aussage zur Sache eine Wahrheitspflicht hat (vgl. Kern-

Roxin 119). Die Frage ist in dieser Form wohl falsch gestellt; rechtsethisch gesehen, kann es auch für den Beschuldigten kein Recht zur Lüge geben. Aber die Lüge des Beschuldigten bleibt ohne Sanktionen und darf auch bei der Strafzumessung grundsätzlich ebensowenig zu seinem Nachteil verwertet werden wie bei der Beweiswürdigung (vgl. Kern-Roxin a. a. O.).

Zur Klärung des Sachverhalts und zur Ausräumung der gegen ihn erhobenen Vorwürfe ist dem Beschuldigten auch bereits im Ermittlungsverfahren ein Antragsrecht auf die Erhebung von Beweisen eingeräumt (§ 163 a II). Einem Beweisantrag muß stattgegeben werden, wenn die beantragten Beweise von Bedeutung sind (vgl. Kleinknecht § 163 a Anm. 4).

Den auf freien Fuß befindlichen Beschuldigten trifft die zwangsweise durchsetzbare Pflicht zum Erscheinen vor der Staatsanwaltschaft oder der Polizei zur Vernehmung (vgl. § 161 a).

2.33. Die Funktion des Verteidigers im Ermittlungsverfahren

Das Recht des Beschuldigten auf eine sachgemäße Verteidigung schließt bereits im Ermittlungsverfahren das Recht ein, sich eines von ihm zu wählenden Verteidigers zu bedienen. Auf dieses Recht muß der Beschuldigte hingewiesen werden (vgl. §§ 136 I 2, 163 a IV 2). Auch die Rechtsstellung des Verteidigers selbst ist im Ermittlungsverfahren vor allem durch die Erweiterung des Rechts auf Akteneinsicht (vgl. dazu o. 53 f.) im Rahmen der kleinen Strafprozeßreform von 1964 verbessert worden. Vgl. im übrigen eingehend zu den Aufgaben des Verteidigers im Ermittlungsverfahren Dahs Rdnr. 164 ff.

2.4. Der Gang des Ermittlungsverfahrens

2.41. Die Einleitung des Ermittlungsverfahrens

Ein Ermittlungsverfahren wird eingeleitet, wenn der Verdacht einer strafbaren und verfolgbaren Handlung besteht. Dieser Verdacht kann sich für die Strafverfolgungsorgane auf doppelte Weise ergeben: entweder auf Grund eigener Wahrnehmung oder (Regelfall) auf Grund einer Anzeige.

Die eigene Wahrnehmung kann darin bestehen, daß das Strafverfolgungsorgan die Straftat unmittelbar beobachtet (z. B.

eine Polizeistreife einen Einbruch oder ein Verkehrsdelikt sieht) oder daß das Strafverfolgungsorgan auf mittelbare Weise von einer Straftat selbst Kenntnis erlangt (z. B. der Staatsanwalt beim Aktenstudium einer falschen Aussage auf die Spur kommt). Sehr umstritten ist dabei die Frage, ob ein Strafverfolgungsorgan auf Grund privat erlangten Wissens die Ermittlungen einleiten muß, so z. B. wenn ein Staatsanwalt in einem Privatgespräch erfährt, daß jemand eine Straftat vorgenommen hat. Die h. M. bejaht eine solche Pflicht zum Einschreiten nur dann, wenn die Straftaten nach Art und Umfang „die Belange der Öffentlichkeit und der Volksgesamtheit im besonderen Maße berühren" (RG 70, 251, BGH 5, 225 und BGH 12, 277, 281; vgl. im einzelnen Krause GA 1964, 110 und Anterist, Anzeigepflicht und Privatsphäre des Staatsanwalts, 1968). Eine amtliche Wahrnehmung löst dagegen auf Grund des Legalitätsprinzips immer die Strafverfolgungspflicht aus.

Zumeist wird jedoch die Ermittlungstätigkeit durch private Anzeigen ausgelöst. Dabei ist zu beachten, daß keine Rechtspflicht des Staatsbürgers zur Anzeige begangener Straftaten besteht (§ 138 StGB betrifft nur die Pflicht zur Anzeige besonders schwerer *bevorstehender* Verbrechen).

Dabei gibt die bloße Strafanzeige nur eine Anregung an das Strafverfolgungsorgan, auf Grund seiner Amtspflicht tätig zu werden. Der Strafantrag dagegen macht die Strafverfolgungstätigkeit bei Antragsdelikten erst zulässig. Erlangt der Staatsanwalt aber Kenntnis von einem begangenen Antragsdelikt und hält er die Strafverfolgung für im öffentlichen Interesse liegend, so kann er den Antragsberechtigten von der Tat unterrichten und anfragen, ob er einen Strafantrag stellen wolle (vgl. Nr. 8 II RiStBV). Auch anonyme Anzeigen verpflichten die Strafverfolgungsorgane zum Tätigwerden, wenn hier auch immer besondere Vorsicht bezüglich des Wahrheitsgehalts der Anzeige geboten ist (vgl. Nr. 11 RiStBV). Für die Strafanzeigen ist keine besondere Form vorgeschrieben; sie können mündlich oder schriftlich eingereicht werden. Das Strafverfolgungsorgan, das die Anzeige entgegennimmt, darf eine vertrauliche Behandlung zusichern (Kern-Roxin 187).

2.42. Die Durchführung der Ermittlungen

Die Ermittlungstätigkeit ist an keine starren Regeln gebunden und muß flexibel jeweils dem einzelnen Fall angepaßt sein. Die einzelnen Ermittlungshandlungen richten sich nach kriminalistischen und polizeitaktischen Gesichtspunkten. Der Staatsanwalt ist zwar Herr und verantwortlicher Leiter des Ermittlungsverfahrens, bedient sich aber zur Durchführung der Ermittlungshandlungen in aller Regel der Polizei, die zumeist die unmittelbare Ermittlungsarbeit leistet. Besondere Bedeutung kommt auch in diesem Verfahrensstadium bereits der Vernehmung zu. Eine Einschaltung des Ermittlungsrichters ist notwendig für solche Maßnahmen, die dem Richter vorbehalten sind, wie der Erlaß eines Haftbefehls oder die eidliche Vernehmung (vgl. § 161 a I 3).

Zweckmäßig ist eine Vernehmung durch den Richter besonders in zwei Fällen. Bei Zeugen kann durch die eidliche Vernehmung vor einem Richter erreicht werden, daß die richterliche Vernehmensperson über die nach Belehrung über ein Zeugnisverweigerungsrecht gemachte Aussage in der Hauptverhandlung vernommen werden kann, wenn der Zeuge dann von einem Zeugnisverweigerungsrecht Gebrauch macht (§ 252). Auch ein Geständnis des Beschuldigten läßt man häufig in einem richterlichen Protokoll festhalten, weil es dann in der Hauptverhandlung verwertbar ist (§ 254).

Grundsätzlich ist das Ermittlungsverfahren nichtöffentlich und formfrei (vgl. Henkel 301).

2.5. Zwangsmaßnahmen im Zuge der Ermittlungen

2.51. Vorbemerkung

Der Einsatz von Zwangsmitteln wirft im Rechtsstaat immer besondere Probleme auf. Da jedes Zwangsmittel in die Individualsphäre eingreift, bedarf es eines höherrangigen staatlichen Interesses, das ein Zurücktreten des Individualinteresses rechtfertigt. Im Strafverfahren ist es das Ziel der Strafverfolgungstätigkeit, einen der Verletzung einer strafbewehrten Norm schuldigen Staatsbürger der im Gesetz vorgesehenen Sanktion zuzuführen. Freilich ist das weitere besondere Problem, daß auf Grund der Unschuldvermutung (Art. 6 II MRK) jeder Beschuldigte bis zur rechtskräftigen Aburteilung als unschuldig zu betrachten ist. Das bedingt für den Einsatz staatlicher Zwangsmaßnahmen im Zuge der Ermittlungen eine besondere Zurückhaltung und eine Bindung an strenge Verfahrensvorschriften. Als weitere wichtige rechtsstaatliche Garantie greift der Grundsatz der Verhältnismäßigkeit als Ausfluß des Rechtsstaatsprinzips bezüglich aller staatlichen Zwangsmaßnahmen ein (vgl. seine besondere gesetzliche Ausgestaltung in § 112 I 2 für den Bereich der Untersuchungshaft).

Der Einsatz von Zwangsmaßnahmen im Strafverfahren ist nicht auf den Abschnitt des Vorverfahrens beschränkt, sondern kann alle Stufen des Strafverfahrens betreffen (vgl. z. B. § 134 bezüglich der Vorführung des sich auf freien Fuß befindlichen Beschuldigten im allgemeinen und § 230 II speziell für die Hauptverhandlung). Da aber die praktische Bedeutung der Zwangsmittel im Ermittlungsverfahren am größten ist, wird dieser Komplex insgesamt hier behandelt. Die Zwangsmittel lassen sich einteilen unter dem Gesichtspunkt der betroffenen Person (gegen den Beschuldigten gerichtete Zwangsmaßnahmen und gegen andere Personen gerichtete Maßnahmen) und nach dem betroffenen Rechtsgut (gegenüber der Freiheit, körperlichen Unversehrtheit usw.; vgl. Kern-Roxin 142).

Entsprechend der Zielsetzung des vorliegenden Buches ist nur ein Überblick und eine Auswahl möglich. An Zwangsmaßnahmen im Strafverfahren kommen in Betracht: die Untersuchungshaft und die vorläufige Festnahme einschließlich eines zu ihrer Realisierung erlassenen Steckbriefes (§§ 112–131), die Beschlagnahme, die Überwachung des Fernmeldeverkehrs (vgl. dazu Welp, Die strafprozessuale Überwachung des Post- und Fernmeldeverkehrs, 1974; Rudolphi, Schaffstein-Festschr. 1975, 433) und die Durchsuchung (§§ 94–110), vorläufige Maßregelverhängung (vorläufige Entziehung der Fahrerlaubnis, § 111 a; einstweilige Unterbringung, § 126 a; vorläufiges Berufsverbot, § 132 a; vgl. näher Kern-Roxin 182 ff.), körperliche Untersuchung und erkennungsdienstliche Maßnahmen (§§ 81, 81 a–d) und schließlich die Auslieferung (vgl. Kern-Roxin 169 ff.). Im folgenden werden die Untersuchungshaft (einschließlich der vorläufigen Festnahme gemäß § 127) als personenbezogene Maßnahme und die Beschlagnahme (einschließlich der vorläufigen Entziehung der Fahrerlaubnis) als sachbezogene Zwangsmaßnahme behandelt.

2.52. Die Untersuchungshaft

2.521. Der Zweck der Untersuchungshaft

Den Zweck der Untersuchungshaft zu umschreiben ist deshalb nicht leicht, weil die einzelnen Anordnungsgründe (§§ 112, 112 a) auf ganz verschiedenen Voraussetzungen aufbauen und sehr unterschiedliche Ziele verfolgen. Zunächst läßt sich negativ feststellen, daß die Untersuchungshaft keine Vorwegnahme der Strafe sein darf (da sie aber praktisch ebenso den Freiheitsverlust zur Folge hat wie die Freiheitsstrafe, ist ihre grundsätzlich obligatorische Anrechnung auf die erkannte Strafe zu Recht in § 51 StGB vorgesehen). Die Untersuchungshaft soll vielmehr die Durchführung des Strafverfahrens sichern und verhindern, daß sich der Beschuldigte dem Verfahren entzieht oder auf das Beiseiteschaffen der Beweismittel hinarbeitet. Aber nur die Haftgründe der Flucht bzw. Fluchtgefahr (einschließlich des Nichterscheinens zum Strafantritt, § 457) und der Verdunklungsgefahr ordnen sich völlig systemgerecht in dieses Ziel ein. Die Haftgründe der Wiederholungsgefahr (§ 112 a) und die zusätzliche Haftmöglichkeit bei Tötungsdelikten (§ 112 III) sind an sich Fremdkörper in dem System der Untersuchungshaft und beruhen auf anderen Erwägungen (vgl. Kern-Roxin 147).

Eine umfassende rechtsvergleichende Darstellung der Untersuchungshaft findet sich in dem Sammelband „Die Untersuchungshaft im deutschen, ausländischen und internationalen Recht", hrsg. von Jescheck und Krümpelmann, 1971; zur Entwicklung in der BRD vgl. Grebing ZfRV 1975, 161 ff.

2.522. Die Voraussetzungen der Untersuchungshaft

2.5221. Dringender Tatverdacht

Die Untersuchungshaft darf nach § 112 I 1 nur angeordnet werden, wenn der Beschuldigte der Tat dringend verdächtigt ist. Der dringende Tatverdacht ist dabei mehr als „der hinreichend Tatverdacht“ in den §§ 203, 207. Für dringenden Tatverdacht ist erforderlich, daß ein „hoher Grad von Wahrscheinlichkeit“ (Eb. Schmidt Lehrk. II, Nachtr. Bd. I, § 112 Rdnr. 4) für die Verurteilung des Beschuldigten hinsichtlich der ihm zur Last gelegten Tat vorliegt. Dabei bezieht sich der dringende Tatverdacht ausschließlich auf die Tatfrage; für Rechtsfragen gibt es immer nur eine Gewißheit, keine Wahrscheinlichkeit (vgl. LR Dünnebier § 112 Anm. 7).

2.5222. Vorliegen eines Haftgrundes

2.52221. Flucht und Fluchtgefahr

Die Anordnung der Untersuchungshaft ist nur möglich, wenn ein bestimmter Haftgrund besteht (vgl. § 112 I 1). Ein Haftgrund muß dabei immer auf bestimmten Tatsachen beruhen (§ 112 II); der Richter muß also jeden Haftgrund aus ganz bestimmten Tatsachen ableiten und begründen. Nach § 112 II Nr. 1 und Nr. 2 besteht ein Haftgrund bei Flucht und bei Fluchtgefahr. Flucht liegt dabei vor, wenn der Beschuldigte flüchtig ist oder sich verborgen hält (Nr. 1). Ist der Haftgrund der Flucht damit klar erfaßbar, so bietet derjenige der Fluchtgefahr im Einzelfall große Schwierigkeiten. Fluchtgefahr ist anzunehmen, wenn „bei Würdigung der Umstände des Einzelfalles die Gefahr besteht, daß der Beschuldigte sich dem Strafverfahren entziehen werde“ (Nr. 2). Es müssen also ganz bestimmte tatsächliche Anhaltspunkte dafür vorliegen, daß die Flucht als eine konkrete und naheliegende Möglichkeit in Betracht kommt (vgl. Kleinknecht § 112 Anm. 5). Für die Abwägung kommen hier vor allem folgende Gesichtspunkte neben der Höhe der zu erwartenden Strafe (aber es gibt keinen Erfahrungssatz, daß von einer bestimmten Höhe an immer Fluchtgefahr bestehe, so mit Recht Kleinknecht a. a. O.) in Betracht: die persönlichen Verhältnisse des Beschuldigten, besonders familiäre Bindungen, gesicherter Arbeitsplatz, fester Wohnsitz, häufiger Wohnort- oder Arbeitsplatzwechsel, Verwendung falscher Namen und Papiere sowie Krankheit (vgl. im einzelnen LR Dünnebier § 112 Anm. 11). Selbstmordgefahr unterfällt nicht dem Haftgrund der Fluchtgefahr (Dünnebier

a. a. O. mit eing. Nachw. und Kleinknecht § 112 Anm. 5 a. E.). Dabei darf keiner dieser genannten Gesichtspunkte für sich isoliert gesehen werden, insbesondere also nicht aus dem bloßen Gegebensein eines festen Wohnsitzes auf das Nichtvorliegen der Fluchtgefahr geschlossen werden (Kleinknecht a. a. O.).

2.52222. Verdunkelungsgefahr

Eine Verdunkelungsgefahr liegt nach § 112 II Nr. 3 dann vor, wenn „das Verhalten des Beschuldigten den dringenden Verdacht begründet, er werde

a) Beweismittel vernichten, verändern, beiseiteschaffen, unterdrücken oder fälschen,

b) auf Mitbeschuldigte, Zeugen oder Sachverständige in unlauterer Weise einwirken oder

c) andere zu solchem Verhalten veranlassen,

und wenn deshalb die Gefahr droht, daß die Ermittlung der Wahrheit erschwert werde."

Auch diese Verdunkelungsgefahr muß aus ganz bestimmten Tatsachen abgeleitet werden. Dabei ergibt sich aber eine ausreichende Tatsachengrundlage in der Regel aus der Vornahme der oben genannten Verdunkelungshandlungen, soweit auch die Zielvorstellung des Beschuldigten erkennbar ist, in verbotener Weise auf die Beweismittel einzuwirken. Die Verdunkelungshandlungen beziehen sich dabei auf die sachlichen (Nr. 3 a) und die persönlichen Beweismittel (Nr. 3 b); zu den einzelnen Verdunkelungshandlungen vgl. näher LR Dünnebier § 112 Anm. 14.

2.52223. Wiederholungsgefahr

Während sich das frühere Recht der Untersuchungshaft vor Inkrafttreten der sogenannten kleinen Strafprozeßreform von 1964 auf die behandelten Haftgründe der Flucht bzw. Fluchtgefahr und der Verdunkelungsgefahr beschränkte, wurden 1964 in der Neufassung des § 112 die zusätzlichen Haftgründe des § 112 III und IV a. F. geschaffen. Der Haftgrund der Wiederholungsgefahr hat nun nichts mehr mit der Sicherstellung des Strafverfahrens gegen den Beschuldigten und der Abwehr von Beweismittelverdunkelung zu tun, sondern zielt darauf ab, einen potentiellen Täter vorbeugend zu verwahren, damit er nicht bis zum Erlaß eines rechtskräftigen Urteils weitere Straftaten begehen kann. Diese Möglichkeit stellt „eine das System bisherigen Haftrechts sprengende Sicherungshaft" (Eb. Schmidt Lehrk. II, Nachtr. Bd. 1, Vorbem. 4 vor § 112) dar, enthält also letztlich präventivpolizeiliche Gesichtspunkte statt strafverfolgender.

Daß die Schaffung dieses Haftgrunds, der zunächst auf Sittlichkeitsdelikte beschränkt war (§ 112 III a. F.), eine starke Kontroverse auslösen mußte, liegt auf der Hand. Sie ist bis heute nicht zur Ruhe gekommen und hat gerade in allerjüngster Zeit neuen Auftrieb erhalten (vgl. Kern-Roxin 147).

Dabei sind zwei Gesichtspunkte scharf zu trennen: Die Berechtigung einer Vorbeugehaft gegenüber bestimmten Straftätern und ihre rechtstechnische Verwirklichung. Von Anfang an war es wenig plausibel, den Haftgrund der Wiederholungsgefahr auf Sittlichkeitsdelikte zu beschränken. Denn auch bei anderen, unmittelbar gegen die Person gerichteten Straftaten (wie etwa schwere Körperverletzung, Raub, Erpressung und Freiheitsberaubung) besteht ein gleichberechtigtes Bedürfnis des Schutzes vor zukünftigen Tatbegehungen. So ist es nicht verwunderlich, daß die Diskussion auf eine Erweiterung dieses Haftgrunds auf andere Deliktsgruppen abzielte, vornehmlich auf solche, die unter Gewaltanwendung oder in bandenweiser Begehung verübt werden. Diese berechtigten Vorbeugungswünsche gegenüber schweren Straftaten sollten aber nicht im Recht der Untersuchungshaft realisiert werden, der sie wesensfremd sind. Angesprochen ist mit dem Sicherungszweck das Maßnahmenrecht. Es wäre daher rechtstechnisch die beste Lösung, einen eigenen Abschnitt über besondere vorbeugende Maßnahmen vor dem Urteil zu schaffen (so auch LR Dünnebier § 112 Anm. 15 a), zumal das Gesetz heute in den §§ 111 a, 126 a und 132 a ohnehin schon vorläufige Maßregeln kennt.

Der Gesetzgeber hat mit dem Gesetz vom 22. 6. 1972, dessen Verfassungsgemäßheit des BVerfG (NJW 73, 1363) bestätigt hat, den Haftgrund der Wiederholungsgefahr ausgeweitet auf wiederholte oder fortgesetzte, die Rechtsordnung schwerwiegend beeinträchtigende Straftaten nach den §§ 223 a–226, 243,

244, 249–255, 260, nach § 263, nach den §§ 306–308, 316 a StGB oder nach § 11 Abs. 1 Nr. 1, 2, 3, 6 Buchstabe a, Nr. 8 oder Abs. 4 des Betäubungsmittelgesetzes (§ 112 a I Nr. 2) und mit den bisherigen Fällen der Wiederholungsgefahr bei Sittlichkeitsdelikten nach den §§ 174, 174 a, 176–179 StGB (§ 112 a I Nr. 1) zu einer Vorschrift zusammengefaßt (vgl. näher § 112 a zu den weiteren Voraussetzungen und § 122 a zur Haftdauer). Der Haftgrund der Wiederholungsgefahr ist subsidiär und tritt hinter § 112 zurück (vgl. § 112 a II), wenn dessen Voraussetzungen vorliegen und keine Aussetzung des Vollzugs nach § 116 gegeben ist.

2.52224. Untersuchungshaft bei Tötungsverbrechen

Nach § 112 III ist bei Verbrechen wider das Leben nach den §§ 211, 212 und 220 a I Nr. 1 StGB für die Anordnung der Untersuchungshaft nur erforderlich, daß der Beschuldigte eines solchen Tötungsverbrechens dringend verdächtig ist und daß der Verhältnismäßigkeitsgrundsatz gewahrt wird. Entsprechendes gilt für eine Tat nach § 311 I–III StGB, soweit dadurch Leib oder Leben eines anderen gefährdet worden ist. Die Verfassungsmäßigkeit ist stark angezweifelt worden und das BVerfG (E 19, 342) hat diese Bestimmung nur in verfassungskonformer Auslegung aufrechterhalten und dabei vor allem ausgeführt, daß auch hier Umstände vorliegen müssen, die die Gefahr begründen, daß ohne Festnahme des Beschuldigten die Tataufklärung und Ahndung gefährdet sein könnte (vgl. dazu die kritische Stellungnahme bei LR Dünnebier § 112 Anm. 16 b). Vor allem ist hier der Verhältnismäßigkeitsgrundsatz streng zu beachten, der in entsprechender Anwendung des § 116 auch bei § 112 III eine Aussetzung des Vollzugs der Untersuchungshaft zuläßt (BVerfGE 19, 342).

Durch das Gesetz vom 18. 8. 1976 (vgl. o. II 3. 31) wurden auch Straftaten nach § 129 a Abs. 1 StGB in den Anwendungsbereich des § 112 III einbezogen.

2.5223. Wahrung des Grundsatzes der Verhältnismäßigkeit

Neben dem dringenden Tatverdacht und einem besonderen Haftgrund ist weiterhin für die Anordnung der Untersuchungshaft erforderlich, daß sie zu der Bedeutung der Sache und der zu erwartenden Strafe oder Maßregel der Besserung und Sicherung nicht außer Verhältnis steht (§ 112 I 2). Die Untersuchungshaft stellt einen gravierenden Eingriff in das Grundrecht der persönlichen Freiheit (Art. 2 II und Art. 104 GG) dar. Daher bedarf es einer besonders sorgfältigen Abwägung zwischen den Erfordernissen der Strafrechtspflege auf Sicherstellung des Strafverfahrens und dem Individualfreiheitsrecht des Beschuldigten. Dieser Aufgabe dient der Grundsatz der Verhältnismäßigkeit (vgl. dazu Seetzen NJW 73, 2001). Es muß dabei auf der einen Seite die Bedeutung der Sache und die Straferwartung in Rechnung gestellt werden, auf der anderen Seite die Schwere des Eingriffs in die Lebenssphäre des Beschuldigten.

2.5224. Weitere Einschränkung der Untersuchungshaft nach § 113

Wenn eine Tat nur mit Freiheitsstrafe bis zu 6 Monaten oder mit Geldstrafe bis zu 180 Tagessätzen bedroht ist, so darf die Untersuchunghaft wegen Verdunkelungsgefahr nicht angeordnet werden (§ 113 I). Wegen Fluchtgefahr darf hier die Untersuchungshaft nur angeordnet werden, wenn sich der Beschuldigte bereits einmal dem Verfahren entzogen hatte oder Anstalten zur Flucht getroffen hat, keinen festen Wohnsitz oder Aufenthalt im Geltungsbereich der StPO hat oder sich über seine Person nicht ausweisen kann (§ 113 II).

2.523. Anordnung und Vollzug der Untersuchungshaft

2.5231. Der Erlaß des Haftbefehls

Die Untersuchungshaft wird durch einen schriftlichen Haftbefehl des Richters angeordnet (§ 114 I). In dem Haftbefehl müssen angeführt werden: der Beschuldigte, die Tat, deren er dringend verdächtig ist (mit Zeit und Ort der Begehung, den gesetzlichen Merkmalen der strafbaren Handlung und den anzuwendenden Strafvorschriften), der Haftgrund und die Tatsachen, aus denen sich der dringende Tatverdacht und der Haftgrund ergibt, soweit nicht dadurch die Staatssicherheit gefährdet wird (§ 114 II); gegebenenfalls muß sich der Richter auch mit dem Verhältnismäßigkeitsgrundsatz im Haftbefehl auseinandersetzen (vgl. dazu § 114 III). Zur Bekanntmachung des Haftbefehls an den Beschuldigten vgl. § 114 a und zur Benachrichtigung von Angehörigen des Beschuldigten § 114 b. Die unverzügliche richterliche Vernehmung des auf Grund eines Haftbefehls ergriffenen Beschuldigten regeln näher §§ 115, 115 a.

Zuständig für den Erlaß des Haftbefehls ist vor Erhebung der öffentlichen Klage der Amtsrichter, in dessen Bezirk ein Gerichtsstand begründet ist oder der Beschuldigte sich aufhält (§ 125 I). Nach Erhebung der öffentlichen Klage ist das Gericht zuständig, das mit der Sache befaßt ist (im Falle der Revision das Gericht, dessen Urteil angefochten ist), wobei in dringenden Fällen der Vorsitzende den Haftbefehl allein erlassen kann (vgl. näher § 125 II).

2.5232. Der Vollzug der Untersuchungshaft

Für den Vollzug der Untersuchungshaft trifft § 119 nähere Regelungen. Grundsatz ist, daß es sich bei der Untersuchungshaft um keine vorweggenommene Strafe handelt und daß deshalb dem in Untersuchungshaft Genommenen nur solche Beschränkungen auferlegt werden dürfen, „die der Zweck der Untersuchungshaft oder die Ordnung in der Vollzugsanstalt erfordert" (§ 119 III). Über die Grundregeln des § 119 hinaus sind die näheren Vorschriften zum Vollzug der Untersuchungshaft in der bundeseinheitlich von allen Ländern erlassenen UVollzO enthalten (vgl. Kleinknecht § 119 Anm. 1). Zu vollziehen ist die Untersuchungshaft grundsätzlich in Einzelhaft (vgl. § 119 I und II); Art und Maß der Freiheitsbeschränkungen sind durch den Zweck der Untersuchungshaft und die Anstaltsordnung begrenzt (vgl. dazu im einzelnen Kleinknecht § 119 Anm. 4; zu den verfassungsrechtlichen Aspekten s. BVerfG NJW 73, 1363, NJW 73, 1451 und NJW 74, 26, sowie Rupprecht NJW 73, 1633 und Müller-Dietz JZ 74, 99; speziell zur Briefkontrolle vgl. auch OLG Braunschweig NJW 73, 2168, OLG Hamburg MDR 73, 1035 und Veit MDR 73, 279).

2.5233. Die Haftverschonung

Nach näherer Maßgabe des § 116, der eine spezielle Ausprägung des Verhältnismäßigkeitsprinzips ist, kann der Richter den Vollzug eines Haftbefehls aussetzen und durch weniger einschneidende andere Maßnahmen ersetzen, wenn der Zweck der Untersuchungshaft auch dadurch erreicht werden kann. Solche weniger einschneidenden Maßnahmen sind etwa die Meldepflicht, Aufenthaltsbeschränkung, Hausarrest und Sicherheitsleistung (vgl. näher § 116 I Nr. 1 bis 4 und speziell zur Sicherheitsleistung § 116 a). Auch bei Verdunkelungs- und Wiederholungsgefahr kann der Richter den Vollzug der Untersuchungshaft durch weniger einschneidende Maßnahmen ersetzen (§ 116 II und III). Nicht in § 116 genannt ist der Fall des § 112 III (Untersuchungshaft bei Tötungsverbrechen). Jedoch ist anerkannt, daß auch hier in erweiternder Anwendung des § 116 eine Haftverschonung möglich und durch den Verhältnismäßigkeitsgrundsatz häufig auch geboten sein kann (vgl. Kleinknecht § 116 Anm. 8). Der Vollzug des Haftbefehls wird wieder angeordnet wenn der Beschuldigte den ihm auferlegten Pflichten oder Beschränkungen gröblich zuwiderhandelt, Anstalten zur Flucht trifft oder sonstige neu hervorgetretene Umstände die Verhaftung erforderlich machen (§ 116 IV).

2.524. *Überprüfung und Beendigung der Untersuchungshaft*

2.5241. Die Haftprüfung

Als Rechtsbehelfe gegen die einschneidende Maßnahme der Untersuchungshaft stellt die StPO dem Betroffenen zwei Möglichkeiten zur Verfügung: Die Haftbeschwerde (§§ 304 ff.) und den Antrag auf Haftprüfung (§§ 117 ff.). Beide Rechtsbehelfe stehen dem Betroffenen zur Auswahl. Um jedoch zwei Verfahren zu vermeiden, bestimmt § 117 II, daß neben dem Antrag auf Haftprüfung die Beschwerde unzulässig ist. Diese tritt subsidiär zurück, wenn ein Antrag auf Haftprüfung gestellt wird. Eine bereits eingelegte Beschwerde wird unzulässig, wenn Antrag auf Haftprüfung gestellt wird (Kleinknecht § 117 Anm. 2; Kern-Roxin 156). Die Haftprüfung erstrebt eine gerichtliche Überprüfung daraufhin, ob die Voraussetzungen für den Haftbefehl (noch) vorliegen und ob eine Aussetzung des

Vollzugs nach § 116 möglich ist (vgl. § 117 I). Befindet sich der Beschuldigte bereits seit drei Monaten in Untersuchungshaft, so ist ihm ein Verteidiger zu stellen (§ 117 IV), wenn es die Staatsanwaltschaft oder der Beschuldigte (oder sein gesetzlicher Vertreter) beantragen. Über dieses Antragsrecht muß der Beschuldigte belehrt werden.

Neben der Überprüfung der Untersuchungshaft auf Antrag steht die Überprüfung von Amts wegen. Diese findet statt, wenn die Untersuchungshaft drei Monate gedauert hat, ohne daß der Beschuldigte die Haftprüfung beantragt oder Haftbeschwerde eingelegt hat, es sei denn, daß der Beschuldigte einen Verteidiger hat (§ 117 V). Nach sechsmonatiger Dauer der Untersuchungshaft erfolgt stets die Haftprüfung von Amts wegen durch das OLG nach § 121. Über sechs Monate darf der Vollzug der Untersuchungshaft wegen derselben Tat nur andauern, „wenn die besondere Schwierigkeit oder der besondere Umfang der Ermittlungen oder ein anderer wichtiger Grund das Urteil noch nicht zulassen und die Fortdauer der Haft rechtfertigen" (§ 121 I); zu Überlastung und Richtermangel als wichtigem Grund vgl. BVerfG NJW 74, 307, OLG Hamburg NJW 73, 2040, OLG Düsseldorf NJW 73, 2216, OLG Karlsruhe MDR 75, 682, Bartsch NJW 73, 1303 und Seetzen ZRP 75, 29. Bei einer auf § 112 a gestützten Untersuchungshaft darf 1 Jahr nicht überschritten werden (§ 122 a). Dabei ist nach sechs Monaten der Haftbefehl aufzuheben, wenn nicht entweder der Vollzug des Haftbefehls nach § 116 ausgesetzt wird oder die Fortdauer der Untersuchungshaft durch das Oberlandesgericht ausdrücklich angeordnet wird (§ 121 II). Dabei ruht allerdings der Fristenablauf bis zur Entscheidung, wenn die Akten dem Oberlandesgericht vor Ablauf der Sechsmonatsfrist vorgelegt wurden (§ 121 III).

Bei Erlaß des Eröffnungsbeschlusses (vgl. § 207 IV) und beim Erlaß des Urteils (vgl. § 268 b) ist immer von Amts wegen über die Haftfortdauer zu befinden.

2.5242. Die Aufhebung des Haftbefehls

Nach § 120 I ist der Haftbefehl aufzuheben, sobald die Voraussetzungen der Untersuchungshaft nicht mehr vorliegen oder sich ergibt, daß die weitere Untersuchungshaft zu der Bedeutung der Sache und der zu erwartenden Strafe oder Maßregel der Besserung und Sicherung außer Verhältnis stehen würde. Weiterhin ist der Haftbefehl aufzuheben, wenn der Beschuldigte freigesprochen oder außer Verfolgung gesetzt wird oder wenn das Verfahren endgültig eingestellt wird (§ 120 I 2). Vor Erhebung der öffentlichen Klage ist der Haftbefehl auch aufzuheben, wenn die Staatsanwaltschaft dies beantrag (§ 120 III 1). Einen weiteren Aufhebungsgrund enthält § 121 II (vgl. o. 129).

Wer durch den Vollzug der Untersuchungshaft einen Schaden erlitten hat, wird nach § 2 des Gesetzes über die Entschädigung für Strafverfolgungsmaßnahmen vom 8. 3. 1971 aus der Staatskasse entschädigt, wenn er freigesprochen, außer Verfolgung gesetzt oder das Verfahren gegen ihn eingestellt wird. Außerdem kann unter bestimmten Voraussetzungen ein Anspruch aus Amtspflichtverletzung (§ 839 BGB, Art. 34 GG) erwachsen (vgl. dazu Kern-Roxin 309).

2.525. Die vorläufige Festnahme

2.5251. Vorbemerkung

In vielen Fällen ist es zur Sicherstellung der Strafverfolgung gegen den Beschuldigten nicht möglich, zunächst einen richterlichen Haftbefehl herbeizuführen und ihn dann zu vollstrecken. Deshalb schafft § 127 eine vorverlagerte Befugnis zur vorläufigen Festnahme, die sich teils an die Strafverfolgungsorgane Staatsanwaltschaft und Polizei (§ 127 II) und teils an jeden Staatsbürger (§ 127 I) wendet. § 127 ist von großer Bedeutung für das materielle Recht, da er einen Rechtfertigungsgrund schafft.

2.5252. Voraussetzungen des Festnahmerechts

Die Voraussetzungen des Rechts zur vorläufigen Festnahme sind unterschiedlich danach geregelt, ob ein Strafverfolgungsorgan nach § 127 II oder eine beliebige Privatperson nach § 127 I tätig wird. Dabei ist aber zu beachten, daß Staatsanwaltschaft und Polizei auch auf Grund der Voraussetzungen des § 127 I tätig werden können und § 127 II eine Erweiterung des Festnahmerechts über den Absatz 1 hinaus bei diesen Personengruppen bedeutet, wie sich aus der Formulierung „auch dann zur vorläufigen Festnahme befugt“ in § 127 II ergibt.

Was das Festnahmerecht nach § 127 II betrifft, so knüpfen die Voraussetzungen hier unmittelbar an die für den Haftbefehl geltende Regelung an. Bei Gefahr im Verzug (d. h. bei Gefährdung der Festnahme, wenn erst ein richterlicher Haftbefehl erwirkt würde, vgl. LR Dünnebier § 127 Anm. III 1) sind Polizei und Staatsanwaltschaft zur vorläufigen Festnahme befugt, wenn dringender Tatverdacht besteht, ein Haftgrund vorliegt und der Grundsatz der Verhältnismäßigkeit gewahrt ist.

Weit problematischer ist die vorläufige Festnahme nach § 127 I. Danach hat jedermann das Recht zur vorläufigen Festnahme, wenn jemand auf frischer Tat betroffen oder verfolgt wird und wenn er der Flucht verdächtig ist oder seine Persönlichkeit nicht sofort festgestellt werden kann. Auf frischer Tat betroffen ist jemand, wenn er bei der Tatausführung oder im unmittelbaren Anschluß daran am Tatort oder in unmittelbarer Nähe des Tatortes gestellt wird (Kleinknecht § 127 Anm. 4). Eine Verfolgung auf frischer Tat liegt vor, „wenn unmittelbar nach Wahrnehmen, Bemerken oder Entdecken der vollendeten oder, wenn strafbar, auch der versuchten oder unternommenen Tat die strafrechtliche Verfolgung des Täters aufgenommen wird“ (LR Dünnebier § 127 Anm. II 3). Für den Fluchtverdacht, der nicht identisch mit der Fluchtgefahr des § 112 II Nr. 2 ist (so Kleinknecht § 127 Anm. 5, KMR § 127 Anm. 1 b; a. A. LR Dünnebier § 127 Anm. II 5), genügt es, daß nach der konkreten Situation die Annahme gerechtfertigt ist, daß sich der auf frischer Tat Betroffene der Feststellung seiner Identität durch die Flucht entziehen wird (Kleinknecht a. a. O.).

Die Persönlichkeit des Betroffenen kann nicht sofort festgestellt werden, wenn sich der Betroffene weigert, Angaben zu seiner Person zu machen, oder sich nicht durch Ausweispapiere ausweisen kann. Auch völlig unglaubwürdige Angaben erlauben keine sichere Feststellung der Persönlichkeit (Kleinknecht § 127 Anm. 6). Liegen diese Voraussetzungen vor, so ist die vorläufige Festnahme erlaubt. § 127 I schafft dabei aber immer nur eine Befugnis für die Privatperson und begründet keinesfalls eine Pflicht zur vorläufigen Festnahme. § 127 I rechtfertigt auch nur Maßnahmen gegenüber dem wirklichen Täter (vgl. OLG Hamm NJW 72, 1826 und KG VRS Bd. 45, 35).

2.5253. Die Durchführung der Festnahme

Die Beobachtung irgendwelcher Förmlichkeiten ist nicht vorgeschrieben (Kern-Roxin 159). Festnahme bedeutet lediglich die Entziehung der körperlichen Fortbewegungsmöglichkeit. Erlaubt ist ein Verhalten des Festnehmenden, das diesen Zustand effektiv herbeiführt. Jedoch ist das Festnahmerecht an Grenzen gebunden. Zwar ist die Anwendung einer angemessenen körperlichen Gewalt erlaubt (Kern-Roxin 160), aber nur in dem zur Herbeiführung der Festnahme unvermeidlichen Ausmaß; eine Gesundheitsbeschädigung wird durch § 127 nicht gedeckt. Sehr streitig ist dabei, ob eine Privatperson zur Durchführung der vorläufigen Festnahme eine Schußwaffe verwenden und gegebenenfalls auch gebrauchen darf. Schlechthin für ausgeschlossen halten dies Kern-Roxin a. a. O., Eb. Schmidt Lehrk. II, Nachtrag I, § 127 Rdnr. 25, Kleinknecht § 127 Anm. 2 A; den Gebrauch einer Schußwaffe bei schwersten Straftaten halten für zulässig unter der Voraussetzung, daß alles getan wird, um die Tötung des Fliehenden zu vermeiden, LR Dünnebier § 127 Anm. II 9 und KMR § 127 Anm. 3 a.

Für die Zwangsmittel, die die Polizei zur vorläufigen Festnahme einsetzen darf, gibt § 127 keine näheren Hinweise. Hier gelten die allgemeinen Vorschriften der Gesetze des Bundes und der Länder über den Schußwaffengebrauch und den Einsatz anderer Zwangsmittel (vgl. OLG Karlsruhe NJW 74, 806 und Kern-Roxin 160).

2.5254. Das weitere Verfahren

Da die vorläufige Festnahme immer nur dem Zweck der Sicherstellung dient, hat alles zu geschehen, um den Festgenommenen, sofern er nicht wieder in Freiheit gesetzt wird, unverzüglich dem zuständigen Richter vorzuführen (§ 128 I 1). Spätestens muß die Vorführung am Tag nach der Festnahme erfolgen. Hält der zuständige Richter die Festnahme nicht für gerechtfertigt oder ihre Gründe für beseitigt, so ordnet er die Freilassung an (§ 128 II 1). Hält er dagegen die Voraussetzungen für die Anordnung der Untersuchungshaft für gegeben, so erläßt er einen Haftbefehl auf Antrag der Staatsanwaltschaft oder, wenn diese nicht erreichbar ist, von Amts wegen (§ 128 II 2).

2.53. Die Beschlagnahme

2.531. Zweck und Umfang

Zweck der Beschlagnahme ist es, Gegenstände in Verwahrung zu nehmen oder in anderer Weise sicherzustellen, die als Beweismittel für die Untersuchung in Betracht kommen (§ 94 I). Werden solche Beweismittel freiwillig herausgegeben, so werden sie in amtliche Verwahrung genommen, ohne daß es einer formellen Beschlagnahme bedarf (vgl. § 94 II). Bei Gegenständen, die nicht freiwillig herausgegeben werden, bedarf es einer Beschlagnahme aufgrund einer ausdrücklichen Anordnung. Die Herausgabepflicht solcher Gegenstände (§ 95 I) kann dabei durch die in § 70 bezeichneten Zwangsmittel (Ordnungsgeld oder Ordnungshaft) erzwungen werden (§ 95 II 1), wobei diese Zwangsmittel aber nicht gegenüber Personen angewendet werden, die zur Verweigerung des Zeugnisses berechtigt sind (§ 95 II 2).

Bezüglich des Umfanges der der Beschlagnahme unterliegenden Gegenstände stellt § 97 einen Katalog von zahlreichen beschlagnahmefreien Gegenständen auf. Es handelt sich dabei hauptsächlich um Mitteilungen gegenüber zeugnisverweigerungsberechtigten Personen und deren Aufzeichnungen nach näherer Maßgabe des § 97 (zu Nr. 1 vgl. BGH MDR 73, 597).

Zwar ist bei den einzelnen Vorschriften betreffend die Beschlagnahme der Grundsatz der Verhältnismäßigkeit nicht ausdrücklich erwähnt (wie in § 112 I 2). Da es sich aber um ein unmittelbar aus dem Rechtsstaatsprinzip abgeleitetes Verfassungsprinzip handelt, gilt es auch hier (vgl. Kleinknecht § 94 Anm. 9).

2.532. *Anordnung, Durchführung und Aufhebung*

Die Beschlagnahmeanordnung erläßt grundsätzlich der Richter (§ 98 I), nur bei Gefahr im Verzug auch die Staatsanwaltschaft und ihre Hilfsbeamten. Ist eine Beschlagnahme ohne richterliche Anordnung durchgeführt worden, so muß die richterliche Anordnung nach näherer Maßgabe des § 98 II nachgeholt werden. Zu den mit der Beschlagnahmeanordnung verbundenen strafrechtlichen (vgl. § 136 StGB), zivilrechtlichen (§§ 135, 136 BGB) und öffentlich-rechtlichen Wirkungen vgl. näher Kern-Roxin 173.

Die Durchführung der Beschlagnahme wird entweder durch Verwahrung oder auf andere Weise bewirkt. Bei der Verwahrung wird die Sache in den Besitz der Behörde überführt. Es wird damit ein öffentlich-rechtliches Verwahrungsverhältnis geschaffen (vgl. LR Dünnebier § 94 Anm. IV 2). Gegenstände, die ihrer Natur nach nicht verwahrt werden können, wie z. B. Grundstücke oder Wohnungsräume, werden sichergestellt, indem etwa eine Absperrung oder eine Versiegelung vorgenommen wird oder ein Verbot des Betretens ausgesprochen wird (vgl. Dünnebier a. a. O. 4). Hinsichtlich der Sonderformen der Beschlagnahme bei Postsendungen vgl. § 99 und bei Presseerzeugnissen die landesrechtlichen Pressegesetze sowie Kern-Roxin 176.

Die Beschlagnahme endet entweder durch eine ihre Aufhebung ausdrücklich aussprechende Entscheidung des zuständigen Gerichts oder mit der Rechtskraft des das Verfahren abschließenden Urteils (Kern-Roxin 173). Die Aufhebung muß erfolgen, wenn der Grund für die Beschlagnahme entfällt.

Eingehende Vorschriften zur Sicherstellung von Gegenständen, die der Einziehung oder dem Verfall unterliegen, enthalten die §§ 111 b ff. (vgl. näher Kern-Roxin 178 f.; Achenbach NJW 76, 1068 ff.).

2.533. *Die vorläufige Entziehung der Fahrerlaubnis und ihr Verhältnis zur Beschlagnahme*

Nach § 111 a ist eine vorläufige Entziehung der Fahrerlaubnis möglich. Dabei handelt es sich nicht wie bei der Beschlagnahme um eine Maßnahme, die der Sicherstellung der Beweismittel

für das Strafverfahren dient, sondern um eine Präventivmaßnahme, die den Sicherungszweck des § 69 StGB bereits vor Rechtskraft des Urteils eintreten lassen will (vgl. Kleinknecht § 111 a Anm. 1). Liegen dringende Gründe für die Annahme vor, daß die Fahrerlaubnis entzogen werden wird (§ 69 StGB; die Erwartung eines Fahrverbots nach § 44 StGB reicht nicht aus), so kann der Richter dem Beschuldigten durch Beschluß die Fahrerlaubnis vorläufig entziehen. Dabei können von der vorläufigen Entziehung bestimmte Arten von Kraftfahrzeugen ausgenommen werden (vgl. dazu § 69 a II StGB). Das Mindestmaß einer im Urteil zu bestimmenden Sperre für die Erteilung einer neuen Fahrerlaubnis verringert sich um den Zeitraum, den die vorläufige Entziehung der Fahrerlaubnis betragen hat (§ 69 a IV StGB). Aufgehoben werden muß die vorläufige Entziehung, wenn ihr Grund weggefallen ist oder das Gericht im Urteil die Fahrerlaubnis nicht entzieht (§ 111 a II).
Da durch § 111 a die Befugnis zur Beschlagnahme des Führerscheins als Einziehungsobjekt (vgl. § 69 III 2 StGB) nicht berührt wird, bereitet das Verhältnis zwischen Beschlagnahme und vorläufiger Entziehung der Fahrerlaubnis Schwierigkeiten. Die vorläufige Entziehung der Fahrerlaubnis wirkt zugleich als Anordnung oder Bestätigung der Beschlagnahme des von einer deutschen Behörde erteilten Führerscheins (§ 111 a III). Ist ein Führerschein beschlagnahmt (vgl. § 94 III) und bedarf es einer richterlichen Entscheidung über die Beschlagnahme, so tritt an ihre Stelle die Entscheidung über die vorläufige Entziehung der Fahrerlaubnis (§ 111 a IV). Wird diese abgelehnt, so muß der Führerschein zurückgegeben werden (§ 111 a V 1).

2.6. Der Abschluß des Ermittlungsverfahrens

2.61. Die Einstellung des Verfahrens

2.611. Einstellung nach § 170 II

Bieten die Ermittlungen keinen genügenden Anlaß zur Erhebung der öffentlichen Klage, so stellt die Staatsanwaltschaft das Verfahren ein (§ 170 II 1). In der Praxis überwiegen die Einstellungen bei weitem die Anklageerhebungen (vgl. Peters 395). Die Einstellung erfolgt sowohl aus tatsächlichen als auch aus rechtlichen Gründen. Haben die Ermittlungen zu keinen ausreichenden Beweismitteln für das Vorliegen eines strafbaren Verhaltens geführt, so erfolgt die Einstellung aus tatsächlichen Gründen. Eine Einstellung aus rechtlichen Gründen erfolgt, wenn entweder ein Verfahrenshindernis besteht (z. B. bei Antragsdelikten innerhalb der Antragsfrist kein Strafantrag gestellt wurde) oder wenn das festgestellte Verhalten keine Strafnorm erfüllt (z. B. statt des zunächst angenommenen Diebstahls nur ein strafloser furtum usus vorliegt).

2.612. Einstellung nach §§ 153 ff.

Eine Einstellung kann auch in den Fällen erfolgen, in denen die §§ 153 ff. aus Opportunitätsgründen eine Durchbrechung des Legalitätsprinzips zulassen. Zum Teil ist hier die Einstellung durch die Staatsanwaltschaft an die Zustimmung des Gerichtes gebunden (z. B. bei § 153 I). Zu den einzelnen Einstellungsfällen vgl. näher o. 76 ff.

2.613. Vorläufige Einstellung

§ 205 läßt die vorläufige Einstellung durch das Gericht zu. Für das Ermittlungsverfahren und die Staatsanwaltschaft ist eine derartige Befugnis im Gesetz nicht ausdrücklich vorgesehen. Jedoch wird nach h. A. (Peters 395, Kleinknecht § 205 Anm. 3, Henkel 315, KMR § 205 Anm. 1 a, Krause GA 1969, 97; a. A. aber Eb. Schmidt Lehrk. II § 205 Rdnr. 2, LR Kohlhaas § 205 Anm. 1, die für eine entsprechende Anwendung im Ermittlungsverfahren keinen Bedarf sehen) in § 205 ein allgemeiner Grundsatz ausgesprochen, der sich entsprechend auf das Ermittlungsverfahren übertragen läßt. Eine vorläufige Einstellung des Ermittlungsverfahrens durch die Staatsanwaltschaft ist dann vorzunehmen, wenn der Durchführung des Verfahrens vorübergehende Hindernisse tatsächlicher oder rechtlicher Art entgegenstehen. So kommt z. B. eine vorläufige Einstellung in Betracht, wenn der Beschuldigte verhandlungsunfähig ist, aber die Aussicht besteht, daß er in absehbarer Zeit wieder verhandlungsfähig werden wird.

2.614. Die Einstellungsverfügung

Die Einstellung erfolgt durch eine grundsätzlich formfreie Einstellungsverfügung. Üblich ist aber, daß der Staatsanwalt dabei die wesentlichen Gesichtspunkte in knapper Form aktenkundig macht (vgl. Peters 394). Der Beschuldigte wird nach § 170 II 2 von der Einstellung in Kenntnis gesetzt, wenn er als Beschuldigter vernommen wurde oder ein Haftbefehl gegen ihn erlassen war. Gleichfalls ist die Bekanntgabe vorgesehen, wenn er darum gebeten hatte oder ein besonderes Interesse an der Bekanntgabe ersichtlich ist. Dem Anzeigenerstatter wird die Einstellung des Verfahrens nach § 171 unter Angabe der Gründe für die Einstellung obligatorisch mitgeteilt; ist der Antragsteller selbst der Verletzte, so enthält der Bescheid an ihn einen Hinweis auf die Möglichkeit des § 172 I (vgl. § 170 II 2).

Die Einstellung des Verfahrens durch die Staatsanwaltschaft bewirkt grundsätzlich keinen Strafklageverbrauch (vgl. LR Kohlhaas § 170 Anm. 9; zu Ausnahmen bei den §§ 153 ff. vgl. Kern-Roxin 64). Das bedeutet, daß die Staatsanwaltschaft das Verfahren jederzeit wieder aufnehmen kann, wenn sich neue Beweismittel ergeben, sie die bisherige Beweislage anders beurteilt oder zu einer anderen Rechtsauffassung gelangt.

2.62. Die Erhebung der öffentlichen Klage

2.621. Die Abschlußverfügung

Erwägt die Staatsanwaltschaft, die öffentliche Klage zu erheben, so vermerkt sie den Abschluß der Ermittlungen in den Akten (§ 169 a). Durch diesen Vermerk wird innerhalb des Vorverfahrens der Ermittlungsteil vom Entschließungsteil getrennt (Kleinknecht § 169 a Anm. 1).

2.622. Die Anklageschrift und ihre Erfordernisse

2.6221. Der hinreichende Tatverdacht

Die Staatsanwaltschaft erhebt die Anklage, wenn die Ermittlungen genügenden Anlaß dazu bieten (§ 170 I). Dies ist anzunehmen, wenn hinreichender Tatverdacht besteht (§ 170 I i. V. m. § 203). Der hinreichende Tatverdacht setzt einen geringeren Grad an Wahrscheinlichkeit für die Verurteilung voraus als der dringende Tatverdacht in § 112; es genügt die „vorläufige Tatbewertung“ (BGH 23, 306), daß die Verurteilung des Beschuldigten mit Wahrscheinlichkeit zu erwarten ist (vgl. Kleinknecht § 170 Anm. 1). Diese Prognose umfaßt die Tatsachenbewertung (Beweislage!) und die Rechtslage (dabei ist die Staatsanwaltschaft auch an eine gefestigte höchstrichterliche Rechtsprechung nicht gebunden; im einzelnen sehr str., vgl. LR Kohlhaas § 170 Anm. 5 und BGH 15, 155).

2.6222. Form und Inhalt der Anklageschrift

Die öffentliche Anklage wird erhoben durch die Einreichung einer Anklageschrift. Die Voraussetzungen, denen diese Anklageschrift genügen muß, nennt § 200:

„I. Die Anklageschrift hat den Angeschuldigten, die Tat, die ihm zur Last gelegt wird, Zeit und Ort ihrer Begehung, die gesetzlichen Merkmale der Straftat und die anzuwendenden Strafvorschriften zu bezeichnen (Anklagesatz). In ihr sind ferner die Beweismittel, das Gericht, vor dem die Hauptverhandlung stattfinden soll, und der Verteidiger anzugeben.

II. In der Anklageschrift wird auch das wesentliche Ergebnis der Ermittlungen dargestellt. Davon kann abgesehen werden, wenn Anklage beim Strafrichter erhoben wird."

Noch näher konkretisiert sind diese Erfordernisse für den Staatsanwalt in Nr. 105 der RiStBV. Ein Beispiel für eine Anklageschrift einschließlich des Ermittlungsergebnisses ist abgedruckt bei Kern-Roxin S. 193 f. Kernpunkt der Anklageschrift ist der sog. Anklagesatz (§ 200 I 1). Die dort genannte Tat meint den prozessualen Tatbegriff (vgl. dazu o. 105 ff.). Die gesetzlichen Merkmale der strafbaren Handlung werden ausgefüllt, indem das nach Zeit und Ort umschriebene Geschehnis in Verbindung gesetzt wird zu den einzelnen Merkmalen der anzuwendenden Strafnorm.

Das wesentliche Ergebnis der Ermittlungen (§ 200 II) besteht in der Regel aus einer kurzen Charakterisierung der Beweislage (zumeist auch mit einem Hinweis darauf, ob der Angeschuldigte geständig ist), wobei vor allem auch widersprechende Zeugenaussagen gewürdigt werden. Weiter kann es je nach den konkreten Gegebenheiten nähere Umstände der Tat und ihre Vorgeschichte enthalten. Je nach der Bedeutung der Strafsache kann es auch kurz zum Lebenslauf des Angeklagten Stellung nehmen, soweit er unmittelbar für die Strafzumessung von Bedeutung ist. Neben allgemeinen Hinweisen zu strafzumessungsrelevanten Umständen nimmt das Ermittlungsergebnis gegebenenfalls zu den Voraussetzungen des § 48 StGB und den in Betracht kommenden Maßregeln der Besserung und Sicherung nach §§ 61 ff. StGB Stellung; auch der Hinweis auf ein Regelbeispiel (z. B. bei § 243 I StGB) wird im Ermittlungsergebnis gebracht. Rechtsausführungen werden grundsätzlich nicht ins Ermittlungsergebnis aufgenommen, es sei denn, es handelt sich um besonders schwierige Rechtsfragen, zu denen zweckmäßigerweise dann der Streitstand kurz mitgeteilt wird.

3. Das Zwischenverfahren

3.1. Aufgabe und Bedeutung

Mit Beginn des Zwischenverfahrens geht die Zuständigkeit für den weiteren Verfahrensgang auf das Gericht über. Ziel des Zwischenverfahrens ist es, eine Entscheidung über die Eröffnung des Hauptverfahrens herbeizuführen. Dabei ist dem Zwischenverfahren eine Kontrollfunktion zuerkannt. Bevor der Beschuldigte als Angeklagter in der Hauptverhandlung vor Gericht erscheinen muß, soll bereits eine richterliche Entscheidung vorliegen, die diese Hauptverhandlung anordnet. Allein auf Grund der Anklage durch die Staatsanwaltschaft soll niemand zum Erscheinen vor Gericht in der Hauptverhandlung gezwungen sein.

Ob das Zwischenverfahren diese Kontrollfunktion ausreichend erfüllt und ob sich der mit der Einschaltung des Zwischenverfahrens verbundene Aufwand letztlich lohnt, ist unter rechtspolitischen Gesichtspunkten erheblich umstritten. Problematisch ist dabei vor allem der positive Eröffnungsbeschluß. Denn da das Gericht in ihm den hinreichenden Tatverdacht bejaht, stellt sich das Problem, ob es sich damit nicht vorzeitig auf die Schuld des Angeklagten festlegt oder zumindest im Angeklagten diesen Eindruck erwecken kann. Abgemildert wurde dieser Einwand durch die Neufassung des Eröffnungsbeschlusses im Rahmen der kleinen Strafprozeßreform von 1964. Während früher das Gericht selbst im Eröffnungsbeschluß den Angeklagten als der Tat hinreichend verdächtig bezeichnete, wird jetzt die Anklage der Staatsanwaltschaft nur mehr zugelassen, und vor allem verliest in der Hauptverhandlung der Staatsanwalt den Anklagesatz. Ob damit freilich mehr als nur ein optischer Effekt erreicht wurde, ist deshalb fraglich, weil ja der positive Eröffnungsbeschluß auch heute die bejahende Stellungnahme des Gerichts zum hinreichenden Tatverdacht notwendigerweise enthält. Ob sich das Problem damit lösen läßt, daß nur ein negativer Eröffnungsbeschluß vorgesehen wird (so Peters 400), ist deshalb zweifelhaft, weil das Nichtergehen des Ablehnungsbeschlusses inzidenter doch wieder die positive Feststellung zum hinreichenden Tatverdacht enthält. Insgesamt auf das ganze Zwischenverfahren zu verzichten, empfiehlt sich deshalb nicht, weil den Angeschuldigten in diesem Verfahrensstadium nochmals die Gelegenheit zu einer Stellungnahme gegeben werden kann (vgl. § 201). Außerdem würde die heute immerhin mit dem Zwischenverfahren verbundene richterliche Garantie vor der Eröffnung des Hauptverfahrens entfallen. Ein anderes als das erkennende Gericht über die Eröffnung entscheiden zu lassen, scheitert an Praktikabilitätsgesichtspunkten.

3.2. *Vorbereitung der Entscheidung im Eröffnungsverfahren*

Hat die Staatsanwaltschaft die Anklageschrift und die Akten dem Gericht zugeleitet, so muß zunächst der Vorsitzende dem Angeschuldigten die Anklageschrift mitteilen (§ 201 I). Gleichzeitig fordert er den Angeschuldigten auf, innerhalb einer zu bestimmenden Frist zu erklären, ob er die Vornahme einzelner Beweiserhebungen vor der Entscheidung über die Eröffnung des Hauptverfahrens beantragen oder Einwendungen gegen die Eröffnung des Hauptverfahrens vorbringen wolle (§ 201 I).

Wenn der Angeschuldigte Anträge stellt oder Einwendungen vorbringt, so muß das Gericht (nicht der Vorsitzende allein) darüber entscheiden. Darüber hinaus kann aber auch das Gericht von Amts wegen einzelne Beweiserhebungen anordnen, wenn sie zur Entscheidung über die Eröffnung des Hauptverfahrens noch erforderlich erscheinen (§ 202).

Erst wenn dem eröffnenden Gericht alle für die Eröffnung des Hauptverfahrens klärungsbedürftigen Punkte ausreichend untersucht erscheinen, fällt es seine Entscheidung über die Eröffnung der Hauptverhandlung.

3.3. Die gerichtliche Entscheidung

3.31. Zulassung der Anklage

Das Gericht beschließt nach § 203 die Eröffnung des Hauptverfahrens, wenn der Angeschuldigte einer strafbaren Handlung hinreichend verdächtig erscheint (vgl. zum Begriff des hinreichenden Tatverdachts o. 2.6221.). Dabei läßt das Gericht in dem Eröffnungsbeschluß nach § 207 I die Anklage zur Hauptverhandlung zu und bezeichnet das Gericht, vor dem die Hauptverhandlung stattfinden soll.

Das Gericht kann dabei die Anklage unverändert zulassen. Möglich ist aber auch eine Veränderung der Anklage nach näherer Maßgabe des § 207 II. Eine solche Modifizierungsbefugnis durch das Gericht besteht, wenn bei mehreren angeklagten Taten wegen einzelner die Eröffnung abgelehnt wird (Nr. 1); da jede Tat einen eigenen Verfahrensgegenstand darstellt (vgl. o. 1.43), handelt es sich hier im Grund um die Verbindung eines Eröffnungsbeschlusses und eines Ablehnungsbeschlusses (vgl. Kleinknecht § 207 Anm. 2 A). Weiterhin kann das Gericht die Verfolgung nach § 154 a auf einzelne abtrennbare Teile einer Tat beschränken (§ 207 II Nr. 2); zu denken ist hier an eine fortgesetzte Tat, aus der vom Gericht einzelne Teilakte ausgeschieden werden. Außerdem kann das Gericht nach Nr. 3 die Tat rechtlich abweichend von der Anklageschrift würdigen (also bei einem bestimmten Verhalten des Angeschuldigten statt Diebstahl Betrug annehmen). Bei Tateinheit schließlich ist es nach Nr. 4 möglich, einen oder mehrere rechtliche Gesichtspunkte auszuscheiden (also ein in der Anklageschrift z. B. unter dem Gesichtspunkt des Betrugs und der Urkundenfälschung gewürdigtes Verhalten des Angeschuldigten nur unter dem Gesichtspunkt des Betrugs zuzulassen). Dabei muß in den Fällen des § 207 II Nr. 1 und Nr. 2 der Staatsanwaltschaft eine dem Beschluß entsprechende neue Anklageschrift einreichen. Konsequent ist dies für Nr. 1, weil hier Verfahrensgegenstände ausgeschieden werden. Grundlage des weiteren Verfahrens bleibt aber die erste Anklageschrift; bezüglich der zweiten wird nicht noch einmal ein Verfahren nach § 201 durchgeführt.

An der Zweckmäßigkeit der gesetzlichen Regelung des § 207 II bestehen erhebliche Zweifel. Nr. 1 ist an sich überflüssig, weil es sich einfach um eine Kombination von Eröffnungs- und Ablehnungsbeschluß handelt. Die Nr. 2–4 greifen erheblich in das Anklagemonopol der Staatsanwaltschaft ein (berechtigte Kritik bei LR Kohlhaas § 207 Anm. 5 b und c).

Der Eröffnungsbeschluß ist Voraussetzung für das weitere Tätigwerden des Gerichts; ohne Eröffnungsbeschluß ist ein Hauptverfahren unzulässig (Peters 398 m. Nachw.). Das Fehlen des Eröffnungsbeschlusses kann bis zur Hauptverhandlung, nicht aber mehr in der Hauptverhandlung geheilt werden (vgl. OLG Düsseldorf MDR 70, 783). Streitig ist, ob die Rechtshängigkeit schon mit der Klageerhebung (so Kern-Roxin 191) oder erst mit dem Eröffnungsbeschluß (so Kleinknecht Vorbem. 1 vor § 198) eintritt.

Zur Eröffnungszuständigkeit vgl. näher § 209. Der positive Eröffnungsbeschluß kann von dem Angeklagten nicht angefochten werden (§ 210 I).

3.32. Der Nichteröffnungsbeschluß

Läßt das Gericht die Anklage nicht zu, so beschließt es nach § 204 I, das Hauptverfahren nicht zu eröffnen. Bei diesem Nichteröffnungsbeschluß muß aus dem Beschluß hervorgehen, ob er auf tatsächlichen oder auf Rechtsgründen beruht (§ 204 I); es ist streng zu unterscheiden, ob er als Prozeßentscheidung oder als Sachentscheidung ergeht. Zwar lautet der Entscheidungssatz in beiden Fällen gleich, jedoch müssen die Gründe darüber Aufschluß geben (Henkel 320). Die Unterscheidung hat für den Strafklageverbrauch nach § 211 Bedeutung. Eine Prozeßentscheidung ergeht, wenn ein Verfahrenshindernis vorliegt (z. B. ein Strafantrag nicht gestellt ist). Besonderheiten gelten für die Unzuständigkeit des Gerichts. Bei sachlicher Unzuständigkeit ist nach § 209 zu verfahren (Kleinknecht § 204 Anm. 1 A). Bei fehlender örtlicher Zuständigkeit ergeht ein Ablehnungsbeschluß nach § 204 (so LR Kohlhaas § 204 Anm. 4; a. A. Eb. Schmidt Lehrk. II § 204 Rdnr. 8).

Als Sachentscheidung ergeht der Nichteröffnungsbeschluß, wenn das Gericht annimmt, daß entweder aus tatsächlichen Gründen (z. B. wegen mangelnder Beweise) oder aus rechtlichen Gründen (weil das Gericht das angeklagte Verhalten für straflos hält) kein Straftatbestand erfüllt ist (Kleinknecht § 204 Anm. 1 B).

Das Gericht darf keine Doppelbegründung (sowohl als Prozeß- als auch als Sachentscheidung) vornehmen, weil sonst unklar ist, ob ein Strafklageverbrauch nach § 211 eintritt (Kleinknecht § 204 Anm. 1 C). Vorrang hat die Prozeßentscheidung; liegt ein Verfahrenshindernis vor, so stützt das Gericht nur hierauf die Nichteröffnung (Kleinknecht a. a. O.). Gegen den Nichteröffnungsbeschluß steht der Staatsanwaltschaft sofortige Beschwerde zu (§ 210 II).

Der Nichteröffnungsbeschluß verbraucht die Strafklage nach näherer Maßgabe des § 211 bei einer Sachentscheidung (Kleinknecht § 211 Anm. 1). Ist eine solche Entscheidung ergangen, dann kann die Klage nur auf Grund neuer Tatsachen oder Beweismittel wieder aufgenommen werden (§ 211); zulässig ist aber auch ein Antrag, den früheren Ablehnungsbeschluß aufzuheben (Peters JR 70, 392).

3.33. Vorläufige Einstellung

Neben dem positiven und negativen Eröffnungsbeschluß sieht § 205 die Möglichkeit der vorläufigen Einstellung vor. Von dieser Möglichkeit macht das Gericht Gebrauch, wenn der Hauptverhandlung für längere Zeit die Abwesenheit des Angeschuldigten oder ein anderes in seiner Person liegendes Hindernis entgegensteht. Dabei ist vor allem an einen Ausschluß der Verhandlungsfähigkeit zu denken. Ist z. B. der Angeschuldigte infolge schwerer Krankheit z. Z. nicht verhandlungsfähig, so stellt das Gericht das Verfahren durch Beschluß vorläufig ein, wenn zu erwarten ist, daß die Verhandlungsfähigkeit des Angeklagten in absehbarer Zeit wieder gegeben sein wird.

Der Einstellungsbeschluß ist sowohl von der Staatsanwaltschaft als auch vom Angeschuldigten mit einfacher Beschwerde nach § 304 anfechtbar (LR Kohlhaas § 205 Anm. 5 mit eingehenden Nachw.). Das vorläufig eingestellte Verfahren kann jederzeit wieder aufgenommen werden.

3.4. Anklage und Eröffnungsbeschluß im beschleunigten Verfahren

Im beschleunigten Verfahren sind Anklage und Eröffnungsbeschluß erheblich vereinfacht (vgl. dazu näher § 212 hinsichtlich der Anklageerhebung sowie §§ 212 a und 212 b bezüglich des Eröffnungsbeschlusses und der Durchführung der Hauptverhandlung; eingehende Darstellung bei Peters 494 f.).

4. Das Hauptverfahren

4.1. Die Vorbereitung der Hauptverhandlung

Die Hauptverhandlung ist das Kernstück des Strafverfahrens. In ihr wird die Schuld oder Unschuld des Angeklagten festgestellt. Da die Hauptverhandlung in konzentrierter Form (vgl. dazu u. 4.213.) ablaufen soll, bedarf sie einer gründlichen Vorbereitung. Diese zu bewerkstelligen, ist im wesentlichen Aufgabe des Vorsitzenden des Gerichts.

Im einzelnen hat der Vorsitzende folgende Maßnahmen zu treffen: Anberaumung des Termins (§ 213; vgl. zur umstrittenen Frage der Anfechtbarkeit Kleinknecht § 213 Anm. 6), die Anordnung der Ladungen (grundsätzlich § 214, bezüglich des Angeklagten § 216 und für den Verteidiger § 218; zur Bewirkung s. § 214 I 2; für die einwöchige Ladungsfrist beim Angeklagten vgl. § 217), die Veranlassung der Zustellung des Eröffnungsbeschlusses (§ 215) und das Herbeischaffen der Beweismittel, sofern dies nicht die Staatsanwaltschaft bewirkt (vgl. § 214 IV). Dabei kann der Angeklagte durch Beweisanträge mitwirken (§ 219). Die Entscheidung über diese Anträge hat aber nur vorläufigen Charakter; gegebenenfalls muß der Antrag in der Hauptverhandlung erneuert werden (vgl. dazu Kleinknecht § 219 Anm. 2).

Auch von Amts wegen kann der Vorsitzende weitere Beweismittel herbeischaffen (§ 221). Besondere Bedeutung kommt dabei sog. vorweggenommenen Beweisaufnahmen zu (vgl. Henkel 321). Zwar gilt für die Hauptverhandlung der Grundsatz der Unmittelbarkeit (vgl. u. 4.215.). Dieser erleidet aber einzelne Durchbrechungen, so hier besonders bei der Einvernahme eines richterlichen Augenscheins (§ 225) und bezüglich komissarischer Vernehmungen (§ 223), sofern das Vernehmungsprotokoll nach § 251 I Nr. 2 oder Nr. 3 verlesen werden darf. Von diesen Terminen sind der Staatsanwalt, der Angeklagte und der Verteidiger vorher zu benachrichtigen (§ 224 I 1); jedoch ist ihre Anwesenheit bei der Durchführung des Termins nicht zwingend notwendig.

Kommt ausnahmsweise eine Entbindung des Angeklagten von seinem Erscheinen in der Hauptverhandlung nach § 233 I in Betracht, so muß der Angeklagte durch einen beauftragten oder ersuchten Richter über die Anklage vernommen werden (§ 233 II). Hierbei handelt es sich um einen vorweggenommenen Teil der Hauptverhandlung (Kleinknecht § 233 Anm. 3 A).

4.2. Die Durchführung der Hauptverhandlung

4.21. Die Verfahrensgrundsätze zur Durchführung der Hauptverhandlung

4.211. Vorbemerkung

Die o. III behandelten allgemeinen Verfahrensprinzipien gelten selbstverständlich auch innerhalb der Hauptverhandlung und haben für ihre Gestaltung die größte Bedeutung. Hinzu kommen aber besondere Verfahrensgrundsätze, die nur oder doch überwiegend die Hauptverhandlung betreffen. Ihre Kenntnis ist für das Verständnis des Verfahrensablaufs in der Hauptverhandlung unerläßlich. Die im folgenden zu behandelnden einzelnen Prinzipien bilden dabei ein aufeinander abgestimmtes, vielfach aufeinander bezogenes und sich ergänzendes Gesamtsystem für den Ablauf der Hauptverhandlung.

4.212. Der Grundsatz der Verhandlungseinheit

Unter Hauptverhandlung ist „die mündliche Verhandlung vor dem erkennenden Gericht zu verstehen, die dazu dient, die Sache durch Urteil zu erledigen" (LR Gollwitzer Vorbem. 5 a vor § 226). Ziel der Hauptverhandlung ist die selbständige Überprüfung des Anklagevorwurfs.

Der Grundsatz der Verhandlungseinheit besagt, daß die Hauptverhandlung eine in sich geschlossene Verfahrenseinheit darstellt, in der der gesamte Prozeßstoff erörtert und der Verfahrensgegenstand abschließend behandelt wird. Die Einheit der Hauptverhandlung wird dadurch bewirkt, daß die zur Urteilsfindung berufenen Personen ununterbrochen in der Hauptverhandlung gegenwärtig sein müssen (§ 226). Während es für Staatsanwaltschaft und Verteidigung genügt, daß immer ein Vertreter anwesend ist (aber nicht notwendigerweise immer dieselbe Person), muß der Richter dem gesamten Ablauf der Hauptverhandlung beiwohnen. Das bedeutet, daß beim Ausscheiden eines Richters (z. B. infolge einer Krankheit oder eines Unfalls) die Hauptverhandlung nochmals mit einem neuen Richter wiederholt werden muß (sofern die Möglichkeit der Unterbrechung nicht ausreicht, vgl. u. 4.223.). Um dies besonders bei längeren, sich oft über Monate erstreckenden Hauptverhandlungen zu vermeiden, kann von Anfang an ein Ergänzungsrichter (gegebenenfalls auch mehrere) in der Hauptverhandlung zugegen sein (§ 192 II, III GVG), der zunächst keine richterliche Aufgabe erfüllt, aber im Falle des Ausscheidens eines Richters an dessen Stelle treten kann, da er ja die gesamte bisherige Hauptverhandlung miterlebt hat (vgl. Peters 482).

Anwesenheit bedeutet dabei nicht nur körperliches, sondern auch geistiges Zugegensein (vgl. Peters a. a. O. m. Nachw.), so daß z. B. ein schlafender oder sonst zur Verfolgung der Hauptverhandlung nicht in der Lage befindlicher Richter nicht als anwesend gilt (vgl. dazu näher Eb. Schmidt Lehrk. I Rdnr. 435).

4.213. Die Konzentrationsmaxime

Die Konzentrationsmaxime hängt eng mit dem Prinzip der Verhandlungseinheit zusammen. Sie besagt, daß die Hauptverhandlung in möglichst geschlossener („konzentrierter") Form ablaufen soll. Damit soll einerseits dem Beschleunigungsgebot Genüge getan, andererseits aber auch Sorge dafür getragen werden, daß der Inhalt der Hauptverhandlung dem Gericht bei der Urteilsfindung in möglichst frischer Erinnerung ist und daß das einheitliche Bild über den Ablauf der Hauptverhandlung nicht durch ihre Zerreißung in zahlreiche Einzelstücke getrübt wird (vgl. Peters 483).

Unterbrechungen der Hauptverhandlung sollen deshalb möglichst gering gehalten werden. Eine völlige Vermeidung von Unterbrechungen der Hauptverhandlung ist dabei aber schon deshalb nicht möglich, weil häufig gerade Belange des Beweisverfahrens eine Unterbrechung erfordern können (z. B. die Ladung eines zusätzlichen Zeugen, von dem das Gericht erst in der Hauptverhandlung Kenntnis erlangt hat); vgl. näher zu Unterbrechung und Aussetzung der Hauptverhandlung u. 156 f.

4.214. Der Grundsatz der Mündlichkeit

Die Hauptverhandlung läuft grundsätzlich in mündlicher Form ab. Der Mündlichkeitsgrundsatz ergibt sich aus dem Begriff der Verhandlung und hat Ausdruck gefunden vor allem bei der Zeugenvernehmung in der Hauptverhandlung (vgl. § 250). Er hängt eng mit dem Unmittelbarkeitsgrundsatz zusammen (vgl. auch Schreiber Festschr. für Welzel 1974, 941) und bildet seinerseits die Grundlage für das Prinzip der Öffentlichkeit der Hauptverhandlung.

Der Grundsatz der Mündlichkeit erfordert, daß die Ausführungen in der Hauptverhandlung von den einzelnen Verfahrensbeteiligten mündlich vorgetragen werden. Das bedeutet nicht, daß dem schriftlich niedergelegten Aktenmaterial keine Bedeutung zukäme (vgl. dazu Peters 487), wohl aber daß die Hauptverhandlung als Kernstück des Hauptverfahrens nicht im schriftlichen Verfahren erledigt werden kann. Nur was mündlich in der Hauptverhandlung erörtert wurde, darf Grundlage der richterlichen Urteilsfindung sein.

4.215. Der Grundsatz der Unmittelbarkeit

Der Unmittelbarkeitsgrundsatz hängt eng mit dem Mündlichkeitsprinzip zusammen. Für die Urteilsfindung bedeutsame Umstände (Erklärungen der Verfahrensbeteiligten und das gesamte Beweismaterial) müssen unmittelbar in der Hauptverhandlung vor dem erkennenden Gericht dargelegt werden. Der Grundsatz besagt weiterhin, daß das tatnächste Beweismittel den Vorrang hat. Besondere Bedeutung hat dieser Grundsatz für das Verhältnis vom Zeugenbeweis zum Urkundenbeweis. Nach § 250 muß eine Person, die die Wahrnehmung über eine

Tatsache in der Hauptverhandlung vortragen soll, persönlich in der Hauptverhandlung vernommen werden. Grundsätzlich unzulässig ist eine Ersetzung der Zeugenaussage durch die Verlesung eines früheren Vernehmungsprotokolls. Der Grundsatz der Unmittelbarkeit betrifft also hauptsächlich die Gestaltung der Beweisaufnahme (vgl. dazu näher u. 4.323; eingehende Darstellung bei Löhr, Der Grundsatz der Unmittelbarkeit im deutschen Strafprozeßrecht, 1972).

4.216. Die Öffentlichkeit der Hauptverhandlung

4.2161. Die grundsätzliche Bedeutung des Öffentlichkeitsprinzips

Der Grundsatz der Öffentlichkeit, der darin besteht, daß jedermann entsprechend den räumlichen Möglichkeiten Zugang zu einer Gerichtsverhandlung hat (vgl. BGH 5, 75), und der heute in § 169 GVG verankert ist, ist entstanden als politische Forderung im Kampf gegen die geheime Kabinettsjustiz (vgl. zur historischen Entwicklung Eb. Schmidt Lehrk. I Rdnr. 401 ff. und Alber, Die Geschichte der Öffentlichkeit im deutschen Strafverfahren, 1974). Das Erfordernis der Öffentlichkeit gilt dabei für alle Verhandlungen vor dem erkennenden Gericht einschließlich der Rechtsmittelverhandlungen.

Dem Prinzip der Öffentlichkeit ist zunächst eine Kontrollfunktion über die staatliche Rechtspflege zugedacht. Spielt sich die Rechtsprechung vor den Augen der Öffentlichkeit ab, so erwartet man davon eine Kontrolle des Verfahrensgangs hinsichtlich der Einhaltung aller gesetzlichen Vorschriften. Die Wirksamkeit einer solchen Kontrolle setzt freilich voraus, daß die Repräsentanten der Öffentlichkeit soweit Einsicht in den Verfahrensgang haben, daß sie Rechtsverstöße bemerken können.

Neben der Kontrollfunktion soll das Prinzip der Öffentlichkeit eine gewisse Beteiligung des gesamten Volkes an der Rechtsprechung anzeigen. Die Rechtsprechung geschieht im Namen des Volkes, das man über den Grundsatz der Öffentlichkeit wenigstens als Augenzeuge an diesem Vorgang der rechtsprechenden Tätigkeit beteiligen will. Mit dieser Beteiligungsfunktion will man auch gleichzeitig um Vertrauen für die Sache der Rechtspflege in der Öffentlichkeit Sorge tragen. Voraussetzung für das Vertrauen der Rechtsgemeinschaft in die Integrität der Rechtspflege ist wenigstens zu einem Teil auch der freie Zugang zu den Gerichtsstätten und die Teilnahme an der Durchführung des Verfahrens.

Der Frage, ob das Öffentlichkeitsprinzip die Kontrollfunktion und die ideelle Beteiligungsfunktion heute in ausreichender Weise erfüllen kann, kann im Rahmen der Zielsetzung dieses Buches nicht eingehend nachgegangen werden (vgl. näher Schultz SchwJZ 73, 129 und Roxin Festschr. für Peters 1974, 393). Sicher erscheint, daß in der letzten Zeit ein Funktionswandel stattgefunden hat. Die Bedeutung verschiebt sich zunehmend von der unmittelbaren Öffentlichkeit zur mittelbaren (oder sogenannten erweiterten) Öffentlichkeit durch Teilnahme der Presse als Mittler zur Öffentlichkeit an Gerichtsverhandlungen und zu den Berichten der Massenmedien über die Rechtspflege. Hierin liegt heute eine stärkere Kontrollmöglichkeit als in der unmittelbaren Öffentlichkeit, wobei allerdings in der Regel erst größere oder aus irgendwelchem Grund besonderes Interesse findende Prozesse angesprochen sind. Übertragungen von Ausschnitten der Hauptverhandlung durch Rundfunk, Fernsehen oder Film zum Zwecke der öffentlichen Vorführung oder Veröffentlichung ihres Inhalts sind dabei aber grundsätzlich unzulässig (§ 169 S. 2 GVG). Denn hier gehen die Interessen der Verfahrensbeteiligten (besonders des Beschuldigten) an einer ungestörten Durchführung der Hauptverhandlung den Informationsinteressen der Öffentlichkeit vor.

Bedenken gegen das Prinzip der Öffentlichkeit der Hauptverhandlung sind speziell für den Bereich der Strafrechtspflege aus der weiteren Entwicklung der Strafzumessungslehre erwachsen. Je stärker sich die Strafzumessungslehre dem Prinzip der Individualisierung der Strafen und Maßregeln verschrieben hat, in desto stärkerem Maße mußte die Ausbreitung der dafür erforderlichen Fakten, die häufig bis weit in den persönlichsten Bereich des Angeklagten reichen, Bedenken an der Öffentlichkeit dieses Teiles der Hauptverhandlung wecken (vgl. auch Krauss Festschr. für Gallas 1973, 365). So wird im Zusammenhang mit der Erörterung des sogenannten Schuldinterlokutes häufig gefordert, den zweiten Teil der Hauptverhandlung, der sich dann mit dem Strafausspruch beschäftigt, als nichtöffentlichen Teil auszugestalten. Zum Teil auf ähnlichen Erwägungen beruht es auch, daß im Jugendstrafverfahren generell die Öffentlichkeit ausgeschlossen ist (§ 48 I JGG). Für die Vernehmung von Zeugen unter 16 Jahren eröffnet jetzt § 172 Nr. 4 GVG eine Ausschlußmöglichkeit.

4.2162. Überwachung der Einhaltung des Öffentlichkeitsgrundsatzes

Die Einhaltung des Öffentlichkeitsgrundsatzes wird streng überwacht. In § 338 Nr. 6 ist ein absoluter Revisionsgrund für den Fall geschaffen, daß bei einer mündlichen Verhandlung die Vorschriften über die Öffentlichkeit des Verfahrens verletzt sind. Die Rechtsprechung hat diesen Revisionsgrund immer sehr ernst genommen und streng ausgelegt (vgl. dazu näher Kleinknecht § 338 Anm. 7). Der Revisionsgrund greift allerdings nur dann ein, wenn die Öffentlichkeit gesetzwidrig beschränkt wurde, nicht aber auch dann, wenn ein Ausschließungsgrund falsch angewendet oder überhaupt nicht beachtet wurde (BGH 23, 82; 23, 176; dagegen mit beachtlichen Einwänden Kern-Roxin 231 f.; vgl. auch Verf. JuS 73, 350 ff.); dies soll sich aus der Schutzrichtung ergeben, die allgemeine Zutrittsmöglichkeit zu Gerichtsverhandlungen zu wahren.

4.2163. Ausschließung der Öffentlichkeit

Die §§ 171 a ff. GVG sehen eine Reihe von Fällen vor, in denen auf Grund überwiegender Interessen ein Ausschluß der Öffentlichkeit zulässig ist.

Nach § 171 a GVG kann die Öffentlichkeit für die Hauptverhandlung oder einen Teil derselben ausgeschlossen werden, wenn das Verfahren die Unterbringung des Beschuldigten in einem psychiatrischen Krankenhaus oder einer Entziehungsanstalt (ab 1. 1. 1978 auch in einer sozialtherapeutischen Anstalt nach Art. 326 V Nr. 3 EGStGB) neben einer Strafe oder ausschließlich zum Gegenstand hat.

§ 172 Nr. 1 GVG läßt den Ausschluß der Öffentlichkeit zu, „wenn eine Gefährdung der Staatssicherheit, der öffentlichen Ordnung oder der Sittlichkeit zu besorgen ist". Unter die Gefährdung der öffentlichen Ordnung fällt dabei auch z. B. die Erschwerung der Wahrheitsermittlung durch die Zuhörerschaft, etwa durch Drohungen gegenüber dem Angeklagten oder gegenüber Zeugen (vgl. näher Kleinknecht § 172 GVG Anm. 3). Die Ausschließung darf dabei grundsätzlich nur für den Teil der Hauptverhandlung erfolgen, auf den sich der Ausschließungsgrund unmittelbar bezieht. Wenn also z. B. eine Gefährdung der Sittlichkeit nur durch einen Teil einer Zeugenaussage zu befürchten ist, so darf die Öffentlichkeit nur für diesen Teil der Zeugenaussage ausgeschlossen werden. Im Anschluß daran muß dann die Öffentlichkeit wiederhergestellt werden.

§ 172 Nr. 2 GVG ist zum 1. 1. 1975 neu geschaffen worden; die Vorschrift entscheidet eine in den letzten Jahren erheblich umstrittene Frage. Art. 6 I MRK sieht bereits vor, daß ein Ausschluß der Öffentlichkeit zulässig ist, wenn es der Schutz des Privatlebens der Prozeßparteien verlangt. In den letzten Jahren war es sehr umstritten, ob Art. 6 MRK in diesem Punkt die Ausschließungsgründe der §§ 171 a ff. GVG erweitert hatte (verneinend BGH 23, 82; bejahend Kühne NJW 1971, 224; vgl. auch Verf. JuS 1973, 350). Die angesichts dieses Meinungsstandes und der praktischen Bedeutung des Problems wünschenswerte Klarstellung durch den Gesetzgeber ist dahin ausgefallen, daß eine Ausschließungsmöglichkeit besteht, wenn „Umstände aus dem persönlichen Lebensbereich eines Prozeßbeteiligten oder Zeugen oder ein wichtiges Geschäfts-, Betriebs-, Erfindungs- oder Steuergeheimnis zur Sprache kommen, durch deren öffentliche Erörterung überwiegende schutzwürdige Interessen verletzt würden". § 172 Nr. 2 GVG geht damit von einer Güterabwägung zwischen den schutzwürdigen Individualinteressen und den Strafverfolgungsbelangen aus. Überwiegen die schutzwürdigen Interessen des Prozeßbeteiligten oder Zeugen, so kann das Gericht die Öffentlichkeit ausschließen. Neben der Zeugenvernehmung kommt diesem Ausschließungsgrund vor allem Bedeutung hinsichtlich des persönlichen Lebensbereiches des Beschuldigten zu, da dessen Ausforschung oft unter dem Gesichtspunkt der richtigen Bestimmung der Rechtsfolgen der Tat notwendig sein wird.

Nach § 172 Nr. 3 GVG ist eine Ausschließung der Öffentlichkeit möglich, wenn „ein privates Geheimnis erörtert wird, dessen unbefugte Offenbarung durch den Zeugen oder Sachverständigen mit Strafe bedroht ist". Damit knüpft diese Bestimmung an § 203 StGB an, der die unbefugte Verletzung von Privatgeheimnissen unter Strafe stellt.

§ 172 Nr. 4 GVG läßt einen Ausschluß der Öffentlichkeit zu, wenn eine Person unter sechzehn Jahren vernommen wird. Auch hier überwiegt der Schutz des minderjährigen Zeugen das allgemeine Interesse an der Öffentlichkeit von Strafverhandlungen.

Die Verhandlung über den Ausschluß der Öffentlichkeit findet in nicht öffentlicher Sitzung statt, wenn ein Beteiligter es beantragt, oder das Gericht es für angemessen erachtet (§ 174 I 1 GVG). Der Beschluß über den Ausschluß der Öffentlichkeit muß grundsätzlich öffentlich verkündet werden; ausnahmsweise kann er in nicht öffentlicher Sitzung verkündet werden, „wenn zu befürchten ist, daß seine öffentliche Verkündung eine erhebliche Störung der Ordnung in der Sitzung zur Folge haben würde" (§ 174 I 2 GVG). Bei einem Ausschluß der Öffentlichkeit nach den §§ 172, 173 GVG muß angegeben werden, aus welchem Grund die Öffentlichkeit ausgeschlossen worden ist. Zu Besonderheiten beim Ausschluß der Öffentlichkeit wegen Gefährdung der Staatsssicherheit vgl. § 174 II GVG; in diesen Fällen und bei einem Ausschluß nach § 172 Nr. 2 und 3 kann das Gericht den anwesenden Personen die Geheimhaltung bestimmter Tatsachen zur Pflicht machen (vgl. näher § 174 III GVG).

Grundsätzlich immer öffentlich ist die Verkündung des Urteils nach § 173 I GVG. Durch einen besonderen Beschluß kann nach § 173 II GVG unter den Voraussetzungen des § 172 GVG für die Verkündung der Urteilsgründe oder eines Teils derselben die Öffentlichkeit ausgeschlossen werden. Nie zulässig ist damit ein Ausschluß der Öffentlichkeit bezüglich der Verkündung des Urteilstenors.

Von der Ausschließung der Öffentlichkeit zu unterscheiden ist die Beschränkung der Öffentlichkeit entsprechend den tatsächlichen Räumlichkeiten und ihrem Fassungsvermögen. So ist es z. B. möglich, für jedermann erreichbare Platzkarten in einer bestimmten Zahl auszugeben (vgl. Kleinknecht § 169 GVG Anm. 3). Auch mit der Gewährleistung der Sicherheit im Gerichtssaal notwendigerweise verbundene Sicherheitsvorkehrungen (z. B. das Durchsuchen nach Waffen) verletzen den Grundsatz der Öffentlichkeit nicht, sofern eine ernste Gefahr für die

Störung der Ordnung im Sitzungssaal besteht und die Sicherheitsvorkehrungen auf das Maß des geringstbelastenden Eingriffs beschränkt werden.

4.22. Der Ablauf der Hauptverhandlung

4.221. Die Verhandlungsleitung

Damit die Hauptverhandlung ablaufen kann, bedarf es „der planvollen Gestaltung durch eine leitende Hand“ (Henkel 333). Die Verhandlungsleitung ist Aufgabe des Vorsitzenden (§ 238 I). Das Gesetz legt zwar die einzelnen Abschnitte der Hauptverhandlung und ihre Reihenfolge fest (vgl. dazu u. 4.23), aber es verbleibt dem Vorsitzenden ein weiter Rahmen für die Gestaltung der Verhandlung im einzelnen; der persönliche Verfahrensstil des Vorsitzenden kann dabei einer Hauptverhandlung weitgehend ihr Gepräge geben.

Zu einer guten Verhandlungsleitung gehört in erster Linie eine gründliche Vorbereitung. In der Hauptverhandlung kann man eine mehr formelle Verhandlungsleitung bezüglich des äußeren Ganges der Verhandlung und eine materielle Verhandlungsleitung (Sachleitung), die vor allem die Leitung der Beweisaufnahme umfaßt, unterscheiden (vgl. Henkel 334; Kleinknecht § 238 Anm. 3 B).

Gegen einzelne Anordnungen des Vorsitzenden, die sich auf die Sachleitung beziehen, kann nach § 238 II das Gericht angerufen werden, das dann über ihre Zulässigkeit durch Beschluß zu entscheiden hat. Dieser Beschluß kann dann seinerseits bei Fehlerhaftigkeit unter Umständen die Revision begründen (z. B. über § 338 Nr. 8; vgl. dazu auch Kleinknecht § 238 Anm. 9).

Teil der Verhandlungsleitung ist auch die sogenannte Sitzungspolizei. Nach § 176 GVG obliegt dem Vorsitzenden „die Aufrechterhaltung der Ordnung in der Sitzung“. Der Vorsitzende übt die Befugnisse der Sitzungspolizei gegenüber allen Verfahrensbeteiligten aus (also auch z. B. gegenüber dem Staatsanwalt; vgl. dazu LR Schäfer § 176 GVG Anm. 5 a und KMR § 176 GVG Anm. 2 d); zur Durchsetzung von Anordnungen, die zur Aufrechterhaltung der Ordnung in der Sitzung ergangen sind, vorgesehene Ungehorsamfolgen nach §§ 177 und 178 GVG sind aber nur gegenüber den Parteien, den Beschuldigten, den Zeugen und Sachverständigen sowie gegenüber den Zuhörern zulässig (bezüglich des Verteidigers s. LR Schäfer § 176 GVG Anm. 3 c). Notwendig zur Verhängung der Folgen nach §§ 177 und 178 GVG ist ein Beschluß des Gerichts; zum Begriff der Ungebühr vor Gericht (§ 178 I 1 GVG) vgl. Schneider MDR 75, 622.

Die Verhandlungsleitung schließt auch die Anwendung von Zwangsmaßnahmen im Rahmen der ordnungsgemäßen Durchführung der Hauptverhandlung, insbesondere der Beweisaufnahme, ein, so z. B. nach § 70 gegenüber Zeugen, nach § 77 gegenüber Sachverständigen und nach den §§ 230 II und 231 gegenüber dem Angeklagten. Zuständig ist hier aber regelmäßig das Gericht, nicht der Vorsitzende allein (außer bei § 231 I 2).

4.222. *Die Anwesenheit der Verfahrensbeteiligten*

Die ununterbrochene Anwesenheitspflicht der Richter als Ausfluß des Grundsatzes der Verhandlungseinheit und der Unmittelbarkeit wurde bereits o. 4.212 erörtert. Die Staatsanwaltschaft muß während des gesamten Ganges der Hauptverhandlung vertreten sein, aber nicht immer durch denselben Staatsanwalt. Entsprechendes gilt für den Verteidiger in den Fällen der notwendigen Verteidigung. Die Anwesenheit erfordert in allen Fällen Verhandlungsfähigkeit (Henkel 333).

Die Anwesenheit des Angeklagten in der Hauptverhandlung ist grundsätzlich vorgeschrieben, wie sich aus den §§ 230 und 231 ergibt. Denn ohne persönlichen Eindruck vom Angeklagten ist in der Regel kein sachgerechtes Urteil zu fällen (besonders in der Straffrage). Nach § 230 I darf die Hauptverhandlung nicht in Abwesenheit des Angeklagten begonnen werden. Liegt für das Ausbleiben des Angeklagten keine genügende Entschuldigung vor (eine solche wäre etwa plötzliche Erkrankung), so ist der Angeklagte vorzuführen oder gegen ihn ein Haftbefehl zu erlassen (§ 230 II). Der Angeklagte darf sich aus der Hauptverhandlung nicht entfernen (§ 231 I); der Vorsitzende kann geeignete Maßnahmen treffen, um eine Entfernung des Angeklagten zu verhindern. War der Angeklagte schon über die Anklage vernommen und hält das Gericht seine Anwesenheit nicht für erforderlich, so kann es die Verhandlung in seiner Abwesenheit zu Ende führen (§ 231 II).

Ausnahmen von der Anwesenheitspflicht des Angeklagten sind aber in mehreren Fällen vorgesehen; die Materie ist zum 1. 1. 1975 teilweise neu geregelt worden (vgl. Riess JZ 1975, 265). Nach § 231 a wird die Hauptverhandlung in Abwesenheit des Angeklagten durchgeführt oder fortgesetzt, wenn sich dieser vorsätzlich und schuldhaft in einen seine Verhandlungsfähigkeit ausschließenden Zustand versetzt und dadurch die Durchführung in seiner Anwesenheit verhindert hat (vgl. dazu BGH NJW 76, 116). Dies gilt nicht, soweit das Gericht seine Anwesenheit für unerläßlich hält. Notwendig ist, daß der Angeklagte nach der Eröffnung des Hauptverfahrens Gelegenheit hatte, sich vor dem Gericht oder einem beauftragten Richter zur Anklage zu äußern (§ 231 a I 2). Wird der Angeklagte während der Dauer der Hauptverhandlung bis zur Verkündung des Urteils wieder verhandlungsfähig, so ist er von dem wesentlichen Inhalt dessen zu unterrichten, was in seiner Abwesenheit verhandelt wurde (§ 231 a II). Für die Verhandlung in Abwesenheit des Angeklagten ist ein Gerichtsbeschluß notwendig, dem die Anhörung eines Arztes als Sachverständigen vorausgehen muß (vgl. näher § 231 a III). Kommt eine Verhandlung in Abwesenheit des Angeklagten in Betracht, so muß dem Angeklagten ein Verteidiger bestellt werden (§ 231 a IV). Eine Verhandlung in Abwesenheit des Angeklagten ist nach § 231 b auch für den Fall vorgesehen, daß der Angeklagte wegen ordnungswidrigen Benehmens aus dem Sitzungszimmer entfernt oder zur Haft abgeführt wird (§ 177 GVG), „wenn das Gericht seine fernere Anwesenheit nicht für unerläßlich hält und solange zu befürchten ist, daß die Anwesenheit des Angeklagten den Ablauf der Hauptverhandlung in schwerwiegender Weise beeinträchtigen würde“. Das rechtliche Gehör im Bezug auf den Anklagevorwurf ist auch hier streng zu wahren (§ 231 b I 2). § 231 a II gilt entsprechend (§ 231 b II).

Eine Hauptverhandlung kann nach § 232 ohne den Angeklagten durchgeführt werden, wenn er ordnungsgemäß geladen wurde und auf die Möglichkeit hingewiesen wurde, daß in seiner Abwesenheit verhandelt werden kann, und wenn nur Geldstrafe bis zu einhundertachtzig Tagessätzen, Verwarnung mit Strafvorbehalt, Fahrverbot, Verfall, Einziehung, Vernichtung oder Unbrauchbarmachung, allein oder nebeneinander, zu erwarten ist. Eine höhere Strafe oder eine Maßregel der Besserung und Sicherung darf in diesem Verfahren nicht verhängt werden (§ 232 I 2). Eine Entziehung der Fahrerlaubnis ist nur dann zulässig, wenn der Angeklagte schon in der Ladung auf diese Möglichkeit hingewiesen wurde (§ 232 I 3). Unter ähnlichen Voraussetzungen ist nach § 233 auch eine Entbindung des Angeklagten von der Pflicht zum Erscheinen in der Hauptverhandlung möglich; hier ist dann auch Freiheitsstrafe bis zu sechs Monaten (und generell die Entziehung der Fahrerlaubnis) zulässig (vgl. näher § 233).

Eine Entfernung des Angeklagten aus der Sitzung während der Vernehmung eines Mitangeklagten oder eines Zeugen läßt schließlich § 247 zu; auch hier muß der Vorsitzende den Angeklagten über den wesentlichen Inhalt dessen unterrichten, was während seiner Abwesenheit ausgesagt oder sonst verhandelt worden ist (zur Revision bei Verletzungen vgl. BGH NJW 76, 1108).

4.223. Aussetzung und Unterbrechung der Hauptverhandlung

Trotz der Geltung der Konzentrationsmaxime (o. 4.213.) läßt es sich häufig nicht erreichen, daß eine Hauptverhandlung ganz ohne Unterbrechung durchgeführt werden kann. Die Gründe für das Notwendigwerden einer Unterbrechung können vielgestaltig sein, z. B. das Auftauchen eines neuen Zeugen, der erst geladen werden muß, die Notwendigkeit, daß sich die Verteidigung auf eine neue Prozeßsituation vorbereitet (etwa bei Verteidigerwechsel oder nach §§ 265 III, IV, 266 III), sowie bei Erkrankung von Verfahrensbeteiligten. Auch aus der Fürsorgepflicht kann sich die Notwendigkeit einer Verhandlungspause ergeben (Kern-Roxin 209).

Das Gesetz unterscheidet zwischen Aussetzungen und Unterbrechungen nach § 229 II einerseits (§ 228 I 1) und kürzeren Unterbrechungen (§ 228 I 2) andrerseits. Letztere ordnet der

Vorsitzende im Rahmen der Verhandlungsleitung an; sie umfassen sowohl die üblichen Verhandlungspausen (z. B. Mittagspause) als auch die Verhandlungsruhe über mehrere Tage.

Dagegen wird die Aussetzung (Vertagung) durch Gerichtsbeschluß angeordnet (§ 228 I 1). Erfolgt eine Fortsetzung nicht spätestens nach 10 Tagen, ausnahmsweise unter den Voraussetzungen der § 229 II nach 30 Tagen, so muß die gesamte bisherige Verhandlung wiederholt werden (§ 229 III). Diese Folge tritt unabhängig davon ein, ob die Entscheidung als Unterbrechung, Aussetzung oder Vertagung bezeichnet und was dabei beabsichtigt wurde (LR Gollwitzer § 228 Anm. 1). Letztlich ist also für die Folge des § 229 allein die tatsächliche Dauer des Ruhens der Verhandlung maßgebend. Damit diese Frist gewahrt wird, muß es sich bei der Fortsetzung der Hauptverhandlung um eine Sachverhandlung handeln (Kleinknecht § 229 Anm. 3); nicht genügend wäre etwa ein Zusammenkommen der Verfahrensbeteiligten bloß zu dem Zweck, eine neue Aussetzung zu beschließen.

Ein Verstoß gegen § 229 begründet nur einen relativen Revisionsgrund nach § 337, auf dem zwar regelmäßig (BGH NJW 52, 1149), nicht aber zwingend (nämlich dann nicht, wenn sich mit Sicherheit ausschließen läßt, daß die Fristüberschreitung auf die Zuverlässigkeit der Feststellungen Einfluß gehabt hat, so BGH 23, 224) das Urteil beruht.

4.224. *Das Verhandlungsprotokoll*

4.2241. Die Protokollführung während der Sitzung

§ 271 I schreibt vor, daß über die Hauptverhandlung ein Protokoll aufzunehmen ist. Protokollführer ist dabei der Urkundsbeamte der Geschäftsstelle. Das Protokoll wird von dem Vorsitzenden und dem Protokollführer unterschrieben. Es muß während des gesamten Ablaufes der Hauptverhandlung ein Protokollführer anwesend sein, jedoch ist ein Wechsel in der Person zulässig. Wechselt der Protokollführer während der Hauptverhandlung, dann muß jeder Protokollführer den von ihm gefertigten Teil des Protokolls unterzeichnen.

4.2242. Der Inhalt des Protokolls

§ 272 enthält nährere Vorschriften über den allgemeinen Inhalt des Protokolls. § 273 I bestimmt, daß das Protokoll den Gang und die Ergebnisse der Hauptverhandlung im wesentlichen wiedergeben und die Beobachtung aller wesentlichen Förmlichkeiten ersichtlich machen muß. Weiterhin muß das Protokoll die wesentlichen Ergebnisse der Vernehmungen enthalten (§ 273 II), wenn die Hauptverhandlung vor dem Strafrichter oder dem Schöffengericht stattfindet. Zusätzlich kann der Vorsitzende von Amts wegen oder auf Antrag auch die wörtliche Niederschrift eines Vorgangs (z. B. eines Antrages des Verteidigers) oder einer Aussage oder Äußerung anordnen (§ 273 III). Vor der Fertigstellung des Protokolls darf das Urteil nicht zugestellt werden (§ 273 IV).

4.2243. Beweiskraft und Protokollberichtigung

Dem Protokoll kommt große Bedeutung zu, weil es eine Nachprüfung der Beobachtung aller Förmlichkeiten in der Hauptverhandlung ermöglicht. Nach § 274 S. 1 ist ein Nachweis dafür, daß in der Hauptverhandlung die vorgeschriebenen Förmlichkeiten beobachtet wurden, nur durch das Protokoll möglich. Aus dem Protokoll ergibt sich damit die Beweisvermutung, daß alles im Protokoll Festgehaltene im Verlauf der Hauptverhandlung geschehen ist (positive Beweisvermutung) und daß alles nicht geschehen ist, was im Protokoll nicht festgehalten wurde (negative Beweisvermutung; vgl. dazu näher Kern-Roxin 246; s. auch Kohlhaas NJW 74, 23). Damit hat das Verhandlungsprotokoll eine ausschlaggebende Bedeutung für die Verfahrensrügen (vgl. dazu näher u. 216).

Gegenüber dem die Förmlichkeiten betreffenden Inhalt des Protokolls ist nur der Einwand der Fälschung zulässig (§ 274 S. 2). Dafür genügen bloße Mißverständnisse und Nachlässigkeit bei der Protokollanfertigung nicht (Kleinknecht § 274 Anm. 5 m. Nachw.).

Eine nachträgliche Berichtigung des Protokolls ist dann möglich, wenn Gericht und Protokollführer übereinstimmend erklären, daß das Protokoll zu einem bestimmten Punkt unvollständig oder unrichtig ist (Kern-Roxin 247). Jedoch ist eine solche Protokollberichtigung immer ausgeschlossen, wenn bereits eine Revisionsbegründung eingegangen ist; denn eine solche Protokollberichtigung würde unter Umständen die Basis, auf der die Revision beruht, völlig verändern (vgl. Kern-Roxin a. a. O. m. Nachw.).

4.23. Die Abschnitte der Hauptverhandlung im Überblick

4.231. Der Aufruf der Sache (§ 243 I)

Die Hauptverhandlung beginnt mit dem Aufruf der Sache (§ 243 I 1). Der Vorsitzende eröffnet dabei die Hauptverhandlung und stellt fest, „ob der Angeklagte und der Verteidiger anwesend und die Beweismittel herbeigeschafft, insbesondere die geladenen Zeugen und Sachverständigen erschienen sind" (§ 243 I 2). Durch diese Präsenzfeststellungen soll ermittelt werden, ob alle für die Hauptverhandlung notwendigen Verfahrensbeteiligten versammelt sind. Die Zeugen werden dann in der Regel gemeinsam über ihre Zeugenpflichten und die Folgen einer Verletzung der Wahrheitspflicht belehrt und müssen sodann aus dem Sitzungssaal abtreten.

2.232. Die Vernehmung des Angeklagten zur Person (§ 243 II)

Haben die Zeugen den Sitzungssaal verlassen, so vernimmt der Vorsitzende zunächst den Angeklagten über seine persönlichen Verhältnisse. Hiermit soll im wesentlichen die Identität des Angeklagten zweifelsfrei festgestellt werden. Die Vernehmung über den Lebenslauf des Angeklagten bei umfangreicheren Strafsachen gehört dagegen bereits zur Vernehmung zur Sache (Kleinknecht § 243 Anm. 5; vgl. auch BayObLG GA 1972, 126).

4.233. Die Verlesung des Anklagesatzes (§ 243 III)

Nach der Vernehmung des Angeklagten zur Person verliest der Staatsanwalt den Anklagesatz. In den Fällen des § 207 III wird dabei die neue Anklageschrift zugrundegelegt (vgl. dazu näher Kleinknecht § 243 Anm. 6 B).

4.234. Die Vernehmung des Angeklagten zur Sache (§ 243 IV)

Nach der Verlesung des Anklagesatzes wird der Angeklagte durch den Vorsitzenden darauf hingewiesen, daß es ihm freistehe, sich zu der Anklage zu äußern oder nicht zur Sache auszusagen (§ 243 IV 1; vgl. dazu Dencker MDR 75, 359 und Rüping JR 74, 135). Wenn der Angeklagte bereit ist, zur Sache auszusagen, dann wird er nach Maßgabe des § 136 II zur Sache vernommen. Dabei soll der Angeklagte möglichst zunächst einen zusammenhängenden Bericht über den Anklagevorwurf aus seiner Sicht geben. Daran schließen sich dann ergänzende Fragen und Vorhalte zunächst durch das Gericht und dann durch Staatsanwaltschaft und Verteidigung an. Die Vernehmung des Angeklagten zur Sache gehört zwar nicht zur Beweisaufnahme im formellen Sinne nach § 244, sie liegt jedoch ebenso wie die Beweisaufnahme der richterlichen Überzeugungsbildung mit zugrunde, die nach § 261 aus dem Inbegriff der Verhandlung (das schließt die Aussagen des Angeklagten ein) geschöpft wird. Vorstrafen des Angeklagten sollen bei seiner Vernehmung dabei nur insoweit festgestellt werden, als sie für die Entscheidung von Bedeutung sind (§ 243 IV 3); wann das der Fall ist, entscheidet der Vorsitzende.

4.235. Die Beweisaufnahme (§§ 244 bis 257 a)

Die Beweisaufnahme ist das Kernstück der Hauptverhandlung. Sie wird zusammen mit den Grundsätzen des Beweisrechts eingehend u. 163 ff. behandelt.

4.236. Die Schlußvorträge und das letzte Wort des Angeklagten (§ 258)

Nach dem Schluß der Beweisaufnahme erhalten der Staatsanwalt und danach der Angeklagte bzw. sein Verteidiger das Wort zu ihren Ausführungen und Anträgen. Üblicherweise wird vor diesen sogenannten Plädoyers je nach dem Umfang der Sache eine ausreichende Unterbrechung der Hauptverhandlung gewährt, um Gelegenheit zur Vorbereitung dieser Schlußvorträge zu geben. Die Reihenfolge nach § 258 I ist dabei nur eine Sollvorschrift. Nach dem Plädoyer des Angeklagten oder seines Verteidigers steht dem Staatsanwalt das Recht der Erwiderung zu (§ 258 II 1. Halbs.). In jedem Fall gebührt dem Angeklagten das letzte Wort (§ 258 II 2. Halbs.). Der Angeklagte ist, auch wenn bereits sein Verteidiger für ihn gesprochen hat, zu befragen, ob er selbst noch etwas zu seiner Verteidigung anzuführen habe (§ 258 III). Beim letzten Wort des Angeklagten wird also durch § 258 II die zeitliche Reihenfolge gegenüber der Staatsanwaltschaft und durch § 258 III die zeitliche Reihenfolge gegenüber der Verteidigung geregelt. Das letzte Wort hat den Sinn, dem Angeklagten als letztem Verfahrensbeteiligten nochmals vor der Urteilsberatung Gelegenheit zu geben, aus seiner Sicht zum Anklagevorwurf und zur Beweisaufnahme Stellung zu nehmen. Die Rechtsprechung achtet streng über die Einhaltung dieser Vorschrift. Wird nach den Plädoyers und dem letzten Wort des Angeklagten nochmals in die Verhandlung eingetreten (z. B. auf Grund eines Eventualbeweisantrages, vgl. dazu u. 192), so muß dem Angeklagten nach Ende der weiteren Verhandlung nochmals das letzte Wort erteilt werden (BGH 22, 278). Ein Verstoß gegen die Erteilung des letzten Worts begründet grundsätzlich die Revision (vgl. Kleinknecht § 258 Anm. 6); das Beruhen des Urteils auf einem solchen Verstoß kann nur ausnahmsweise ausgeschlossen werden (BGH 22, 278, 281).

4.237. Die Urteilsberatung (§ 263 StPO, §§ 192 ff. GVG)

Nach dem letzten Wort des Angeklagten zieht sich das Gericht zur Urteilsfindung zurück. Die näheren Vorschriften über die Urteilsberatung und besonders die Abstimmung enthalten die §§ 192 ff. GVG, zu denen für die Abstimmung in Strafsachen zusätzlich § 263 StPO hinzutritt. Die Beratung ist geheim; die Anwesenheit ist nur den zur Entscheidung berufenen Richtern und mit besonderer Erlaubnis den bei demselben Gericht zu ihrer juristischen Ausbildung beschäftigten Personen gestattet (§ 193 GVG). Die Richter unterliegen dabei einem strengen Beratungsgeheimnis (§ 43 DRiG).

Die Beratung leitet der Vorsitzende (§ 194 I GVG). Nähere Vorschriften über die Art der Behandlung der einzelnen aufgeworfenen Fragen und ihre Reihenfolge enthält das Gesetz nicht; bei Meinungsverschiedenheiten darüber entscheidet das Gericht (§ 194 II GVG). Jeder Richter hat auch dann weiterhin an der Abstimmung teilzunehmen, wenn er in einer vorangegangenen Frage eine von der Mehrheit abweichende Meinung vertreten hatte (§ 195 GVG). Für das Stimmenverhältnis gilt grundsätzlich die absolute Mehrheit der Stimmen (§ 196 I GVG); jedoch ist zu jeder dem Angeklagten nachteiligen Entscheidung in der Schuld- oder Straffrage eine Mehrheit von $^2/_3$ der Stimmen erforderlich (§ 263 I StPO). Das bedeutet z. B. bei der großen Strafkammer, daß vier der fünf Berufs- und Laienrichter für die Schuld des Angeklagten stimmen müssen; andernfalls erfolgt ein Freispruch. Vgl. zu Einzelfragen der Abstimmung und der Reihenfolge der Stimmabgabe noch näher §§ 196 II bis IV und 197 GVG.

4.238. Die Urteilsverkündung (§ 268)

Ist das Urteil beraten, so wird es im Sitzungssaal im Namen des Volkes verkündet (§ 268 I). Dabei wird die Urteilsformel verlesen (daher vorherige schriftliche Niederlegung notwendig); anschließend werden die Urteilsgründe mitgeteilt. Sind diese bereits schriftlich niedergelegt, so werden sie verlesen; sonst wird ihr wesentlicher Inhalt mündlich vorgetragen (vgl. näher § 268 II). Im Anschluß an die Urteilsverkündung erfolgt die Rechtsmittelbelehrung (vgl. § 35 a).

Die wesentlichen Fragen des Strafurteils und seiner Rechtskraft werden zusammengefaßt u. 4.4. behandelt, vor allem die Fassung des Urteilstenors und die Darstellung der Urteilsgründe (u. 196 ff.).

4.239. Änderungen der Hauptverhandlung de lege ferenda

In den letzten Jahren ist eine ausgedehnte Reformdiskussion über eine Neugestaltung der Hauptverhandlung entstanden (eingehend dazu Roxin in Göschen Bd. 2800, 1975, 52 ff.), die hauptsächlich auf eine Zweiteilung der Hauptverhandlung und damit auf eine Trennung zwischen Schuldfrage und Straffrage abzielt (sogenanntes Schuldinterlokut; vgl. Verf., Kriminalpolitik, 1973, 91 ff.). Der Grund dafür ist hauptsächlich darin zu suchen, daß im Zuge der Verfeinerung der Strafzumessungslehre die Straffrage ständig breiteren Raum innerhalb der Hauptverhandlung einnimmt und daß zu ihrer Klärung unter Umständen weit in die Persönlichkeit des Angeklagten eingreifende Ermittlungen geboten sind (vgl. näher Horn ZStW 85, 7). Dafür erscheint einerseits eine positive Entscheidung in der Schuldfrage Voraussetzung und andererseits unter Umständen eine andere Besetzung der Richterbank und ein anderes Verfahren (z. B. in nichtöffentlicher Sitzung) angebracht. Ob bereits de lege lata ein sogenanntes informelles Schuldinterlokut, wie es Kleinknecht (§ 244 Anm. 3 D und in Festschr. für Heinitz, 1972, 651) vorschlägt, wirksame Abhilfe bringen kann, erscheint zweifelhaft (vgl. dazu Dahs GA 1971, 353); als vorbereitende Entwicklungsinitiative ist eine solche Verhandlungsweise aber sehr begrüßenswert.

4.3. Die Beweisaufnahme

4.31. Der Begriff des Beweises

Das Wort „Beweis" läßt sich zunächst in dreifacher Weise auffassen: im Sinne des Tätigwerdens als beweisen (Vorgang der Beweisaufnahme), sodann im Sinne des Beweismittels (z. B. Zeugenbeweis), und schließlich im Sinne des Beweisergebnisses (Beweis als das Bewiesene). Es ist deshalb bei der Verwendung des Wortes Beweis immer streng darauf zu achten, was jeweils gemeint ist.

Etwas im Prozeß „beweisen" bedeutet, dem Richter die Überzeugung von dem Vorliegen bestimmter Tatsachen zu verschaffen (vgl. Kern-Roxin 108). Ziel der Beweisaufnahme und des gesamten Beweisrechts ist damit die Wahrheitsfindung. Jedoch hat das deutsche Strafprozeßrecht auch nicht die Wahrheitsfindung um jeden Preis zum Zweck. Eine Einschränkung der Wahrheitsfindung kann sich durch die Beachtung abstrakt oder konkret höherrangiger Interessen ergeben (vgl. dazu Henkel 86). Aus dieser Überlegung heraus erklären sich einzelne Beweisverbote (vgl. u. 4.34). „Glaubhaftmachen" (vgl. §§ 26, 45, 56, 74) bedeutet weniger als Beweisen, nämlich nur ein Wahrscheinlichmachen (vgl. Kern-Roxin 108).

Innerhalb des Beweisrechts unterscheidet man zwischen *Streng-* und *Freibeweis.* In der Hauptverhandlung gelten strenge Verfahrensvorschriften bezüglich des Vorgangs der Beweisaufnahme und der dabei zugelassenen Beweismittel (Strengbeweis;

vgl. dazu auch Kern-Roxin 108 und Arzt, Peters-Festschr. 1974, 223). Der Strengbeweis gilt damit in der Hauptverhandlung bezüglich des gesamten Verfahrensthemas, also bezüglich der Schuld- und Straffrage. Dem Strengbeweis steht der sogenannte Freibeweis gegenüber. Hier kann sich das mit der Sache befaßte Gericht auf jede beliebige Weise Gewißheit verschaffen (etwa durch Heranziehen von Akten, Einholen dienstlicher Äußerungen, telefonische Rückfragen). Der Freibeweis gilt vor allem für nur prozessual bedeutsame Umstände (vgl. Kern-Roxin 108 f.).

Vom *Indizienbeweis* spricht man, wenn durch nur mittelbar erhebliche Beweistatsachen auf andere direkt für den Tathergang bedeutsame Tatsachen geschlossen wird. So können etwa Fingerabdrücke an einem bestimmten Gegenstand ein Indiz für die Anwesenheit einer Person an einem bestimmten Ort (unter Umständen auch zu einem bestimmten Zeitpunkt) sein. Der Beweiswert des Indizienbeweises ist nicht generell etwa niedriger als der des direkten Beweises (es gibt sogar außerordentlich zuverlässige Indizienbeweise, vor allem bei naturwissenschaftlich einwandfrei abgesicherten kriminalistischen Tataufklärungsmethoden), aber es ist beim Indizienbeweis sehr streng auf die Schlüssigkeit der Beweisführung zu achten.

4.32. Allgemeine Fragen des Beweisrechts

4.321. Der Gegenstand des Beweises

Der Beweis zielt auf die Klärung des Sachverhalts, und zwar der für die Entscheidung erheblichen Tatsachen ab. Gegenstand des Beweises sind also primär Tatsachen. Darunter fallen sowohl äußere (z. B. Abgabe eines Schusses aus einer bestimmten Tatwaffe zu einem bestimmten Zeitpunkt an einem bestimmten Ort) wie auch innere Tatsachen (z. B. daß der Schütze aus Habgier gehandelt hat). Naturgemäß sind dabei innere Tatsachen sehr schwierig festzustellen, wenn der Angeklagte selbst schweigt, und zumeist nur aus Indizien zu erschließen.

Gegenstand des Beweises sind darüber hinaus auch Erfahrungssätze (vgl. Henkel 263), vor allem wissenschaftlich feststellbare und nachprüfbare Gesetze über bestimmte Geschehensabläufe (z. B. über die Identifizierung von Fingerabdrücken oder über die Untersuchungsmethoden, mit denen sich die Abgabe eines bestimmten Geschosses aus einer bestimmten Waffe feststellen läßt).

Grundsätzlich nicht Gegenstand des Beweises sind Rechtsfragen, deren Kenntnis bei den Rechtspflegeorganen vorausgesetzt wird. Zu bestimmten sehr schwierigen Rechtsfragen (z. B. über die Verfassungswidrigkeit einer Rechtsnorm) darf allerdings das Gericht Gutachten einholen (str. ist dann allerdings, ob es sich dabei um einen Beweis im technischen Sinn handelt, vgl. Henkel 263).

4.322. *Die Beweisbedürftigkeit*

Grundsätzlich bedürfen alle Tatsachen des Beweises, die das Gericht seiner Entscheidung zugrundelegt. Unter Geltung des Grundsatzes der Instruktionsmaxime (vgl. o. 2.4) gibt es dabei auch kein Zugestehen einzelner Tatsachen, das eine Beweisbedürftigkeit ausschließen würde. So bindet auch das Geständis des Angeklagten das Gericht nicht; hat es irgendwelche Zweifel an der Richtigkeit oder an der Vollständigkeit des Geständnisses, so muß es weitere Beweise erheben.

Eine Ausnahme vom Grundsatz der Beweisbedürftigkeit aller prozeßerheblichen Tatsachen machen nur die sogenannten offenkundigen Tatsachen (vgl. § 244 III 2). *Offenkundige Tatsachen* sind dabei die sogenannten allgemeinkundigen Tatsachen (das sind Tatsachen, die einem weiteren Personenkreis bekannt sind und über die man sich jederzeit informieren kann, z. B. die Entfernung zwischen zwei Orten) und die gerichtskundigen Tatsachen (das sind solche Tatsachen, von denen das Gericht amtlich zuverlässige Kenntnis hat). Dabei ist besonders für das Kollegialgericht zu beachten, daß eine gerichtskundige Tatsache nur gegeben ist, wenn alle Mitglieder des erkennenden Gerichts diese Kenntnis besitzen. Unzulässig wäre es dagegen, daß ein Richter, der eine solche Kenntnis besitzt, sie im Rahmen der Urteilsberatung oder sonst außerhalb der öffentlichen Sitzung den übrigen Mitgliedern des Gerichts zur Kenntnis bringt (vgl. Henkel 265).

4.323. Notwendigkeit der Heranziehung des tatnächsten Beweismittels

Als Ausfluß des Unmittelbarkeitsprinzips in der Hauptverhandlung ist es ein wichtiger Grundsatz des Beweisrechts, daß sich das Gericht grundsätzlich des tatnächsten Beweismittels bedienen muß, weil für dieses Beweismittel die Vermutung der größten Zuverlässigkeit spricht. Das bedeutet etwa, daß ein Zeuge, der einen Tathergang beobachtet hat, selbst vernommen werden muß und daß sich das Gericht nicht damit begnügen darf, drei andere Personen als Zeugen zu hören, denen der unmittelbare Tatzeuge die Vorgänge geschildert hat. Das hindert natürlich nicht, daß die mittelbaren Zeugen zusätzlich vernommen oder allein gehört werden, wenn der unmittelbare Zeuge nicht erreichbar ist. Besondere Bedeutung hat dieser Grundsatz beim Zeugenbeweis.

4.33. Die Beweismittel

4.331. Der Zeuge

4.3311. Der Begriff des Zeugen

Zeuge ist jede Person, die im Prozeß über wahrgenommene Tatsachen berichtet (vgl. Peters 286). Die Zeugenaussage bezieht sich also grundsätzlich auf Tatsachen, kann aber einfache Bewertungen einschließen (z. B. über den Ruf oder die beruflichen Kenntnisse einer Person, vgl. Kleinknecht Vorbem. 1 A vor § 48). Werturteile stehen aber dem Zeugen grundsätzlich nicht zu (so hat etwa der Zeuge über einen Unfallhergang auszusagen, wie schnell ein Unfallbeteiligter seiner Meinung nach gefahren ist; ob diese Geschwindigkeit nach der Verkehrssituation zu schnell war, hat dagegen der Richter zu beurteilen).

Vom unmittelbaren Zeugen oder Tatzeugen spricht man, wenn ein Zeuge selbst Wahrnehmungen über den Tathergang gemacht hat. Ein Zeuge vom Hörensagen hat dagegen den Tathergang nicht selbst beobachtet, sondern kann nur über die Erzählungen Dritter aussagen, die ihm über den Tathergang berichtet haben. Besondere praktische Bedeutung hat die Vernehmung eines Zeugen vom Hörensagen in den Fällen, in denen die Polizei Gewährsleute (sogenannter V-Mann) in Verbrecherkreise einschleust, um über diese zu Beweismaterial zu kommen. Um die Anonymität eines solchen V-Mannes, die Voraussetzung seines Wirkens ist, zu wahren, wird solchen Gewährsleuten in der Regel keine Aussagegenehmigung erteilt (vgl. zur Aussagegenehmigung auch u. 173 f.). Möglich ist dann nur die Vernehmung eines mittelbaren Zeugen über die Angaben eines solchen Gewährsmannes. Ob dieses Vorgehen zulässig ist, ist im einzelnen sehr umstritten (grundsätzlich bejahend BGH 17, 382; OLG Stuttgart NJW 72, 67; OLG Frankfurt NJW 76, 985; Hanack JZ 72, 236 f.; kritisch Peters 254 f. und Koffka JR 69, 306; vgl. auch Schroeder 57 ff.).

Über die Abgrenzung zum Sachverständigen vgl. u. 181 f.

4.3312. Die Zeugnisfähigkeit

4.33121. Faktische Möglichkeit zu Wahrnehmungen und ihrer Wiedergabe

Zeuge kann zunächst in tatsächlicher Hinsicht jeder sein, der Wahrnehmungen machen und darüber berichten kann. Die Zeugnisfähigkeit ist also unabhängig von irgendwelchen festen Altersgrenzen. Auch Kinder können bereits Zeugen sein, soweit sie über gemachte Wahrnehmungen verständlich berichten können (wobei selbstverständlich ihre Glaubwürdigkeit streng zu überprüfen und in der Regel durch einen Sachverständigen zu begutachten ist). Auch altersbedingte Gebrechlichkeit schließt die Zeugenstellung nicht aus, solange die Wahrnehmungsfähigkeit besteht; jedoch sind hier immer die Grenzen der noch vorhandenen Wahrnehmungsfähigkeit und Erinnerungsfähigkeit streng zu überprüfen. Auch Personen, die wegen erheblicher, einschlägiger Vorstrafen in ihrer Glaubwürdigkeit vorbelastet erscheinen, sind als Zeugen vernehmbar; die Glaubwürdigkeit ist immer erst eine Frage der Beweiswürdigung.

4.33122. Unvereinbarkeit der Zeugenstellung mit anderen Verfahrensrollen

In rechtlicher Hinsicht unterliegt die Zeugnisfähigkeit Einschränkungen vor allem im Hinblick auf andere Verfahrensrollen, mit denen eine Zeugenstellung unvereinbar erscheint.

So kann zunächst der Richter nicht gleichzeitig Zeuge sein, weil eine Verwertung der eigenen Aussage im Rahmen der Beweiswürdigung undenkbar erscheint (vgl. LR Kohlhaas Vorbem. 4 c vor § 48). Deshalb sieht § 22 Nr. 5 einen Ausschließungsgrund kraft Gesetzes vor, wenn ein Richter in derselben Sache als Zeuge oder Sachverständiger vernommen wurde.

Für den Staatsanwalt besteht keine entsprechende gesetzliche Vorschrift. Sicher ist, daß während der Zeugenaussage eines Staatsanwalts ein anderer Sitzungsvertreter für die Staatsanwaltschaft anwesend sein muß. Aber auch nach Erstattung der Zeugenaussage sieht es die h. M. (vgl. BGH 14, 265; LR Kohlhaas Vorbem. 4 d vor § 48; Kleinknecht Vorbem. 5 B vor § 48) für unvereinbar mit der Anklägerfunktion an, daß der Staatsanwalt im Schlußvortrag seine eigene Zeugenaussage im Rahmen der Beweiswürdigung beurteilt. Hat daher ein Staatsanwalt eine Zeugenaussage gemacht, so muß ab diesem Zeitpunkt an der Hauptverhandlung ein anderer Staatsanwalt als Sitzungsvertreter teilnehmen.

An sich würde die gleiche Erwägung auch dafür sprechen, daß ein Verteidiger nach seiner Zeugenaussage – jedenfalls bei notwendiger Verteidigung – aus seiner Verteidigerposition im konkreten Verfahren ausscheiden müßte. Für den Verteidiger bedeutet das aber einen tiefen Eingriff in sein Berufsrecht. Deshalb verwundert es nicht, daß hier der Meinungsstand außerordentlich kontrovers ist: eine generelle Unvereinbarkeit zwischen Verteidigerrolle und Zeugenstellung nehmen an LR Kohlhaas Vorbem. 4 e vor § 48 und Peters 289; überwiegend wird eine vermittelnde Auffassung vertreten, die danach differenziert, ob die Zeugenaussage mit der Verteidigerstellung vereinbar ist (grundsätzlich also bei Entlastungsaussagen) oder ob der Verteidiger in einen Interessenkonflikt gerät (vgl. BVerfGE 16, 214; BGH NJW 67, 404; Kleinknecht Vorbem. 5 C vor § 48; Henkel 203 f.). Auch nach dem Inkrafttreten des Gesetzes vom 20. 12. 1974, das die Ausschließung des Strafverteidigers gesetzlich regelt (vgl o. 59 ff.), ist diese Frage umstritten geblieben. Da im Gesetz selbst die Zeugenvernehmung des Verteidigers nicht als Ausschließungsgrund vorgesehen ist, wird zum Teil die Unzulässigkeit des Ausschlusses des Verteidigers in einem derartigen Fall von der weiteren Mitwirkung im Verfahren angenommen (vgl. Ulsenheimer GA 1975, 116 f.). Andererseits wird argumentiert, daß sich gerade durch die Nichterwähnung dieser Fallkonstellation in dem genannten Gesetz bezüglich der Vereinbarkeit von Zeugen- und Verteidigerstellung nichts an der bisherigen Rechtslage geändert habe (so Kern-Roxin 123), weil insoweit eindeutig vorkonstitutionelles Gewohnheitsrecht bestand.

Anerkannt ist, daß die Zeugenstellung mit der Beschuldigtenrolle unvereinbar ist (vgl. auch Lenckner, Peters Festschr. 1974, 333); ein Zeuge in eigener Sache, wie ihn das amerikanische Strafprozeßrecht kennt, ist bei uns nicht vorgesehen. Sehr streitig ist jedoch, ob dies generell gilt oder nur bezüglich desselben Verfahrensabschnittes. Die Rechtsprechung (vgl. BGH JR 69, 148) nimmt letzteres an und läßt deshalb auch die Abtrennung eines Verfahrens zu, um dadurch die Unvereinbarkeit von Beschuldigten- und Zeugenstellung im gleichen Verfahrensabschnitt aufzuheben (vgl. BGH a. a. O.; einschränkend aber BGH 24, 257; eing. Nachw. bei LR Kohlhaas Vorbem. 4 b vor § 48). Die im Schrifttum wohl überwiegende Ansicht (Peters 290; Henkel 204; Kern-Roxin 122) lehnt diese Auffassung ab und stellt nicht auf die formale Prozeßrolle, sondern auf die materielle Beschuldigteneigenschaft ab (vgl. v. Gerlach JR 69, 148). Letztlich besteht für eine solche Abtrennung, die immer im Verdacht der Manipulation steht, gar kein Bedürfnis, weil sich der Beweiswert einer Aussage mit einem Wechsel der formalen Verfahrensstellung in aller Regel nicht verändert (vgl. BGH 18, 238; zust. Kern-Roxin 122).

Da der Privatkläger im Privatklageverfahren an Stelle des Staatsanwalts auftritt, wird ihm von der h. A. die Berechtigung versagt, daneben als Zeuge zu fungieren (LR Kohlhaas Vorbem. 4 f vor § 48 m. Nachw.). Praktisch bedeutet das eine außerordentliche Erschwerung für den Privatkläger in den Fällen, in denen er als Verletzter der einzige Tatzeuge ist (häufig bei Körperverletzung und Beleidigung).

Dagegen wird der Nebenkläger von der h. A. als Zeuge zugelassen, da er nur Streithelfer des Staatsanwalts ist (vgl. BGH bei Dallinger MDR 52, 523, KMR Vorbem. 4 e vor § 48, Kleinknecht Vorbem. 4 vor § 48, Kern-Roxin 123; a. A. Henkel 205).

4.3313. Die Zeugenpflichten

4.33131. Die Pflicht zum Erscheinen

Die Pflicht zum Erscheinen ergibt sich für den Zeugen mittelbar aus § 51. Danach werden einem ordnungsgemäß geladenen Zeugen (zur Ladung vgl. § 48), der nicht zur Hauptverhandlung erscheint, die durch sein Ausbleiben verursachten Kosten sowie ein Ordnungsgeld, an dessen Stelle im Nichtbeibringungsfalle Ordnungshaft tritt, auferlegt (§ 51 I 1). Auch ist die zwangsweise Vorführung des Zeugen zulässig. Die Erscheinenspflicht trifft dabei auch den Zeugen, der zur Zeugnisverweigerung berechtigt und entschlossen ist (Kleinknecht § 51 Anm. 3 B). Nicht erschienen im Sinne des Gesetzes ist ein Zeuge auch dann, wenn er sich schuldhaft (z. B. durch Betrinken) in den Zustand der Verhandlungsunfähigkeit versetzt hat. Ist der Zeuge genügend entschuldigt (z. B. wegen Krankheit), so entfallen die oben bezeichneten Folgen seines Nichterscheinens (§ 51 II; vgl. näher Kleinknecht § 51 Anm. 3).

Sondervorschriften für das Erscheinen des Bundespräsidenten und der Mitglieder oberster Staatsorgane vor Gericht enthalten die §§ 49 und 50.

4.33132. Die Pflicht zur Aussage

Jeden Zeugen trifft die Pflicht zur wahrheitsgemäßen Aussage; diese Verpflichtung ist mit dem Begriff der Zeugenschaft untrennbar verbunden. Jedoch sind bestimmten Gruppen von Zeugen unbeschränkte oder beschränkte Zeugnisverweigerungsrechte eingeräumt, um ihnen Konfliktsituationen zu ersparen.

Zur thematisch unbeschränkten Verweigerung des Zeugnisses sind nach § 52 bestimmte Angehörige des Beschuldigten berechtigt, nämlich der Verlobte des Beschuldigten, sein Ehegatte und die mit dem Beschuldigten in gerader Linie verwandten und verschwägerten Personen sowie die in der Seitenlinie bis zum dritten Grade verwandten oder bis zum zweiten Grade verschwägerten Personen. Diese Personen sind vor jeder Aussage über dieses Recht zur Verweigerung des Zeugnisses zu belehren (§ 52 II 1). Sie haben das Zeugnisverweigerungsrecht auch, wenn sie in einem früheren Verfahrensstadium von dem Recht keinen Gebrauch gemacht haben (also z. B. im Ermittlungsverfahren ausgesagt haben), und können auch während der Hauptverhandlung den Verzicht auf das Zeugnisverweigerungsrecht jederzeit widerrufen (§ 52 II 2). Abgesichert wird dies durch § 252, wonach die Aussage eines vor der Hauptverhandlung vernommenen Zeugen in der Hauptverhandlung nicht verlesen werden darf, wenn er in der Hauptverhandlung von seinem Zeugnisverweigerungsrecht Gebrauch macht. Dies gilt auch dann, wenn bei der ersten Aussage das Zeugnisverweigerungsrecht noch nicht bestand, z. B. wenn sich eine Zeugin erst kurz vor der Hauptverhandlung mit dem Beschuldigten verlobt hat (BGH 22, 220). Zur Wirkung der Zeugnisverweigerung gegenüber Mitbeschuldigten, die nicht selbst Angehörige des Zeugen sind, vgl. BGH bei Dallinger MDR 73, 902 und NJW 74, 758, sowie Schöneborn NJW 74, 535 und ZStW 86, 921.

Die Belehrung über das Zeugnisverweigerungsrecht muß dem Zeugen die Tragweite des Verzichts oder der Aussage eindringlich vor Augen führen (vgl. Kleinknecht § 52 Anm. 10). Bei Zeugen, die einen gesetzlichen Vertreter haben (Kinder, Jugendliche, geistesschwache Personen) ist die Belehrung an diese Person selbst zu richten, wenn sie die zum Verständnis des Zeugnisverweigerungsrechts notwendige Einsicht besitzen. Ist das nicht der Fall, so ist eine doppelte Belehrung notwendig, nämlich gegenüber dem gesetzlichen Vertreter und gegenüber dem Zeugen selbst (§ 52 III 1). Dann gilt folgendes: verweigert der Zeuge die Aussage, so ist seine Vernehmung nicht zulässig (BGH 21, 303). Stimmt der Zeuge (z. B. ein vernehmungsfähiges Kind) der Vernehmung zu, so muß zusätzlich der gesetzliche Vertreter belehrt werden, ob er sein Einverständnis zu der Aussage gibt (BGH 23, 221). Verweigert der gesetzliche Vertreter dieses Einverständnis, so darf der Zeuge nicht vernommen werden. Gibt er sein Einverständnis, so wird er vernommen. Es muß also der Zeuge selbst zur Aussage bereit sein und der gesetzliche Vertreter der Vernehmung zustimmen (§ 52 II 1). Wenn der gesetzliche Vertreter selbst Beschuldigter ist, so kann er über die Ausübung des Zeugnisverweigerungsrechts nicht entscheiden (§ 52 II 2). Ist ein Elternteil Beschuldigter, so ist zu unterscheiden: steht dem nicht beschuldigten Elternteil die gesetzliche Vertretung allein zu, so ist er selbst zur Entscheidung über die Ausübung des Zeugnisverweigerungsrechts befugt. Steht die gesetzliche Vertretung dagegen beiden Eltern zu, dann ist auch der nicht beschuldigte Elternteil von der Vertretung ausgeschlossen (§ 52 II 2 letzter Halbs.). Ist kein zustimmungsfähiger gesetzlicher Vertreter vorhanden, so muß ein Pfleger bestellt werden (vgl. Kleinknecht § 52 Anm. 9).

Ein gegenständlich beschränktes Zeugnisverweigerungsrecht ist bestimmten Berufsgruppen nach §§ 53, 53 a eingeräumt, so besonders seelsorgerischen, rechtsberatenden und ärztlichen Berufsgruppen über das, was ihnen in ihrer dienstlichen Eigenschaft anvertraut oder bekannt geworden ist (vgl. zu Einzelheiten näher den in § 53 I aufgeführten Katalog dieser Berufsgruppen). Bei Rechtsanwälten und Ärzten (und ihnen gleichstehenden Berufsgruppen) entfällt das Zeugnisverweigerungsrecht, wenn sie von der Verpflichtung zur Verschwiegenheit entbunden werden (§ 53 II; vgl. dazu näher Kleinknecht § 53 Anm. 10).

Das Gesetz vom 25. 7. 1975 über das Zeugnisverweigerungsrecht der Mitarbeiter von Presse und Rundfunk (in Kraft getreten am 1. 8. 1975) hat das journalistische Zeugnisverweigerungsrecht in § 53 I Nr. 5 neu geregelt (vgl. dazu näher Groß NJW 75, 1763 und Kunert MDR 75, 885). Dies war erforderlich geworden, weil das Bundesverfassungsgericht mit Beschlüssen vom 28. 11. 1973 (NJW 74, 356) und vom 13. 2. 1974 (NJW 74, 743) die Regelungen über das Zeugnisverweigerungsrecht in den Landespressegesetzen von Hessen und Hamburg bezüglich des Strafverfahrens mangels Gesetzgebungskompetenz für nichtig erklärt hatte (vgl. Groß a. a. O.) und das eingeschränkte Zeugnisverweigerungsrecht nach § 53 I Nr. 5. a. F. für unzureichend empfunden wurde (vgl. dazu schon BVerfGE

20, 162). § 53 I Nr. 5 räumt allen Personen, die bei der Vorbereitung, Herstellung, oder Verbreitung von periodischen Druckwerken oder Rundfunksendungen (dazu gehört auch der Fernsehfunk) ein Zeugnisverweigerungsrecht über die Person des Verfassers, Einsenders oder Gewährsmann von Beiträgen und Unterlagen sowie über die ihnen im Hinblick auf ihre Tätigkeit gemachten Mitteilungen ein, soweit es sich um Beiträge, Unterlagen und Mitteilungen für den redaktionellen Teil handelt (vgl. dazu im einzelnen Kleinknecht § 53 Anm. 9 und Kern-Roxin 354 f.).

Rechtspolitisch ist im einzelnen umstritten, ob der Kreis der durch ein Zeugnisverweigerungsrecht nach § 53 I begünstigten Berufsgruppen zutreffend und umfassend genug erfaßt ist. So erheben weitere Berufsgruppen (z. B. Fachpsychologen – vgl. dazu Blau NJW 73, 2234 – und Sozialarbeiter) Anspruch darauf, ein Zeugnisverweigerungsrecht nach § 53 eingeräumt zu erhalten. Auch das Bundesverfassungsgericht hatte sich bereits mit der Frage zu befassen, ob der Ausschluß einzelner Berufsgruppen aus § 53 verfassungswidrig ist; BVerfGE 33, 367 hat dies bezüglich der Sozialarbeiter verneint (vgl. dazu Würtenberger JZ 73, 784 und Kühne JuS 73, 685), aber gleichzeitig anerkannt, daß im Einzelfall ein Zeugnisverweigerungsrecht unmittelbar aus der Verfassung (hier Art. 2 I i. V. m. Art. 1 I GG) unter strengen Voraussetzungen aus dem Gesichtspunkt der Güterabwägung zwischen der geschützten Privatsphäre und den Belangen der Strafrechtspflege hergeleitet werden kann (vgl. Kern-Roxin 125).

Ein gegenständlich beschränktes, bedingtes Aussageverbot besteht für Richter, Beamte und andere Personen des öffentlichen Dienstes über Umstände, auf die sich ihre Pflicht zur Amtsverschwiegenheit bezieht (§ 54 I). Die Aussage über solche Vorgänge wird für den Angehörigen des öffentlichen Dienstes zulässig, wenn eine Aussagegenehmigung des Dienstvorgesetzten vorliegt. Diese ist näher geregelt in den Beamtengesetzen des Bundes und der Länder (vgl. Kleinknecht zu § 54). Eine ohne diese Genehmigung gemachte Aussage ist verwertbar, macht den Beamten aber strafrechtlich (vgl. §§ 353 b, c StGB) und disziplinarisch verantwortlich. Die Aussagegenehmigung ist ein Verwaltungsakt, so daß ggf. eine verwaltungsgerichtliche Verpflichtungsklage auf ihre Erteilung möglich ist (Kern-Roxin 127).

Ein gegenständlich beschränktes Auskunftsverweigerungsrecht hat schließlich nach § 55 jeder Zeuge über solche Fragen, „deren Beantwortung ihm selbst oder einem der in § 52 Abs. 1 bezeichneten Angehörigen die Gefahr zuziehen würde, wegen einer Straftat oder einer Ordnungswidrigkeit verfolgt zu werden“ (§ 55 I). Es handelt sich dabei um einen Ausfluß des Grundsatzes, daß sich niemand selbst beschuldigen muß. Darüber ist der Zeuge nach § 55 II zu belehren. Die Belehrung wird in dem Zeitpunkt notwendig, in dem erkennbar wird, daß sich der Zeuge durch die Fortsetzung seiner Aussage selbst belasten kann. Eine Unterlassung der Belehrung macht die Aussage nicht unverwertbar (BGH 11, 213); auch kann hierauf die Revision grundsätzlich nicht gestützt werden, und zwar von Seiten des Angeklagten nicht, weil sein Rechtskreis dadurch nicht betroffen ist (BGH 11, 213; § 55 dient nicht dem Schutz des Beschuldigten, sondern des jeweiligen Zeugen), und vom Staatsanwalt nicht, weil die Aufklärung dadurch grundsätzlich nicht beeinträchtigt, sondern gefördert wird (vgl. Kleinknecht § 55 Anm. 7).

4.33133. Die Eidespflicht

Die Strafprozeßordnung geht – anders als die übrigen Verfahrensordnungen – vom Grundsatz der obligatorischen Zeugenvereidigung aus (§ 59; zur rechtspolitischen Problematik vgl. Verf., Festschr. für Reinhart Maurach 1972, 415). Das bedeutet, daß im Strafprozeß grundsätzlich jeder Zeuge zu vereidigen ist ohne Rücksicht auf die Bedeutung seiner Aussage. Jedoch enthalten die §§ 60 ff. Ausnahmen von diesem Grundsatz, wobei § 60 Vereidigungsverbote und §§ 61 und 62 die Möglichkeit des Absehens von der Vereidigung vorsehen.

Von der Vereidigung ist nach § 60 abzusehen bei Personen die z. Z. der Vernehmung das 16. Lebensjahr noch nicht vollendet haben oder die wegen mangelnder Verstandesreife oder Verstandesschwäche vom Wesen und der Bedeutung des Eides keine genügende Vorstellung haben (maßgebend dafür ist die tatrichterliche Beurteilung; in der Revisionsinstanz ist nur nachprüfbar, ob der Tatrichter von den zutreffenden rechtlichen Begriffen ausgegangen ist). Weiterhin ist bei Personen von der Vereidigung abzusehen, die der Tat, welche den Gegenstand der Untersuchung bildet oder der Beteiligung an ihr oder der Begünstigung, Strafvereitelung oder Hehlerei verdächtig oder deswegen bereits verurteilt sind (§ 60 Nr. 2). Auszugehen ist dabei vom Begriff der Tat im prozessualen Sinne (vgl. dazu näher Kleinknecht § 60 Anm. 6 A). Der Verdacht einer Beteiligung im weiteren Sinne muß im Zeitpunkt der Vernehmung gegeben sein. Stellt sich noch im Laufe der Hauptverhandlung heraus, daß der Verdacht unbegründet war, so muß die Vereidigung nachgeholt werden.

Nach dem Ermessen des Gerichts kann gemäß § 61 von der Vereidigung abgesehen werden

„1. bei Personen, die zur Zeit der Vernehmung das 16., aber noch nicht das 18. Lebensjahr vollendet haben;

2. beim Verletzten sowie bei Personen, die im Sinne des § 52 Abs. 1 Angehörige des Verletzten oder des Beschuldigten sind;

3. wenn das Gericht der Aussage keine wesentliche Bedeutung beimißt und nach seiner Überzeugung auch unter Eid keine wesentliche Aussage zu erwarten ist;

4. bei Personen, die wegen Meineids (§§ 154, 155 StGB) verurteilt worden sind;

5. wenn die Staatsanwaltschaft, der Verteidiger und der Angeklagte auf die Vereidigung verzichten."

Der Begriff des Verletzten ist hier in einem weiten Sinne zu verstehen unter Einschluß des nur mittelbar Verletzten (vgl. näher Kleinknecht § 61 Anm. 5 A). Von wesentlicher Bedeutung (wesentlich ist weniger als ausschlaggebende Bedeutung in § 62) ist eine Aussage immer dann, wenn der Richter sie im Rahmen der Beweiswürdigung auch nur im Zusammenwirken mit anderen Aussagen für die Feststellung einer bestimmten Tatsache, der Bedeutung für die Schuld- oder Straffrage zukommt, verwertet. Auch hier muß die Beeidigung nachgeholt werden, wenn sich eine wesentliche Bedeutung der Aussage nachträglich herausstellt (BGH 7, 281). § 61 Nr. 4 ist neu gefaßt durch das 1. StrRG, das den Ausspruch der Eidesunfähigkeit (§ 161 a. F. StGB) aufgehoben hat; § 61 Nr. 5 wurde durch das 1. StVRG neu eingefügt (vgl. Kern-Roxin 128).

§ 62 lockert im Privatklageverfahren die obligatorische Zeugenvereidigung stark auf; das Gericht vereidigt hier einen Zeugen nur, wenn es dies wegen der ausschlaggebenden Bedeutung der Aussage oder zur Herbeiführung einer wahren Aussage für notwendig hält (die gleiche Regelung enthalten §§ 49 I JGG und 48 I OWiG).

Ein Eidesverweigerungsrecht steht nach § 63 den Zeugen zu, die nach § 52 I zur Zeugnisverweigerung berechtigt sind. So kann z. B. der Ehegatte des Angeklagten trotz seines Zeugnisverweigerungsrechts nach § 52 zunächst aussagen, dann aber nach § 63 die Beeidigung verweigern. Über dieses Recht muß eine Belehrung erfolgen.

4.3314. Die Durchführung von Vernehmung und Vereidigung

Nach § 58 I sind die Zeugen einzeln und in Abwesenheit der später zu hörenden Zeugen zu vernehmen. Die Zeugen treten nach der Generalbelehrung aus dem Sitzungssaal ab und werden dann einzeln hereingerufen. Bei seiner Aussage soll der Zeuge zunächst eine zusammenhängende Darstellung des betreffenden Vorfalls geben. Daran schließen sich Fragen des Gerichts, des Staatsanwalts und des Verteidigers an. Rechtlich möglich aber in der Praxis nicht üblich ist das sog. Kreuzverhör nach § 239 bei der Zeugenvernehmung. Der Angeklagte hat nach § 257 ein Äußerungsrecht zu jeder Zeugenaussage, auf das er hingewiesen werden soll.

Die Vereidigung des Zeugen erfolgt nach seiner Vernehmung (§ 59; Grundsatz des Nacheides). Die Eidesformel richtet sich grundsätzlich nach § 66 c I; jedoch ist der Eid auch ohne religiöse Beteuerungsformel möglich (§ 66 c II; zur Belehrung vgl. § 57). Nachdem der Eid in den letzten Jahren zunehmend als Mittel der Wahrheitsfindung vor Gericht umstritten war (vgl. zur verfassungsrechtlichen und rechtspolitischen Problematik bes. BVerfGE 33, 23; Lange, Festschr. für Gallas 1973, 427; Ebert JR 1973, 397; Heimann-Trosien JZ 1973, 609; Stolleis

JuS 1974, 770), hat der Gesetzgeber im ErgGes. zum 1. StVRG § 66 d geschaffen, der die Bekräftigung der Wahrheit dem Eid gleichstellt, wenn ein Zeuge aus Glaubens- oder Gewissensgründen keinen Eid leisten will (vgl. dazu besonders auch Verf. a. a. O.). Der Wert der Zeugenaussage als Beweismittel hängt nicht nur von der Einhaltung der rechtlich dafür vorgeschriebenen Förmlichkeiten ab, sondern ganz entscheidend von der Gestaltung der Vernehmung und ihrer Auswertung in der Beweiswürdigung nach aussagepsychologischen Grundsätzen (vgl. Peters, § 44 Grundzüge der Aussagepsychologie, S. 314 ff., und Graßberger, Psychologie des Strafverfahrens, 2. Aufl. 1968, 126 ff.).

4.332. *Der Sachverständige*

4.3321. Begriff, Aufgabe und Stellung des Sachverständigen

Sachverständiger ist jede Person, deren sich das Gericht zur Ermittlung der Wahrheit bedient, indem es ihre besondere Sachkunde auf einem bestimmten Arbeitsgebiet heranzieht.

Das von dem Sachverständigen geforderte Tätigwerden kann in dreierlei Weise geschehen (vgl. Henkel 217, Kern-Roxin 132). Die Aufgabe des Sachverständigen kann sich zunächst darin erschöpfen, die Erfahrungs- und Wissenssätze seiner Disziplin in allgemeiner, abstrakter Form dem Gericht mitzuteilen; die Anwendung auf den konkreten Fall übernimmt dann das Gericht selbst. Sodann ist es möglich, daß das Gericht dem Sachverständigen konkrete Einzelheiten des Falles mitteilt, damit er auf Grund seines allgemeinen Fachwissens daraus Schlußfolgerungen zieht. Und schließlich kann das Gericht so vorgehen, daß es auch die notwendigen Tatsachen (Befundtatsachen) von dem Sachverständigen selbst ermitteln und dann beurteilen läßt.

Ein Beispiel mag dies näher verdeutlichen: In einem Prozeß bedarf es der Klärung, ob ein bestimmtes, im Zeitpunkt der Hauptverhandlung vorliegendes Krankheitsbild auf eine dem Angeklagten zur Last gelegte Unfallverletzung zurückgeht. Das Gericht kann sich darauf beschränken, einen Arzt als Sachverständigen über den üblichen Krankheitsverlauf bei einer derartigen Verletzung zu befragen. Dann teilt der Arzt abstrakte Erfahrungssätze seiner Wissenschaft mit. Es kann aber auch dem Arzt die konkreten Umstände der Unfallverletzung mitteilen (z. B. durch Zugänglichmachen von Röntgenaufnahmen und der Krankheitsgeschichte) und ihn befragen, ob das jetzt zu beobachtende Krankheitsbild auf diese Unfallverletzung zurückzuführen ist; dann muß der Arzt selbst Stellung nehmen zu der Möglichkeit des Ursachenzusammenhangs. Schließlich kann das Gericht aber auch den Arzt zur Untersuchung des Unfallverletzten im Zeitpunkt der Hauptverhandlung auffordern; dann muß sich der Arzt insoweit auch die Befundtatsachen selbständig schaffen. Welches Vorgehen das Gericht wählt, hängt ganz von der konkreten Situation des Falles ab.

Die Stellung des Sachverständigen zum Gericht und den Verfahrensbeteiligten wirft vielfache Probleme auf, auf die hier nur kurz hingewiesen werden kann; zu Einzelheiten muß verwiesen werden auf Jessnitzer, Der gerichtliche Sachverständige, 4. Aufl. 1973; Hepner, Richter und Sachverständiger, 1966; Müller, Der Sachverständige im gerichtlichen Verfahren, 1973; Tröndle, Der Sachverständigenbeweis, JZ 69, 374; Krauss ZStW 85, 320. Rechtlich läßt sich seine Stellung als die eines „Gehilfen des erkennenden Gerichts" umschreiben (BGH 9, 293); funktional ist seine Prozeßrolle auf Kooperation mit dem Gericht angelegt.

4.3322. Beiziehung, Auswahl und Ablehnung von Sachverständigen

Die Notwendigkeit, einen Sachverständigen beizuziehen, ist zum Teil im Gesetz verankert; sonst ergibt sie sich aus der richterlichen Aufklärungspflicht. Gesetzlich vorgeschrieben ist die Zuziehung von Sachverständigen in den §§ 80 a, 81, 87 ff., 91 und 92. In den meisten Fällen ergibt sich die Notwendigkeit der Zuziehung eines Sachverständigen aus der richterlichen Aufklärungspflicht (§ 244 II; vgl. u. 187 f.). Denn wenn das Gericht von der Möglichkeit keinen Gebrauch macht, seine Sachkunde auf außerjuristischen Gebieten durch die Befragung von Sachverständigen zu erweitern, dann schöpft es nicht alle vorhandenen Aufklärungsquellen aus. Erkennt das Gericht diese Möglichkeit nicht, oder überschätzt es seine eigene Sachkunde, indem es die Zuziehung eines Sachverständigen rechtsfehlerhaft für entbehrlich hält, so begründet das als Verstoß gegen die richterliche Aufklärungspflicht die Revision. Bei schwierigen und einschneidenden Zweifelsfragen kann dabei sogar die Zuziehung mehrerer Sachverständiger geboten sein. Dabei muß es sich nicht immer um die Aufklärung des Sachverhalts im engeren Sinne handeln; auch zur Begutachtung der Glaubwürdigkeit von Zeugenaussagen (z. B. von Kinderaussagen) kann die Zuziehung von Sachverständigen notwendig sein, bei erwachsenen Zeugen allerdings höchstens ausnahmsweise (vgl. OLG Koblenz VRS Bd. 46, 31).

Die Auswahl der zuzuziehenden Sachverständigen und die Bestimmung ihrer Anzahl erfolgt durch den Richter (§ 73 I). Andere Verfahrensbeteiligte können dafür zwar Vorschläge machen, jedoch ist das Gericht daran nicht gebunden. Allerdings steht die Auswahl und die Bestimmung der Anzahl der Sachverständigen immer unter dem Gesichtspunkt der richterlichen Aufklärungspflicht. Die richterliche Auswahl unterliegt also in der Revisionsinstanz einer strengen Prüfung darauf, ob geeignete Sachverständige ausgewählt wurden. Nach § 83 ist dabei auch immer eine neue Begutachtung durch dieselben oder andere Sachverständige anzuordnen, wenn das erstattete Gutachten für ungenügend erachtet wird.

Eine der allgemeinen Zeugenpflicht entsprechende generelle Sachverständigenpflicht gibt es nicht. Das hängt damit zusammen, daß der Zeuge unersetzbar ist, beim Sachverständigen in der Regel aber eine Auswahl möglich ist. Eine Gutachterpflicht besteht aber im Falle des § 75, deren Verletzung die Ungehorsamsfolgen nach § 77 auslösen kann. Besteht keine Gutachterpflicht, so kann der vom Gericht ersuchte Sachverständige die Übernahme der Sachverständigentätigkeit ablehnen. Bei der Gutachterpflicht nach § 75 ist eine Ablehnung nur im engen Rahmen des § 76 möglich, also vor allem wenn der Sachverständige zur Zeugnisverweigerung berechtigt wäre (§ 76 I 1).

Von den Verfahrensbeteiligten kann ein Sachverständiger aus denselben Gründen abgelehnt werden (vgl. dazu **Schneider** MDR 75, 353), die zur Richterablehnung berechtigen (§ 74 I; mit Ausnahme des Falles, daß der Sachverständige als Zeuge vernommen wurde, § 74 I 2). Dabei sind die Ausschließungsgründe des § 22 Nr. 1–4 beim Sachverständigen nur Ablehnungsgründe (Kleinknecht § 74 Anm. 1; vgl. dazu eingehend Krause, Festschr. für Maurach 1972, 549). Im Rahmen des § 74 gelten die Ablehnungsfristen nicht, die bei der Richterablehnung vorgesehen sind; die Ablehnung eines Sachverständigen ist deshalb auch noch nach der Erstattung des Gutachtens bis zum Urteil möglich (Kleinknecht § 74 Anm. 3), wie sich aus § 83 II ergibt.

4.3323. Erstattung des Gutachtens und Vereidigung

Den Sachverständigen treffen ebenso wie den Zeugen drei Pflichten: zum Erscheinen in der Hauptverhandlung, zur Erstattung des Gutachtens und u. U. zur Eidesleistung. Das Gutachten ist grundsätzlich mündlich in der Hauptverhandlung zu erstatten; dies ist Ausfluß des Mündlichkeitsprinzips, das die gesamte Hauptverhandlung beherrscht. Im Vorverfahren ist dagegen die Erstattung des Gutachtens in schriftlicher Form möglich (§ 82).

Der Sachverständige erstattet sein Gutachten in der Hauptverhandlung zunächst durch einen zusammenhängenden Vortrag. Daran schließen sich in der Regel ergänzende Fragen von seiten des Gerichts, der Staatsanwaltschaft und der Verteidigung an. Für die Vorbereitung des Gutachtens steht dem Sachverständigen das Recht auf Akteneinsicht, der Anwesenheit bei der Vernehmung des Beschuldigten und der Zeugen, das Fragerecht gegenüber diesen Personen und das Recht auf Anwesenheit in der Hauptverhandlung zu (vgl. § 80). Nach § 78 hat der Richter die Tätigkeit des Sachverständigen (das meint die eigentliche Gutachtenstätigkeit, nicht die Vernehmung in der Hauptverhandlung) zu leiten.

Der Sachverständige kann nach dem Ermessen des Gerichts vereidigt werden (§ 79 I 1). Auf Antrag der Staatsanwaltschaft, des Angeklagten oder des Verteidigers ist er zu vereidigen (§ 79 I 2). Der Sachverständigeneid wird nach Erstattung des Gutachtens geleistet; er lautet auf unparteiische Erstattung des Gutachtens nach bestem Wissen und Gewissen (vgl. § 79 II).

Ist der Sachverständige für die Erstattung von Gutachten der betreffenden Art im allgemeinen vereidigt, so genügt die Berufung auf diesen Eid (§ 79 III).

Soweit in den §§ 73 ff. keine Sondervorschriften für den Sachverständigen getroffen worden sind, sind nach § 72 die Zeugenvorschriften entsprechend anwendbar. Zur Entschädigung des Sachverständigen für seine Tätigkeit vgl. § 84.

4.3324. Der sachverständige Zeuge

Um den Begriff des sachverständigen Zeugen zu erfassen, müssen die Begriffe des Zeugen und Sachverständigen noch näher gegeneinander abgegrenzt werden. Über die Unterscheidung zwischen Zeugen und Sachverständigen gibt es ein umfangreiches Schrifttum (vgl. dazu LR Sarstedt Vorbem. 3 vor § 72).

Am sichersten läßt sich die Sachverständigenstellung gegenüber der Zeugenstellung formal in der Weise abgrenzen, daß Sachverständiger derjenige ist, der im Auftrag des Gerichtes ein Sachverständigengutachten erstattet (vgl. Kern-Roxin 133 f.).

Die zahlreichen materiellen Abgrenzungskriterien, die genannt werden, ermöglichen alle keine exakte begriffliche Abgrenzung, sondern vermögen nur das Bild des Zeugen und Sachverständigen zu zeichnen (Kern-Roxin a. a. O.). So kann man für den Regelfall sagen, daß der Zeuge Tatsachen mitteilt, der Sachverständige Schlußfolgerungen zieht; der Zeuge über vergangene Geschehnisse aussagt, während der Sachverständige über das gegenwärtige Ergebnis seiner Gutachtertätigkeit berichtet; der Sachverständige grundsätzlich austauschbar ist, der Zeuge dagegen nicht.

Im sachverständigen Zeugen mischen sich nun die Merkmale der Sachverständigen- und der Zeugeneigenschaft. Das Gesetz legt dabei zu Recht den Schwerpunkt auf die Zeugeneigenschaft und erklärt deshalb nach § 85 die Zeugenvorschriften für maßgebend, soweit sachkundige Personen über vergangene Tatsachen oder Zustände berichten.

Ein Beispiel soll die Abgrenzung zwischen Zeugen und Sachverständigen und die Mischfigur des sachverständigen Zeugen näher verdeutlichen: ein Arzt ist zu einem Verkehrsunfall gerufen worden, um dem Unfallverletzten erste Hilfe zu leisten. Das Unfallopfer ist auf dem Transport ins Krankenhaus verstorben. In dem Prozeß wegen fahrlässiger Tötung gegen den Unfallverursacher ist auch der Arzt geladen. Soweit er über die näheren Umstände am Unfallort aussagt, ist er Zeuge. Soweit er über die von ihm festgestellte Unfallverletzung, seine Diagnose und seine angewandten Sofortmaßnahmen berichtet, ist er sachverständiger Zeuge. Sofern er weiter Angaben darüber macht, daß er die eingetretene Unfallverletzung unter Berücksichtigung der medizinischen Erfahrung für unbedingt tödlich gehalten habe, gibt er ein Sachverständigengutachten ab.

Der sachverständige Zeuge ist also Zeuge insofern, als er an einem unwiederholbaren Geschehnis der Vergangenheit teilgenommen hat und seine dabei gemachten Wahrnehmungen wiedergibt. Sachverständiger ist er insoweit, als er für seine Wahrnehmungen eine spezielle Sachkunde einsetzen mußte.

4.333. Sachliche Beweismittel: Urkunden und Augenschein

Dem Zeugen- und Sachverständigenbeweis stehen als sachliche Beweismittel Urkunden- und Augenscheinsbeweis gegenüber. Diese beiden sachlichen Beweismittel müssen klar getrennt werden, weil für sie abweichende Regelungen gelten.

Der Urkundenbeweis wird durch Verlesen des Schriftstücks in der Hauptverhandlung erbracht (§ 249 S. 1). Der dabei zugrunde gelegte Urkundenbegriff deckt sich nicht mit dem Urkundenbegriff des materiellen Rechts nach § 267 StGB. Einerseits ist hier immer ein verlesbarer Inhalt Voraussetzung (der für den materiell-rechtlichen Urkundenbegriff nach der h. M. nicht erforderlich ist und z. B. bei den sogenannten Beweiszeichen fehlt), andererseits ist eine Ausstellerbezeichnung nicht unbedingt erforderlich (ohne die keine Urkunde im Sinne des § 267 StGB gegeben ist: ein anonymer Brief ist keine Urkunde nach § 267 StGB, aber Gegenstand des Urkundenbeweises im prozessualen Sinn; vgl. dazu auch Kern-Roxin 139). Einzelheiten des Urkundenbeweises siehe bei Krause, Zum Urkundenbeweis im Strafprozeß, 1966.

Beim richterlichen Augenschein (den die StPO nicht selbst definiert, aber an zahlreichen Stellen, z. B. in § 86, vorsieht) werden Lebewesen (einschl. des Menschen, wobei der Augenschein am Menschen oft als objektiver Personalbeweis bezeichnet wird, vgl. Peters 271 f.) und Gegenstände gleich welcher Art auf ihr Vorhandensein, ihr Verhalten oder ihre Beschaffenheit hin untersucht, um daraus einen Aufklärungsbeitrag zum Prozeßthema zu gewinnen. Dabei kommt jeder Wahrnehmungssinn in Betracht (Kern-Roxin 138). So wird z. B. der Tatort daraufhin besichtigt, ob der Zeuge von seinem Standort aus das gesamte Geschehen überblicken konnte oder ob die vom Angeklagten gegebene Tatschilderung mit den örtlichen Gegebenheiten übereinstimmt usw. Häufig ist bei der Augenscheinseinvernahme eine Durchbrechung des Unmittelbarkeitsgrundsatzes gegeben, um die Hauptverhandlung von den störenden Augenscheinsterminen zu entlasten und um drohenden Beweisverlusten vorzubeugen. In diesen Fällen wird ein richterliches Augenscheinsprotokoll gefertigt (vgl. § 86), das in der Hauptverhandlung dann nach § 249 S. 2 verlesen wird. Für die Protokollierung des Augenscheins in der Hauptverhandlung selbst gilt §273.

Auch Urkunden können insoweit Gegenstand des Augenscheins sein, als es auf die Beschaffenheit der aufgefundenen Urkunde (nicht ihren Text) ankommt, z. B. zur Feststellung von Radierungen bezüglich des Datums eines Testaments.

Fraglich ist, ob Tonbänder dem Urkunden- oder dem Augenscheinsbeweis unterliegen. Da dem Tonband keine schriftliche Fixierung des Wortes und keine Verlesbarkeit zukommt, hat es die h. M. (vgl. BGH 14, 341; eingeh. Nachw. bei Henkel 227 Anm. 19) den Regeln des Augenscheinsbeweises unterstellt (vgl. Kern-Roxin 140 f.).

Beispiel: Ist der Anruf eines Erpressers heimlich auf Tonband aufgenommen worden (was wegen der notwehrähnlichen Situation zulässig ist, vgl. Kern-Roxin 114; s. auch BVerfG NJW 73, 891), so darf das Band in der Hauptverhandlung abgespielt werden, um die Stimme mit derjenigen des Angeklagten zu vergleichen.

4.334. Der Beschuldigte als Beweismittel

§ 244 I trennt zwar als Verfahrensabschnitt die Vernehmung des Angeklagten von der Beweisaufnahme. Gehört damit die

Vernehmung des Angeklagten zur Sache nicht zur Beweisaufnahme im technischen Sinn, so unterliegt es doch keinem Zweifel, daß auch der Beschuldigte selbst ein wichtiges Beweismittel im Strafverfahren ist. Dabei steht es aber dem Beschuldigten in jedem Verfahrensabschnitt frei, ob er sich als Beweismittel in eigener Sache zur Verfügung stellen will. Der Angeklagte hat das Recht zum Schweigen zum Anklagevorwurf und ist darüber nach § 243 IV auch ausdrücklich zu belehren. Der Angeklagte darf also jede Einlassung zur Sache verweigern, und es dürfen daraus für ihn grundsätzlich keine nachteiligen Schlußfolgerungen gezogen werden (BGH 20, 281). Sagt der Angeklagte aber zu einzelnen Punkten des Anklagevorwurfes aus, während er zu anderen Punkten jede Einlassung verweigert, so darf dieses teilweise Schweigen bei der Beweiswürdigung berücksichtigt werden (BGH bei Dallinger MDR 72, 18; Kern-Roxin 69 f. m. eingeh. Nachw.). Denn der Angeklagte hat sich dann mit seinem Entschluß, teilweise zur Sache auszusagen, freiwillig als Beweismittel zur Verfügung gestellt (vgl. auch Kleinknecht § 261 Anm. 4 B a).

4.34. Beweisverbote

Bereits o. 4.31 wurde festgestellt, daß die Wahrheitsfindung als Ziel der Beweiserhebung nicht um jeden Preis betrieben wird, sondern daß auch für sie Schranken im Interesse höherrangiger Werte errrichtet sind. Diese Grenzen stellen die Beweisverbote dar, die sehr verschiedenartige Anknüpfungspunkte haben und sich nicht auf ein einheitliches Prinzip zurückführen lassen (rechtsvergleichend zum österr. Recht s. Seiler, Festschr. für Peters 1974, 447).

4.341. Die Arten der Beweisverbote

Zunächst ist eine Beschränkung bezüglich des *Beweisthemas* möglich. So dürfen z. B. bei Teilrechtskraft (vgl. dazu u. 4.53) die bereits teilrechtskräftig festgestellten Umstände in dem weiteren Verfahren nicht mehr erneut in die Beweisaufnahme einbezogen werden. Weiter ist es möglich, daß der Staat über bestimmte Vorgänge keine Beweisaufnahme zuläßt, um nicht wichtige Interessen zu gefährden. So bedürfen Beamten für

Vorgänge, auf die sich ihre Pflicht zur Amtsverschwiegenheit erstreckt, der Aussagegenehmigung (§ 54; hier ist aber die ohne Genehmigung gemachte Aussage verwertbar, vgl. Kleinknecht § 54 Anm. 5 und Kern-Roxin 113; str.).

Weiter sind bestimmte *Beweismittel* ausgeschlosssen, deren Verwendung schützenswerte Interessen preisgeben würde. So hat es BGH 19, 325 für unzulässig angesehen, private Tagebuchaufzeichnungen als Beweismittel gegen den Willen des Autors zu verwenden, weil darin ein Verstoß gegen die Menschenwürde und die freie Entfaltung der Persönlichkeit liegen würde (vgl. Krauss, Festschr. für Gallas, 1973, 365). Allerdings gilt dieser Grundsatz nicht schrankenlos; überwiegt das Interesse an der Strafverfolgung das private Interesse am Schutz des Intimbereichs, so wird die Verwertung zulässig (bei dem konkreten Anlaß – Meineid – hat dies der BGH verneint). Unbefugt gemachte Tonbandaufnahmen sind grundsätzlich unzulässig (vgl. § 201 StGB) und im Strafprozeß nicht verwertbar; die Befugnis kann auf gesetzlicher Erlaubnis, Einwilligung oder Notwehr beruhen (vgl. BGH 14, 358).

Schließlich kann sich das Verbot auf das *Beweisverfahren,* nämlich die konkrete Methode der Beweisgewinnung beziehen. Wichtigster Fall dafür ist § 136 a. Die Freiheit der Willensentschließung und Willensbetätigung darf nicht durch die in § 136 a I und II genannten Maßnahmen, wie Mißhandlung, Ermüdung, körperliche Eingriffe, Verabreichung von Mitteln, Quälerei, Täuschung, Hypnose, Zwang oder Drohung, eingeschränkt werden. Ein Verstoß hiergegen hat ein absolutes Verwertungsverbot zur Folge, das nach § 136 a III trotz Einwilligung des Beschuldigten oder seiner nachträglichen Zustimmung zur Verwertung nicht aufgehoben wird.

4.342. *Die Folgen des Verstoßes*

Gesetzlich geregelt ist nur der Fall des § 136 a III, der sich aber seiner Formulierung nach mit der Sonderfrage der Zustimmung des Betroffenen befaßt. Nur aus dem Sinn und Zweck jedes einzelnen Beweisverbotes läßt sich ableiten, ob ein Verwertungsverbot entsteht (vgl. Henkel 270 Anm. 10; eine andere

Frage ist es, ob man terminologisch nur dann von einem Beweisverbot sprechen soll, wenn die Folge ein Verwertungsverbot ist, wie es Henkel a. a. O. tut, der in einem Beweisverbot ohne Verwertungsverbot nur eine Beweisverfahrensregel sieht). So hat der BGH (22, 170) aus dem Unterlassen der nach § 136 I 2 vorgeschriebenen Belehrung kein Verwertungsverbot abgeleitet (sehr str., vgl. Kern-Roxin 114) und sich dabei auf die Entstehungsgeschichte der Neufassung berufen (a. a. O. 174 ff.).

Soweit aus dem Beweisverbot ein Verwertungsverbot folgt, bedeutet dies, daß das Gericht bei der Beweiswürdigung das Beweisergebnis nicht mit in Rechnung stellen darf, so daß z. B. eine unverwertbare Zeugenaussage völlig aus dem Vorgang der richterlichen Überzeugungsbildung (vgl. dazu u. 193 f.) herausgehalten werden muß. Umstritten ist, ob das Verwertungsverbot auch eine „Fernwirkung" aufweist (vgl. dazu Kern-Roxin 116 und Henkel 271).

Beispiel: Der Beschuldigte wird durch Drohungen (§ 136 a I) dazu gebracht, ein Geständnis bezüglich des ihm zur Last gelegten Mordes abzulegen und den Ort zu bezeichnen, wo er die Tatwaffe vergraben hat. Aufgrund dieser Angaben findet die Polizei auch die Tatwaffe und kann daraufhin dem Beschuldigten mittels eines Vergleiches mit dem gefundenen Geschoß die Tat einwandfrei nachweisen. Hier besteht nun folgendes Dilemma: Die Aussage des Beschuldigten ist eindeutig nach § 136 a nicht verwertbar; aber zu seiner Überführung bedarf es auch seiner Einlassung nicht mehr, da ein einwandfreier Sachbeweis gegen ihn geführt werden kann. Aber gerade dieses Beweismittel ist mittelbar durch das erpreßte Geständnis erlangt worden. Erstreckt man das Beweisverbot auch auf dieses mittelbar erlangte Beweismittel, so darf auch dieses nicht verwendet werden. Ein so weit ausgedehntes Beweisverbot ist freilich schwer mit dem Gerechtigkeitsgefühl in Einklang zu bringen; andererseits kann bei Nichteinbeziehung solcher mittelbar erlangter Beweismittel das Beweisverbot gerade des § 136 a weitgehend umgangen werden. Eine einheitliche Klärung dieser Frage hat sich noch nicht herausgebildet (vgl. Kern-Roxin 116), wenn auch überwiegend die Fernwirkung abgelehnt wird (OLG Stuttgart NJW 73, 1941; vgl. Kleinknecht § 136 a Anm. 5).

4.35. Die Durchführung der Beweisaufnahme

4.351. Die Beweisaufnahme als Teil der Sachleitung

Die Aufnahme des Beweises erfolgt nach § 238 I durch den Vorsitzenden; es handelt sich dabei um den praktisch wichtigsten Teil der Sachleitung (vgl. o. 153 f.). Den Verfahrensbeteiligten ist jedoch nach den §§ 239 ff. ein Mitwirkungsrecht an der Beweisaufnahme eingeräumt. Dabei wird von der Möglichkeit des Kreuzverhörs nach § 239 praktisch kaum Gebrauch gemacht, große praktische Bedeutung dagegen hat das Fragerecht nach § 240, wonach der Vorsitzende den beisitzenden Richtern, der Staatsanwaltschaft, dem Angeklagten und dem Verteidiger Gelegenheit zu Fragen an Zeugen und Sachverständige geben muß. Die Vernehmung von Zeugen unter sechzehn Jahren führt der Vorsitzende allein durch (§ 241 a I); die in § 240 I und II 1 bezeichneten Personen haben das Recht zu verlangen, daß der Vorsitzende dem Zeugen weitere Fragen stellt. Dieser kann ihnen auch die unmittelbare Befragung der Zeugen gestatten, „wenn nach pflichtgemäßem Ermessen ein Nachteil für das Wohl der Zeugen nicht zu befürchten ist" (§ 241 a II 2). Bei einem Mißbrauch der Vernehmungsbefugnis oder bei ungeeigneten und nicht zur Sache gehörenden Fragen kann der Vorsitzende nach näherer Maßgabe des § 241 eingreifen. Über die Zulässigkeit einer Frage entscheidet das Gericht (§ 242).

4.352. Die richterliche Aufklärungspflicht

Als wichtigsten Bestandteil der Instruktionsmaxime verankert § 244 II die Pflicht des Gerichts, „zur Erforschung der Wahrheit die Beweisaufnahme von Amts wegen auf alle Tatsachen und Beweismittel zu erstrecken, die für die Entscheidung von Bedeutung sind". Das bedeutet für das Gericht, daß es alle zugänglichen und nach der Sachlage gegebenen Beweismittel zur Aufklärung des Sachverhalts ausschöpfen muß (vgl. Koeniger 251). Das Gericht ist dabei weder an Anträge der Beteiligten gebunden noch durch Erklärungen der Verfahrensbeteiligten in seinem Aktionsraum eingeschränkt. Das Gericht trägt ausschließlich selbst die volle Verantwortung dafür, daß das Prozeßthema umfassend anhand aller zur Verfügung stehenden

Beweismittel aufgeklärt wird. Verletzt das Gericht seine Aufklärungspflicht, so kann dies die Revision (sog. Aufklärungsrüge) begründen (vgl. LR Gollwitzer § 244 Anm. VIII 1).

4.353. *Das Beweisantragsrecht*

4.3531. Allgemeine Bedeutung

Zwar erstreckt sich die richterliche Aufklärungspflicht auf das gesamte Prozeßthema und das gesamte verfügbare Beweismaterial, jedoch wollte der Gesetzgeber auch die Verfahrensbeteiligten an der Beweisaufnahme beteiligen. Dadurch soll zum einen ein Aufklärungszuwachs erreicht werden (der Verteidiger kennt z. B. Beweismittel, die dem Gericht noch unbekannt sind) und zum anderen soll die Rolle der Verfahrensbeteiligten (einschließlich des Angeklagten) als Prozeßsubjekte unterstrichen werden, indem ihnen ein selbständiges Mitwirkungsrecht an der Beweisaufnahme eingeräumt wird.

4.3532. Beweisantrag und Beweisermittlungsantrag

Die Mitwirkung der Verfahrensbeteiligten wird dadurch erreicht, daß ihnen das Recht eingeräumt wird, Beweisanträge zu stellen, die das Gericht nur unter bestimmten im Gesetz genau festgelegten Voraussetzungen ablehnen darf. Das Recht zur Stellung von Beweisanträgen besitzen der Staatsanwalt, der Nebenkläger, der Privatkläger, der Angeklagte und der Verteidiger, wobei letzterer unabhängig vom Angeklagten ist (so daß er einen Beweisantrag auch gegen den Willen seines Mandanten stellen kann).

Ein Beweisantrag ist das Verlangen, „daß Beweis über eine bestimmt bezeichnete Tatsache durch den Gebrauch eines bestimmt bezeichneten Beweismittels erhoben werde“ (LR Gollwitzer § 244 Anm. IV 2 m. Nachw.). Der Beweisantrag hat also zwei Erfordernisse: die Bezeichnung eines bestimmten Beweisthemas und die Nennung eines bestimmten Beweismittels. Mit Beweisthema ist dabei der konkrete Umstand gemeint, der im zu entscheidenden Fall auf die Schuld- oder Straffrage Bezug hat (z. B. die Benennung eines Zeugen, der bekunden soll, daß sich der Angeklagte zur Tatzeit bei ihm weit entfernt vom Tatort aufgehalten habe). Wie konkret das Beweismittel bezeichnet werden muß, richtet sich nach den Umständen des Einzelfalles (vgl. dazu näher LR Gollwitzer § 244 Anm. IV 5 b); so ist bei einem Zeugen nicht unbedingt die Angabe der genauen Anschrift erforderlich, sofern ausreichende Angaben gemacht werden, die zu einer Ermittlung dieser Anschrift genügen (vgl. Gollwitzer a. a. O.). Beim Antrag auf Zuziehung eines Sachverständigen ist die Bezeichnung eines bestimmten Sachverständigen nicht erforderlich, da die Auswahl dem Gericht obliegt (vgl. § 73 I).

Vom Beweisantrag ist der sogenannte Beweisermittlungsantrag zu unterscheiden. Er liegt vor, wenn entweder das Beweisthema nicht bezeichnet ist oder kein genau bestimmtes Beweismittel genannt wird. Es handelt sich beim Beweisermittlungsantrag nur um eine Anregung an das Gericht, im Rahmen der von Amts wegen bestehenden Aufklärungspflicht in einer bestimmten Richtung hin tätig zu werden, um weitere Beweismittel heranzuschaffen. Die Unterscheidung, ob ein Beweisantrag oder nur ein Beweisermittlungsantrag vorliegt, hat große praktische Bedeutung, weil nur bei ersterem die strengen Ablehnungsregeln des § 244 III bis VI gelten. Die Abgrenzung kann im Einzelfall erhebliche Schwierigkeiten bereiten; vor allem bei der Bezeichnung des Beweismittels kann es sehr zweifelhaft sein, ob die Angaben für einen Beweisantrag ausreichen (vgl. dazu eingehend LR Gollwitzer § 244 Anm. IV 7 a).

4.3533. Die Ablehnung von Beweisanträgen

Gibt das Gericht einem Beweisantrag statt, so erhebt es den beantragten Beweis. Andernfalls muß der Beweisantrag abgelehnt werden. Dazu bedarf es nach § 244 VI eines Beschlusses des Gerichts. Dieser Beschluß muß begründet werden, um dem Antragsteller die Ablehnung des Gerichts verständlich zu machen und ihn in die Lage zu versetzen, gegebenenfalls einen anderen Beweisantrag zu stellen oder – bei fehlerhafter Ablehnung – die Revision auf die Ablehnung des Beweisantrages zu stützen. Denn die gesetzwidrige Ablehnung von Beweisanträgen begründet die Revision, wobei für den Angeklagten ein Revisionsgrund nach § 338 Nr. 8 vorliegen kann (vgl. näher Kleinknecht § 244 Anm. 19 B).

Die Gründe, aus denen ein Beweisantrag abgelehnt werden darf, sind abschließend in § 244 III bis V enthalten. Nach § 244 III 1 muß ein Beweisantrag abgelehnt werden, wenn die Erhebung des beantragten Beweises unzulässig ist. Das ist der Fall, wenn der Beweisantrag gegen ein Beweisverbot verstößt (vgl. o. 4.34), wenn bezüglich des genannten Beweisthemas bereits eine teilrechtskräftige Erledigung vorliegt oder wenn der Antrag auf eine sonst im Gesetz nicht zugelassene Form der Beweiserhebung abzielt (vgl. näher Kleinknecht § 244 Anm. 9).

Ein Beweisantrag darf aus den übrigen in § 244 III bis V genannten Gründen abgelehnt werden; es sind dies:
Offenkundigkeit: Bei allgemein bekannten oder gerichtsbekannten Tatsachen (vgl. o. 4.322) fehlt die Beweisbedürftigkeit.

Bedeutungslosigkeit: Bedeutungslos ist eine Beweistatsache dann, wenn sie keinerlei Einfluß auf die Schuld- oder Straffrage des konkreten Falles haben kann (vgl. Kleinknecht § 244 Anm. 11).

Erwiesenheit der Beweistatsache: Hält das Gericht die Beweistatsache, auf die sich der Beweisantrag bezieht, für schon erwiesen, so ist die Verwendung des Beweismittels überflüssig. Dieser Ablehnungsgrund liegt aber nicht vor, wenn das Gericht die beantragte Beweistatsache wegen Widerspruchs mit dem bisherigen Beweismaterial für widerlegt ansieht, weil es sich dabei um eine vorweggenommene Beweiswürdigung handeln würde (vgl. auch BGH bei Dallinger MDR 74, 16).

Völlige Ungeeignetheit: Diese liegt vor, wenn das angebotene Beweismittel der Sachaufklärung in keiner Weise dienen kann (vgl. BGH 14, 339). Dabei darf aber keineswegs über den Wert des Beweismittels (z. B. die Glaubwürdigkeit eines Zeugen) vor der Verwendung dieses Beweismittels entschieden werden.

Unerreichbarkeit des Beweismittels: Unerreichbar ist ein Beweismittel für das Gericht dann, wenn es unter Ausschöpfung aller Möglichkeiten der richterlichen Aufklärungspflicht nicht herbeigeschafft werden kann (dies spielt vor allem bei ausländischen Zeugen eine Rolle, vgl. Kleinknecht § 244 Anm. 14).

Verschleppungsabsicht: Ob ein Beweisantrag ausschließlich zum Zwecke der Prozeßverschleppung gestellt ist, läßt sich nur von der subjektiven Motivation des Antragsstellers her beurteilen. Keineswegs reicht eine bloß verspätete Stellung des Beweisantrags aus (vgl. § 246 I). Dies setzt voraus, daß sich der Antragsteller bewußt ist, daß er durch sein Beweisverlangen keinen für ihn günstigen Einfluß auf die Schuld- oder Straffrage ausüben kann (vgl. LR Gollwitzer § 244 Anm. V 5 a). Auch das Gericht muß davon überzeugt sein, daß die Beweiserhebung nichts Sachdienliches bringen kann. Hält das Gericht einen Aufklärungszuwachs für möglich, so muß es dem Beweisantrag trotz der beim Antragsteller vorliegenden Verschleppungsabsicht stattgeben (BGH 21, 118; vgl. auch Hanack JZ 72, 116).

Wahrunterstellung: Die Wahrunterstellung bedeutet, daß das Gericht eine für den Angeklagten günstige Tatsache ohne Beweiserhebung entsprechend dem Beweisantrag als wahr behandelt. Die Wahrunterstellung ist damit formell eine Ablehnung des Beweisantrags (weil kein Beweis erhoben wird), materiell gesehen eine Wahrheitsfiktion im Sinne des Beweisantrags. Der Wahrunterstellung geht dabei immer die Sachaufklärung vor. Eine Wahrunterstellung ist erst möglich, wenn das Gericht das Gesamtergebnis der Beweisaufnahme überblicken kann. Die Wahrunterstellung muß sich auch auf eine entscheidungserhebliche Tatsache beziehen (LR Gollwitzer § 244 Anm. V 7 c mit eingeh. Rspr.-Nachw.; vgl. auch Raacke NJW 73, 494). Jedoch ist es möglich, daß sich nachträglich die Unerheblichkeit der als wahr unterstellten Tatsache herausstellt (vgl. Kleinknecht § 244 Anm. 16).

Beim Beweisantrag auf Vernehmung eines Sachverständigen ist das Gericht nach § 244 IV freier gestellt. Eine Ablehnung ist hier möglich, wenn das Gericht selbst die erforderliche Sachkunde besitzt; diese muß das Gericht gegebenenfalls darlegen und begründen, damit eine Nachprüfung durch das Revisionsgericht möglich wird. Für die Ablehnung des Antrags auf

Hinzuziehung eines weiteren Sachverständigen stellt § 244 IV 2 nähere Regeln auf.

Ein Beweisantrag auf Einnahme eines Augenscheins kann nach § 244 V nach dem pflichtgemäßen Ermessen des Gerichts abgelehnt werden, wenn das Gericht den Augenschein zur Erforschung der Wahrheit nicht für erforderlich hält.

4.3534. Der Eventualbeweisantrag

Ein Beweisantrag muß grundsätzlich in der Hauptverhandlung gestellt und im Rahmen der Beweisaufnahme erledigt werden. Es ist jedoch anerkannt, daß ein Beweisantrag auch im Zusammenhang mit einem Sachantrag gestellt werden kann und daß seine Erledigung von der Erledigung des Sachantrags abhängig gemacht werden darf. Der Beweisantrag wird dann hilfsweise für den Fall gestellt, daß der Sachantrag nicht in einer bestimmten Richtung beschieden wird. Praktisch häufig ist der Fall, daß in den Schlußvorträgen Beweisanträge von seiten der Staatsanwaltschaft oder der Verteidigung für den Fall gestellt werden, daß das Urteil nicht in der von ihnen beantragten Form ausfällt. Dann muß ein solcher Antrag nicht durch einen Gerichtsbeschluß in der Hauptverhandlung beschieden werden, sondern es genügt die Ablehnung eines solchen Antrags in den Urteilsgründen. Dafür gelten dieselben Ablehnungsgründe wie für den normalen Beweisantrag; jedoch darf eine Ablehnung wegen Verschleppungsabsicht nicht in der Urteilsbegründung erfolgen (vgl. im einzelnen näher LR Gollwitzer § 244 Anm. IV 16). Die Revision kann sich dann auf die fehlerhafte Begründung der Ablehnung in den Urteilsgründen stützen.

4.354. Präsente Beweismittel

Das Gesetz unterscheidet bezüglich des Umfangs der Beweisaufnahme weiter zwischen präsenten und nichtpräsenten Beweismitteln (vgl. § 245). Präsente Beweismittel sind die zur Hauptverhandlung ordnungsgemäß geladenen und erschienenen Zeugen und Sachverständigen (wobei auch unmittelbare Ladung durch den Angeklagten möglich ist, vgl. Henkel 341) und die herbeigeschafften sachlichen Beweismittel. Bei diesen Beweismitteln verengt sich die Ablehnungsbefugnis des Gerichts nach § 245 auf zwei Ablehnungsgründe: Die Ablehnung ist hier nur möglich, wenn die Beweiserhebung unzulässig oder zum Zweck der Prozeßverschleppung beantragt ist (vgl. dazu o. 191).

Ausdrücklich stellt § 246 klar, daß eine bloße Verspätung bei der Stellung von Beweisanträgen nicht ausreicht, um die Beweiserhebung abzulehnen. Möglich ist hier aber unter den Voraussetzungen des § 246 II und III eine Aussetzung der Hauptverhandlung nach freiem Ermessen des Gerichts (§ 246 IV).

4.36. Die Beweiswürdigung

4.361. Der Grundsatz der freien Beweiswürdigung

Ziel der Beweisaufnahme ist es, die Wahrheit über das Tatgeschehen festzustellen (vgl. dazu umfassen Kässer, Wahrheitserforschung im Strafprozeß, 1974). Die vom Gericht ermittelte „forensische" Wahrheit besteht in der richterlichen Überzeugung über das dem Anklagevorwurf zugrundeliegende Geschehen. Es handelt sich dabei um die subjektive Gewißheit der an der gerichtlichen Entscheidung beteiligten Richter, die aber objektiven Beurteilungskriterien standhalten muß, um nicht als richterliche Willkür zu erscheinen und um nachprüfbar zu sein. Dabei liegt hier der im Rahmen der Urteilsfindung wohl am schwersten voll rationalisierbare Teil. Die persönliche Gewißheit des Richters (s. dazu auch Fincke GA 1973, 268) ist gegeben, wenn er keinen realen Zweifel mehr an einem bestimmten Geschehensablauf hat; die bloß theoretische Möglichkeit eines anderen Geschehenshergangs schließt diese Gewißheit nicht aus (vgl. Kleinknecht § 261 Anm. 1 A mit Rspr.-Nachw.).

Die Grenzen für die richterliche Überzeugungsbildung liegen in der Beachtung der gesetzlichen Vorschriften (§ 190 StGB; § 274 StPO), der Beachtung der logischen Denkgesetze und der gesicherten Erfahrungssätze (vgl. Krause in Festschr. für Peters 1974, 323). Letztere schließen dabei vor allem die gesicherten wissenschaftlichen Erkenntnisse ein. So darf sich der Richter z. B. nicht über die allgemein anerkannten Grundsätze bei

Abstammungsgutachten oder beim Blutalkoholnachweis hinwegsetzen. Bei einem Verstoß kann hier die Revision begründet sein (vgl. Kleinknecht § 261 Anm. 9).

Nach § 261 entscheidet das Gericht über das Ergebnis der Beweisaufnahme „nach seiner freien, aus dem Inbegriff der Verhandlung geschöpften Überzeugung“. Dabei bedeutet der Begriff der freien Überzeugung die grundsätzliche Ablehnung gesetzlicher Beweisregeln (vgl. dazu Kern-Roxin 67 f.). Es gibt grundsätzlich keine Regeln, die den Richter zu einer bestimmten Auswertung des Beweismaterials zwingen würden. Insbesondere ist der Richter frei in der Abwägung und Beurteilung der Glaubwürdigkeit widersprechender Zeugenaussagen, in der Beurteilung des Beweiswertes von Gutachten und gegenüber der Einlassung des Angeklagten. Auch die Tatsache der Vereidigung eines Zeugen beeinflußt den Beweiswert dieser Zeugenaussage grundsätzlich nicht, so daß es möglich ist, daß der Richter einem unbeeideten Zeugen Glauben schenkt und einer beeideten Zeugenaussage nicht. Bei einem Geständnis des Angeklagten kann der Richter trotzdem weitere Beweismittel heranziehen, um die Richtigkeit des Geständnisses zu überprüfen.

Die Überzeugung muß aus dem Inbegriff der Verhandlung geschöpft sein. Diese Forderung ist Ausfluß des Unmittelbarkeitsprinzips. Der Richter darf nur das seiner Überzeugungsbildung zugrunde legen, was auch Gegenstand der Hauptverhandlung war. Er darf seine Überzeugung nicht auf Erkenntnisquellen stützen, die in der Hauptverhandlung nicht herangezogen wurden (z. B. auf Aktenmaterial, das nicht zum Gegenstand des Urkundenbeweises gemacht wurde). Wichtigstes Hilfsmittel des Richters für die Beurteilung des Beweisergebnisses ist die Aussagepsychologie, soweit es um die Beurteilung von Zeugenaussagen geht (vgl. dazu o. 177).

Auf Grund der Beweiswürdigung muß sich der Richter mittels des in der Hauptverhandlung behandelten Beweismaterials ein Bild über den Tathergang machen. Anhand des nach seiner Übersetzung dann feststehenden Sachverhalts hat er die Schuld- und Straffrage zu entscheiden.

4.362. *Der Grundsatz „in dubio pro reo"*

Kann der Richter hinsichtlich der zur Verurteilung notwendigen Tatsachen letzte Zweifel am Tathergang im Rahmen seiner Überzeugungsbildung nicht ausschalten, so greift der Grundsatz „im Zweifel für den Angeklagten" ein. Dieser Grundsatz ist im Gesetz nicht ausdrücklich verankert, ergibt sich aber aus der Unschuldsvermutung (Art. 6 II MRK) und dem Erfordernis der vollen richterlichen Überzeugung über alle zur Verurteilung erforderlichen Tatsachen (vgl. Kern-Roxin 71). Bleiben solche Zweifel bestehen und sind keine weiteren Beweisquellen mehr ersichtlich, so muß der Richter im Zweifel zugunsten des Angeklagten entscheiden. Läßt sich also z. B. die Frage der Täterschaft des Angeklagten oder das Eingreifen von Notwehr oder das Vorliegen eines Entschuldigungsgrundes nicht mit Sicherheit klären, so muß der Angeklagte freigesprochen werden.

Der Grundsatz „in dubio pro reo" bezieht sich dabei immer nur auf die Sachverhaltsermittlung, nicht auf Rechtsfragen. Ist etwa eine für das Gericht im konkreten Falle entscheidungserhebliche Rechtsfrage umstritten, so ist das Gericht nicht gezwungen, die dem Angeklagten günstigere Möglichkeit zu wählen, sondern kann auch die dem Angeklagten ungünstigere Möglichkeit wählen, wenn es auf Grund der anerkannten Auslegungsregeln zu dieser Lösung kommt.

Der Grundsatz „in dubio pro reo" bezieht sich zunächst auf alle Tatsachen, die Bedeutung für die Schuld- oder Straffrage haben, also auf alle materiell-rechtlich bedeutsamen Umstände (zur Geltung beim Alibibeweis vgl. BGH JZ 74, 298 m. Anm. Stree; zum Verhältnis zur Wahlfeststellung s. Otto, Festschr. für Peters, 1974, 373). Sehr umstritten ist dagegen, ob sich dieser Grundsatz auch auf die Prozeßvoraussetzungen bezieht. Die Rechtssprechung hat bisher den Grundsatz „in dubio pro reo" auf die Verjährung (BGH 18, 274) und auf den Verbrauch der Strafklage (BayObLG JZ 69, 153) erstreckt. Das Rechtsstaatsprinzip dürfte es jedoch erfordern, den Grundsatz in dubio pro reo auf alle Verfahrensvoraussetzungen auszudehnen (vgl. Kern-Roxin 72 und Frisch, Festschr. für Henkel 1974, 273; eingehend Sulanke, Die Entscheidung bei Zweifeln über das Vorhandensein von Prozeßvoraussetzungen und Prozeßhindernissen im Strafverfahren, 1974).

4.4. *Das Urteil in Strafsachen*

4.41. Die Abfassung und Verkündung des Urteils

Die Beweisaufnahme und ihre Würdigung durch das Gericht schafft die Grundlage für das Urteil (vgl. zum Vorgang der Beratung und Abstimmung o. 161 f.). Nach dem Ergebnis der Beweiswürdigung liegt der Sachverhalt fest, den das Gericht rechtlich zu beurteilen hat. Im Wege der rechtlichen Subsumtion unter die anzuwendenden Strafnormen gewinnt das Gericht den Schuldspruch und wendet sich dann der Verhängung der Deliktsfolgen zu. Ist die Schuld- und Straffrage in allen Punkten einschließlich der Kostenfrage entschieden, endet die Urteilsberatung und das Gericht verkündet das gefällte Urteil.

Die Verkündung des Urteils erfolgt dabei stets öffentlich (§ 173 I GVG). Dies gilt auch, wenn die Öffentlichkeit für die Hauptverhandlung oder einen Teil derselben ausgeschlossen war. Zunächst verliest der Vorsitzende den Urteilsausspruch (vgl. § 268 II). Danach trägt er in gedrängter Form die Urteilsgründe mündlich vor (einschl. der Beweiswürdigung). Für diesen Teil der Urteilsverkündung kann die Öffentlichkeit ganz oder zum Teil ausgeschlossen werden (§ 173 II GVG).

Für die schriftliche Abfassung des Urteils einschließlich der Urteilsgründe sah § 275 a. F. eine Frist von einer Woche vor (vgl. dazu Kohlhaas GA 1974, 142); diese Frist hatte die Rechtsprechung (vgl. BGH 21, 4) stets nur als Sollvorschrift angesehen (kritisch dazu Peters, Nachtrag 31 und Schroeder 12 ff.). § 275 n. F. sieht nunmehr grundsätzlich eine Frist von fünf Wochen nach der Verkündung vor, wobei diese Frist aber in elastischer Anpassung an die Dauer der Hauptverhandlung länger sein kann (vgl. § 275 I 2). Nach Ablauf der Frist dürfen die Urteilsgründe nicht mehr geändert werden (§ 275 I 3). Die Einhaltung dieser Frist wird dadurch gewährleistet, daß das Gesetz jetzt in § 338 Nr. 7 einen absoluten Revisionsgrund vorsieht, wenn die Entscheidungsgründe nicht innerhalb des sich aus § 275 I 2 und 4 ergebenden Zeitraums zu den Akten gebracht worden sind (vgl. dazu BGH JZ 76, 141). Bei einem Verzicht aller Anfechtungsberechtigten ist eine abgekürzte Fassung der Urteilsgründe nach § 267 IV möglich. Die Abfassung des Urteils erfolgt immer durch einen Berufsrichter, bei mit mehreren Berufsrichtern besetzten Kollegialgerichten durch den damit betrauten Berichterstatter.

Die Bestandteile des Strafurteils sind zum größten Teil gesetzlich festgelegt, z. T. in richterlicher Praxis entwickelt. In den §§ 260, 267 und 275 finden sich die gesetzlichen Vorschriften über die Abfassung von Strafurteilen. Das Strafurteil enthält danach:

Urteilseingang (Rubrum), vgl. § 275 III, der die dazu notwendigen Angaben vorschreibt;
Urteilsformel (Tenor), vgl. § 260;
Urteilsgründe (Gründe), vgl. §§ 260 I, 267.

Hinzu kommen noch die Überschrift („Im Namen des Volkes“) und die Unterschrift der Berufsrichter (§ 275 II StPO; vgl. dazu auch BGH 26, 92).

Im folgenden werden der Urteilstenor und die Urteilsgründe näher behandelt (eine eingehende Darstellung aller mit der Abfassung von Strafurteilen zusammenhängenden Fragen findet sich bei Kroschel-Doerner, Die Abfassung der Urteile in Strafsachen, 22. Aufl. 1972 und Furtner, Das Urteil im Strafprozeß, 1970).

4.42. Der Urteilstenor

Das Strafurteil kann auf Freisprechung, Verurteilung, Verwarnung mit Strafvorbehalt, Anordnung einer Maßregel der Besserung und Sicherung oder Einstellung des Verfahrens lauten. Der Fall der Verurteilung schließt dabei das Absehen von Strafe (vgl. LR Gollwitzer § 260 Anm. 6 c) und den Ausspruch von Nebenfolgen ein. Der Urteilstenor enthält auch eine Kostenentscheidung (vgl. §§ 464 ff.). Freispruch, Verurteilung und Anordnung einer Maßregel sind dabei Sachentscheidungen, weil hier in der Sache über den Strafanspruch des Staates entschieden wird. Die Einstellung des Verfahrens ist eine Prozeßentscheidung, die ergeht, wenn eine Verfolgungsvoraussetzung fehlt.

Im Falle der Verurteilung ist zwischen Schuldausspruch und Strafausspruch zu unterscheiden. Der Schuldausspruch ist die Feststellung des Gerichts, daß das Verhalten des Angeklagten den Tatbestand einer Strafnorm erfüllt. Der Strafausspruch hat die Verhängung von Deliktsfolgen auf Grund des Schuldspruchs zum Inhalt.

Der Urteilstenor muß das gesamte Sachthema des jeweiligen Strafverfahrens erschöpfend behandeln. Liegen mehrere Verfahrensgegenstände vor (vgl. dazu o. 107), so muß zu jedem Verfahrensgegenstand eine Entscheidung getroffen werden. Dabei muß die Entscheidung zu einem Verfahrensgegenstand einheitlich sein.

Beispiele: Dem Angeklagten liegt ein Diebstahl vom 1. 2. und ein Betrug vom 1. 5. zur Last. Es handelt sich hierbei um zwei Taten und damit um zwei Verfahrensgegenstände. Folgende Möglichkeiten sind denkbar: Der Angeklagte wird wegen beider Taten freigesprochen; der Angeklagte wird wegen beider Taten verurteilt: es ergehen zwei Schuldsprüche und ein nach den Regeln des § 53 StGB gebildeter Strafausspruch; der Angeklagte wird wegen einer Tat verurteilt und wegen einer Tat freigesprochen: es ergeht ein Schuldspruch mit Strafausspruch und ein Freispruch.

Der Angeklagte B wird wegen Betruges in Tateinheit mit Urkundenfälschung angeklagt, weil er am 1. 4. einen gefälschten Scheck bei einer Bank zur Einlösung vorgelegt haben soll. Hier liegt eine Tat im prozessualen Sinne vor und dementsprechend ergeht eine einheitliche Entscheidung. Folgende Möglichkeiten sind denkbar: Nach Ansicht des Gerichts erfüllt das Verhalten des Angeklagten weder den Tatbestand des Betrugs noch den der Urkundenfälschung: der Angeklagte wird freigesprochen. Das Gericht hält zwar Urkundenfälschung für gegeben, verneint aber den Betrug: es ergeht ein Schuldspruch (wegen Urkundenfälschung) und ein entsprechender Strafausspruch, aber kein teilweiser Freispruch vom Vorwurf des Betruges. Das Gericht hält Betrug und Urkundenfälschung für gegeben: es ergeht ein Schuldspruch und ein entsprechender Strafausspruch, der nach den Regeln des § 52 StGB gebildet wird.

Der Angeklagte C wird wegen fahrlässiger Körperverletzung in Tatmehrheit mit Unfallflucht angeklagt, weil er sorgfaltswidrig einen Straßenpassanten angefahren hat und danach geflohen ist. Hier liegt eine Tat im prozessualen Sinne vor (vgl. BGH 23, 141), innerhalb deren zwei sachlich selbständige Handlungen nach § 53 StGB gegeben sind (vgl. BGH a. a. O.). Wird nur eine der beiden materiellrechtlichen Handlungen erwiesen, so ist nach der Rechtsprechung und der h. M. ein Teilfreispruch geboten (BGH VRS Bd. 39, 190; LR Gollwitzer § 260 Anm. 5 b).

Treffen bezüglich der gleichen Tat die Möglichkeit des Freispruchs und der Einstellung zusammen, so hat die Sachentscheidung den Vorrang (vgl. LR Gollwitzer § 260 Anm. 9 a).

Bei der Verhängung einer Geldstrafe wird im Urteilstenor die Anzahl der Tagessätze und die Höhe des einzelnen Tagessatzes angegeben. Beispiel: Der Angeklagte wird wegen Diebstahls zu 90 Tagessätzen verurteilt; der einzelne Tagessatz wird auf DM 30.– festgesetzt. Die Nennung der sich daraus ergebenden Gesamtsumme ist im Urteilstenor ebenso wenig notwendig wie die Bestimmung der Ersatzfreiheitsstrafe (vgl. dazu Verf. in Einführung in das neue Strafrecht, JuS-Schriftenreihe 30, 2. Aufl. 1975, S. 68 und 74).

Bei der Strafaussetzung zur Bewährung wird die Gewährung der Strafaussetzung im Urteilstenor ausgesprochen, während die Nebenanordnungen über die Bewährungszeit, Bewährungauflagen und Weisungen und die Unterstellung unter einen Bewährungshelfer in einem gesonderten Beschluß nach § 268 a festgelegt werden, der nach § 34 der Begründung bedarf.

4.43. Die Urteilsgründe

Mit dem Inhalt der Urteilsgründe befaßt sich § 267. Erforderlich sind danach:

der festgestellte Sachverhalt (§ 267 I 1),
die richterliche Beurteilung der Tat (§ 267 III 1),
die Begründung der Strafzumessung (§ 267 III),
die Begründung des Kostenausspruchs (§ 464 I).

Im Gesetz selbst nicht vorgeschrieben ist die Aufnahme der tragenden Gesichtspunkte der Beweiswürdigung in die Urteilsgründe. Lediglich für den Indizienbeweis enthält § 267 I 2 eine Sollvorschrift. Jedoch entspricht es allgemein anerkannter Übung, die tragenden Gesichtspunkte der Beweiswürdigung in das Urteil aufzunehmen (vgl. Kleinknecht § 267 Anm. 5). Denn sowohl zur Selbstkontrolle des Gerichts als auch zur Information der rechtsmittelberechtigten Verfahrensbeteiligten ist es dringend notwendig, daß in den Urteilsgründen mitgeteilt wird, wie das Gericht zu seiner Überzeugung über die im Urteil festgestellten Tatsachen gekommen ist.

Damit ergibt sich folgendes Grundschema für den Aufbau des Strafurteils (vgl. auch Kern-Roxin 240 ff.):

1. Verurteilung
a) der festgestellte Sachverhalt als Schilderung des historischen Geschehens, wie es sich nach der Überzeugung des Gerichts darstellt.
b) Beweiswürdigung (Begründung dafür, warum das Gericht diesen Sachverhalt als festgestellt betrachtet hat).
c) Rechtliche Würdigung (Subsumtion des festgestellten Sachverhalts unter die angewendete Strafnorm).
d) Begründung der Strafzumessung.
e) Begründung der Kostenentscheidung.
2. Das freisprechende Urteil
a) Festgestellter Sachverhalt.
b) Stellungnahme zum Anklagevorwurf und dem von der Anklage zugrundegelegten Sachverhalt anhand des Ergebnisses der Beweisaufnahme in der Hauptverhandlung.
c) Rechtliche Würdigung (fehlende Subsumierbarkeit der festgegestellten Tatsachen unter eine Strafnorm).
d) Begründung der Kostenentscheidung.
3. Der Teilfreispruch

Der Aufbau bei einem Teilfreispruch ergibt sich aus einer Kombination von verurteilendem und freisprechendem Urteil.

a) Festgestellter Sachverhalt.
b) Beweiswürdigung.
c) Rechtliche Würdigung (bezüglich der Verurteilung).
d) Der Anklagevorwurf und sein nicht erwiesener Teil.
e) Begründung der Strafzumessung.
f) Rechtliche Würdigung (bezüglich des Freispruchs).
g) Begründung der Kostenentscheidung (bezüglich der Verurteilung und der Freisprechung).

Die Form der Darstellung ergibt sich aus der Instruktionsmaxime (vgl. o. 87 f.). Der Richter stellt den erwiesenen Sachverhalt als Geschichtserzählung so dar, wie sich das Geschehen nach seiner aus dem Inbegriff der Hauptverhandlung geschöpften Überzeugung abgespielt hat. Die Einlassung des Angeklagten und die Zeugenaussagen werden erst anschließend bei der Beweiswürdigung aufgeführt und gegeneinander abgewogen. In diesem Teil muß der Richter darstellen, warum er bestimmten Zeugenaussagen Glauben geschenkt hat und anderen nicht, warum er die Einlassung des Angeklagten für widerlegt angesehen hat usw. Der Umfang der Sachverhaltsdarstellung ergibt sich daraus, daß die Urteilsgründe die für erwiesen erachteten Tatsachen angeben müssen, in denen die gesetzlichen Merkmale der strafbaren Handlung gefunden werden (§ 267 I 1). Die Sachverhaltsschilderung muß also eine lückenlose Subsumtionsbasis für die rechtliche Beurteilung abgeben können.

Die rechtliche Würdigung wird im Urteilsstil abgefaßt.

Beispiel: „Der Angeklagte hat einen einfachen Diebstahl nach § 242 StGB begangen. Denn er hat mit dem auf dem Parkplatz abgestellten, unverschlossenen Wagen eine fremde bewegliche Sache weggenommen, indem er den Wagen aus dem Gewahrsamsbereich des Abstellers entfernt und neuen eigenen Gewahrsam daran begründet hat. Er handelte in Zueignungsabsicht, weil er den Wagen dauernd für sich behalten und verwerten wollte."

Bei der Darstellung der Strafzumessung sind besonders die §§ 267 III StPO und 46 ff. StGB zu beachten. Die Strafzumessung hat sich anhand des § 46 StGB mit der Tat in ihrem gesamten Erscheinungsbild einschließlich der Motivation des Täters und mit dessen Persönlichkeit auseinanderzusetzen. Der Begründung des Strafzumessungsergebnisses wird dabei von der Rechtsprechung die Konzeption der Schuldrahmentheorie zugrundegelegt (vgl. dazu eingehend Verf., Die Strafmaßrevision, 1969, 55 ff.); zu den im Rahmen des Strafzumessungsvorganges auftauchenden Einzelproblemen vgl. die umfassende Darstellung von Bruns, Strafzumessungsrecht, Gesamtdarstellung, 2. Aufl. 1974. Die Strafzumessungsgründe sind im Zuge der dogmatischen Entwicklung der Strafzumessungslehre ständig verfeinert worden und gewinnen noch zunehmend an Bedeutung. Damit wird der Tatsache Rechnung getragen, daß die Straffrage gleichrangig neben der Schuldfrage steht und in der

Regel der für den Angeklagten wichtigste Teil der Urteilsbegründung ist.

Der sorgfältigen Abfassung des Strafurteils kommt deshalb größte praktische Bedeutung zu, weil das Urteil sowohl Anknüpfungspunkt für Rechtsmittel als auch für die Rechtskraft ist.

4.5. Die Rechtskraft

4.51. Formelle und materielle Rechtskraft

4.511. Begriff und Bedeutung

Im Interesse der Rechtssicherheit (vgl. dazu Henkel 383 f.) muß eine gerichtliche Entscheidung in der Rechtsgemeinschaft als endgültig anerkannt werden. Diesem Zweck dient das Institut der Rechtskraft. Dabei unterscheidet man zwischen formeller und materieller Rechtskraft. Die formelle Rechtskraft bezieht sich auf die Beendigung des anhängigen Verfahrens und besagt, daß die Entscheidung nicht mehr anfechtbar ist. Die materielle Rechtskraft macht das ergangene Urteil verbindlich für die Rechtsgemeinschaft, indem sie bezüglich desselben Verfahrensgegenstandes eine nochmalige gerichtliche Entscheidung ausschließt (Strafklageverbrauch; Sperrwirkung).

4.512. Eintritt und Wirkung der formellen Rechtskraft

Eine gerichtliche Entscheidung wird formell rechtskräftig:

a) mit der Verkündung der Entscheidung, wenn für diese kein Rechtsmittel gegeben ist (z. B. bei Revisionsurteilen);
b) mit Ablauf der Rechtsmittelfrist, wenn innerhalb derselben kein Rechtsmittel eingelegt wird;
c) mit einem (allseitigen) Rechtsmittelverzicht;
d) mit der Zurücknahme eines eingelegten Rechtsmittels.

Die formelle Rechtskraft kann für die einzelnen Verfahrensbeteiligten unterschiedlich eintreten („relative“ Rechtskraft, vgl. Kern-Roxin 249). Erklärt z. B. im Anschluß an ein Urteil der Angeklagte einen Rechtsmittelverzicht, während sich die Staatsanwaltschaft ihre Entscheidung vorbehält, so ist das Urteil für den Angeklagten rechtskräftig, während die Staatsanwaltschaft bis zum Ablauf der Rechtsmittelfrist durch eine Rechtsmitteleinlegung den Eintritt der Rechtskraft verhindern kann. Ist ein

Urteil von keiner Seite mehr anfechtbar, so spricht man auch von absoluter Rechtskraft (vgl. Kern-Roxin 249).

Die formelle Rechtskraft ist Voraussetzung für die Strafvollstreckung (§ 449) und für Eintragungen in das Zentralregister (vgl. § 4 BZRG).

4.513. Die Sperrwirkung der rechtskräftigen Entscheidung

4.5131. Bedeutung des Grundsatzes „ne bis in idem"

Art. 103 III GG besagt, daß niemand wegen derselben Tat auf Grund der allgemeinen Strafgesetze mehrmals bestraft werden darf. Dabei ist der Wortlaut „bestraft" nach allgemeiner Ansicht zu eng; Art. 103 III schließt seiner Schutzrichtung nach aus, daß jemand wegen derselben Tat erneut verfolgt und vor Gericht gestellt wird (vgl. BVerfGE 12, 66).

Mit Eintritt der Rechtskraft ist damit bezüglich derselben Tat die Strafklage verbraucht. Jeder erneuten Strafverfolgung wegen derselben Tat steht das Verfahrenshindernis der rechtskräftig entschiedenen Sache entgegen. Kommt es trotzdem zu einem neuen Urteil (weil die rechtskräftige Aburteilung übersehen wird), so ist dieses Urteil nach h. M. nichtig (Kern-Roxin 250).

4.5132. Der Umfang der Sperrwirkung

Der Umfang der Sperrwirkung wird durch den Verfahrensgegenstand bestimmt (vgl. dazu o. 103 ff.). Voraussetzung ist damit Personen- und Tatidentität (vgl. Peters 436 ff.). Die rechtskräftige Erledigung einer Strafsache reicht so weit wie die Aburteilungsbefugnis des Gerichts; beide Begriffe sind aufeinander bezogen (a. A. hier z. T. Peters 437 f.). Diese Grundsätze gelten auch für die fortgesetzte Tat. In die Rechtskraft einbezogen sind hier alle bis zur letzten tatrichterlichen Entscheidung begangenen Teilakte, auch wenn sie dem erkennenden Gericht unbekannt waren (vgl. näher Peters 442 und BGH 6, 122).

Die materielle Rechtskraft bezieht sich nur auf den Entscheidungssatz, nicht auf die Urteilsgründe. Das bedeutet, daß die in dem Urteil rechtskräftig festgestellten Tatsachen für eine andere Entscheidung keine Bindungswirkung haben.

4.52. Durchbrechung der Rechtskraft

Hat die Rechtskraft auch grundsätzlich die Unabänderlichkeit des Urteils für die Rechtsgemeinschaft zum Ziel, so muß doch in einigen Fällen auch die Rechtskraft wieder hinter übergeordnete Gesichtspunkte zurücktreten. Eine Durchbrechung der Rechtskraft ist möglich beim Wiederaufnahmeverfahren (vgl. u. 222 ff.), bei der Wiedereinsetzung in den vorigen Stand (vgl. o. 109 ff.), bei der Revisionserstreckung (vgl. u. 221) und bei einer erfolgreichen Verfassungsbeschwerde gegen ein rechtskräftiges Strafurteil.

Nicht in Rechtskraft erwachsen nichtige Strafurteile (vgl. dazu eingehend Peters 449 ff.). Die Gründe, die zur Nichtigkeit eines Urteils führen, sind im einzelnen sehr umstritten (vgl. Peters a. a. O.); weitgehend anerkannt ist der o. 4.5131 genannte Fall eines Verstoßes gegen den Grundsatz „ne bis in idem“ (s. o. 203).

Zu der sehr umstrittenen Frage, ob durch eine strafprozessuale Ergänzungsklage die Rechtskraft durchbrochen werden kann, vgl. eingehend Achenbach ZStW 87, 74.

4.53. Die Teilrechtskraft

Die Rechtskraft muß sich nicht immer auf den gesamten Verfahrensgegenstand erstrecken, sondern kann zunächst nur Teile desselben erfassen (Teilrechtskraft). Eine solche Teilrechtskraft kann entweder aus einer Teilanfechtung oder aus einer Teilaufhebung entstehen.

Beispiel: Der Angeklagte ist wegen Diebstahls zu acht Monaten Freiheitsstrafe ohne Bewährung verurteilt worden. Wenn er nun zwar den Schuldspruch (wegen Diebstahls) anerkennen will, aber die verhängte Strafe für zu hoch hält, so kann er sein Rechtsmittel auf das Strafmaß beschränken. Dann wird der Schuldspruch teilrechtskräftig und in dem anschließenden Rechtsmittelverfahren geht es nur mehr um die Straffrage. Die Zulassung einer solchen Teilanfechtung entspricht einen dringenden praktischen Bedürfnis. Das Rechtsmittelverfahren wird dann von einem wesentlichen Teil des Verfahrensgegenstandes entlastet und damit abgekürzt; für den Anfechtungsberechtigten bedeutet es unter Umständen eine erhebliche Kostenersparnis, weil er mit dem beschränkten Rechtsmittel dann unter Umständen voll obsiegen kann.

Man unterscheidet zwischen vertikaler und horizontaler Teilrechtskraft. Vertikale Teilrechtskraft liegt vor, wenn das Urteil gegen einzelne Angeklagte oder bezüglich des gleichen Angeklagten hinsichtlich einzelner selbständiger Taten rechtskräftig wird (vgl. Kleinknecht Einl. 8 F a). Die vertikale Teilrechtskraft ist unproblematisch, weil es sich hier jeweils um selbständig aburteilbare Verfahrensgegenstände handelt, die nur aus Zweckmäßigkeit in einem Verfahren zusammengefaßt wurden (vgl. o. 107 f.). Dagegen betrifft die horizontale Teilrechtskraft dieselbe Tat eines Angeklagten; es geht hier um die stufenweise Erledigung eines Verfahrensgegenstandes, der insgesamt notwendigerweise einheitlich beschieden werden muß (vgl. o. 198), insbesondere um eine Trennung von Schuld- und Straffrage (vgl. KMR Einl. 14 A b). Die Einzelfragen, besonders die Aufspaltbarkeit des Strafausspruchs (z. B. die isolierte Anfechtung der Gewährung oder Versagung der Strafaussetzung zur Bewährung) werden u. 207 ff. im Rahmen der Teilanfechtung behandelt.

5. Das Rechtsmittelverfahren

5.1. Allgemeine Fragen der Rechtsmitteleinlegung

5.11. Die rechtspolitische Notwendigkeit eines Instanzenzuges

Zwar zielt jede rechtsprechende Tätigkeit und damit jedes Urteil auf die Ermittlung der Wahrheit ab. Jedoch wird dieses Ziel nicht in jedem einzelnen Fall erreicht; die Möglichkeit von Fehlurteilen läßt sich nicht ausschließen. Um diese Gefahr zu verringern, ist für eine bestimmte Strafsache nicht nur ein einziges Gericht, sondern ein Instanzenzug vorgesehen, der aus zwei oder drei Instanzen bestehen kann. Zur Ausschöpfung dieses Instanzenzuges werden den Verfahrensbeteiligten Rechtsmittel gegen eine ergangene Entscheidung eingeräumt.

Dabei dient jedes Rechtsmittel der gerechten Entscheidung des Einzelfalls; bei der Revision kommt zusätzlich noch das Ziel der Rechtsfortbildung und der Wahrung der Rechtseinheit hinzu (vgl. dazu näher Verf., Strafmaßrevision 171 ff.). Die Einräumung von Rechtsmitteln geschieht damit primär zu dem

Zweck, dem durch eine gerichtliche Entscheidung Betroffenen eine Korrekturmöglichkeit in höherer Instanz einzuräumen. Seit der Verlagerung der erstinstanzlichen Zuständigkeit in Staatssschutzsachen vom BGH auf die Strafsenate bei den Oberlandesgerichten (vgl. § 120 I GVG) ist im Bereich der Strafrechtspflege auch grundsätzlich das Erfordernis eines Instanzenzuges verwirklicht.

Für ganz besondere Ausnahmefälle kommt als letzte Korrekturmöglichkeit für ungerechte Einzelentscheidungen auch ein Gnadenerweis in Betracht, der seinerseits nach herrschender, aber sehr umstrittener Ansicht keiner gerichtlichen Nachprüfung zugänglich ist (vgl. BVerfGE 25, 352; s. auch Rüping, Schaffstein-Festschr. 1975, 31).

5.12. Arten der Rechtsmittel

Umfassend als Rechtsbehelf wird jede Anfechtungsmöglichkeit einer gerichtlichen Entscheidung bezeichnet; zu der Unterscheidung in ordentliche und außerordentliche Rechtsbehelfe vgl. Henkel 364 f. Als Rechtsmittel im engeren Sinne werden aus diesen Rechtsbehelfen die Beschwerde, die Berufung und die Revision herausgehoben, da sie einen Devolutiveffekt und mit Ausnahme der Beschwerde auch einen Suspensiveffekt besitzen (vgl. u. 207). Die Darstellung befaßt sich im folgenden mit den Rechtsmitteln und von den Rechtsbehelfen mit dem Antrag auf Wiederaufnahme.

Das derzeitige Rechtsmittelsystem mit Berufung und Revision ist rechtspolitisch erheblich umstritten. Dabei wird überwiegend die Berufung skeptisch beurteilt, der keine ausreichende Kontrollfunktion gegenüber der Erstinstanz zuerkannt wird; außerdem verbessere sich in der Regel die Wahrheitsfindung nicht mit dem zeitlichen Abstand zur Tat. Dementsprechend geht die Tendenz dahin, die Revision als einheitliches Rechtsmittel in Strafsachen auszubilden, wobei insbesondere eine erweiterte Anfechtungsmöglichkeit gegenüber den tatsächlichen Feststellungen im Ersturteil als notwendig erachtet wird (vgl. eingehend Tröndle, Zur Reform des Rechtsmittelsystems im Strafverfahren, in Probleme der Strafprozeßreform, Göschen 2800, 1975, 73; Fezer, Möglichkeiten einer Reform der Revision in Strafsachen, 1975; Diskussionsentwurf für ein Gesetz über die Rechtsmittel in Strafsachen, 1975).

5.13. Allgemeine Voraussetzungen der Rechtsmitteleinlegung

5.131. Das Betroffensein durch die angefochtene Entscheidung

Einen Rechtsbehelf kann grundsätzlich nur derjenige ergreifen, in dessen Rechtskreis die angefochtene Entscheidung fällt. Die Staatsanwaltschaft hat aber auch die Möglichkeit, Rechtsmittel zu Gunsten des Angeklagten einzulegen (§ 296 II).

5.132. Das Belastetsein durch die angefochtene Entscheidung

Nur derjenige kann ein Rechtsmittel einlegen, der durch die angefochtene Entscheidung belastet ist. Dieses Erfordernis einer Beschwer ist Zulässigkeitsvoraussetzung für jedes Rechtsmittel (str.; nach a. A. gehört die Beschwer im Strafprozeß zur Begründetheit; vgl. dazu eingehend Eb. Schmidt Lehrk. II Vorbem. 14 vor § 296). Die Beschwer kann nach st. Rspr. und h. M. (Nachw. vgl. bei Henkel 366) nur im Urteilstenor, nicht in den Urteilsgründen liegen.

> *Beispiel:* Wird der Angeklagte wegen Unzurechnungsfähigkeit nach § 20 StGB freigesprochen, so liegt darin keine Beschwer, so daß er das Urteil nicht anfechten kann (BGH 16, 378; a. A. Henkel 366). Denn im Freispruch des Urteilstenors liegt keine Beschwer, und die Urteilsgründe, die für den Angeklagten die unter Umständen sehr belastende Feststellung der Unzurechnungsfähigkeit enthalten, dürfen zur Begründung der Beschwer nicht herangezogen werden.

5.14. Allgemeine Wirkungen der Rechtsmitteleinlegung

Die wirksame Rechtsmitteleinlegung bewirkt, daß die Sache an die höhere Instanz gebracht wird (Devolutiveffekt). Weiterhin wird durch die Rechtsmitteleinlegung der angefochtenen Entscheidung ihre sofortige Wirksamkeit genommen. Dieser Suspensiveffekt kommt aber nur der Berufung (§ 316 I) und der Revision (§ 343 I) zu, während durch die Einlegung der Beschwerde der Vollzug der angefochtenen Entscheidung nicht gehemmt wird (§ 307 I).

5.15. Der Umfang der Anfechtung

Das Rechtsmittel kann unbeschränkt eingelegt werden und ergreift dann die gesamte angefochtene Entscheidung. Zulässig ist aber auch eine teilweise Anfechtung, wie sich für die Berufung aus § 318 und die Revision aus § 344 I ergibt.

Dabei ist eine Teilanfechtung unproblematisch, soweit sie sich auf einzelne selbständige Verfahrensgegenstände bezieht.

Beispiele: A und B sind als Mittäter wegen eines am 1. 3. begangenen Diebstahls angeklagt und werden entsprechend verurteilt. A legt ein Rechtsmittel ein, während B die Rechtsmittelfrist ungenutzt verstreichen läßt. Das Urteil gegen B wird rechtskräftig, das Verfahren gegen A gelangt in die Rechtsmittelinstanz.

A wird wegen Diebstahls vom 1. 3. und wegen Betrugs vom 1. 4. verurteilt. Er legt nur gegen die Verurteilung wegen Betruges ein Rechtsmittel ein. Dann wird die Verurteilung wegen des Diebstahls rechtskräftig (einschließlich der dafür ausgeworfenen Einzelstrafe), und nur die Betrugstat vom 1. 4. bleibt rechtshängig und gelangt in die Rechtsmittelinstanz.

Sehr problematisch ist es dagegen, inwieweit eine Teilanfechtung bezüglich desselben Verfahrensgegenstandes (also einer Tat im prozessualen Sinne bei einem Angeklagten) zulässig ist. Hier ist zunächst zwischen Schuldspruch und Strafausspruch zu unterscheiden. Allgemein für zulässig gehalten wird eine auf den Strafausspruch beschränkte Rechtsmitteleinlegung (vgl. das Beispiel o. bei 4.53; zu Grenzen vgl. OLG Hamm VRS Bd. 45, 297 und OLG Zweibrücken MDR 73, 1039).

Innerhalb des Schuldspruchs ist bezüglich der gleichen Tat grundsätzlich keine Aufspaltung zulässig. Wird z. B. der Angeklagte wegen Betruges in Tateinheit mit Urkundenfälschung verurteilt, so wäre eine Beschränkung seines Rechtsmittels auf die Anwendung des § 267 StGB unzulässig. Umstritten ist aber, ob dieser Grundsatz auch dann gilt, wenn innerhalb derselben Tat sachlich selbständige Handlungen (§ 53 StGB) vorliegen. Der BGH (24, 185) hat hier die isolierte Anfechtung wegen einer selbständigen Handlung innerhalb derselben Tat im prozessualen Sinne zugelassen (vgl. auch Kleinknecht § 327 Anm. 2, sowie BGH NJW 73, 335, OLG Stuttgart VRS Bd. 45, 128).

Innerhalb des Strafausspruchs ist eine Beschränkung zulässig, soweit der angegriffene Teil einer selbständigen rechtlichen Beurteilung zugänglich ist (Kleinknecht § 327 Anm. 3). Damit kann isoliert angefochten werden: die Gewährung oder Versagung der Strafaussetzung zur Bewährung (BGH 4, 230), die Verhängung einer Maßregel der Besserung und Sicherung neben einer Hauptstrafe und die Nichtanrechnung der Untersuchungshaft. Diese Aufspaltung innerhalb des Strafausspruchs begegnet aber Bedenken, weil der Strafzumessungsvorgang zunehmend als eine Gesamtkonzeption begriffen wird, aus der sich nicht einzelne Teile isoliert herauslösen und entscheiden lassen (vgl. Verf., Die Strafmaßrevision 131 f.).

Bei einer unzulässigen Beschränkung des Rechtsmittels ist nicht etwa die gesamte Rechtsmitteleinlegung unzulässig, sondern es gilt das Rechtsmittel als im weiteren Umfang eingelegt (vgl. Peters 428), aber nur bis zur nächsten wirksamen Grenze (Henkel 371). Wird also z. B. eine unzulässige Beschränkung innerhalb des Strafausspruches vorgenommen, so ergreift das eingelegte Rechtsmittel den gesamten Strafausspruch, nicht aber auch den Schuldspruch.

5.16. Das Verschlechterungsverbot

Wird ein Urteil ganz oder teilweise angefochten, so gelangt es im Umfang der Rechtsmitteleinlegung zur Nachprüfung durch die nächste Instanz. Diese Nachprüfung könnte auch eine Verschlechterung für den Rechtsmittelführer bringen, wenn das Rechtsmittelgericht eine höhere Strafe für den Angeklagten für erforderlich hielte. Um nun den Angeklagten für seine Rechtsmitteleinlegung keinem solchen Risiko auszusetzen, ist das Verbot einer reformatio in peius geschaffen, und zwar in § 331 für die Berufung, in § 358 II für die Revision und in § 373 für das Wiederaufnahmeverfahren. Voraussetzung ist, daß nur der Angeklagte oder zu seinen Gunsten die Staatsanwaltschaft oder sein gesetzlicher Vertreter das Rechtsmittel eingelegt haben. Das Verschlechterungsgebot greift danach nicht Platz, wenn sowohl der Angeklagte als auch die Staatsanwaltschaft ein Rechtsmittel einlegen.

Das Verschlechterungsverbot verbietet, daß das Urteil in Art und Höhe der Strafe zum Nachteil des Angeklagten abgeändert wird. Es bezieht sich damit nicht auf den Schuldspruch; dieser kann vielmehr auch zum Nachteil des Angeklagten abgeändert werden (vgl. Kleinknecht § 331 Anm. 1 A). Für die Beurteilung, ob im Strafausspruch eine Verschlechterung für den Angeklagten gegeben ist, ist eine „ganzheitliche Betrachtungsweise" (BGH 24, 12) anzuwenden. Unzulässig ist danach eine Erhöhung der ausgesprochenen Hauptstrafe, eine Ersetzung von Geldstrafe durch Freiheitsstrafe (der umgekehrte Fall ist grundsätzlich zulässig, vgl. Kleinknecht § 331 Anm. 3) und ein Hinzutreten einer vorher nicht ausgesprochenen Nebenstrafe, Nebenfolge oder Maßregel (vgl. dazu eingehend LR Gollwitzer § 331 Anm. 8; s. auch Frisch JA 74, StR 26 und 165).

5.17. Die Rechtsmittelerklärung

Die Anfechtungsbefugnis ergibt sich für die Staatsanwaltschaft und den Beschuldigten aus § 296, wobei die Staatsanwaltschaft auch zu Gunsten des Beschuldigten ein Rechtsmittel einlegen kann (§ 296 II). Weiterhin sind der Privatkläger und der Nebenkläger anfechtungsberechtigt (aber nicht zu Gunsten des Beschuldigten; im einzelnen str., vgl. Kleinknecht § 296 Anm. 3 B). Für den Beschuldigten sind auch sein Verteidiger (§ 297) und der gesetzliche Vertreter (§ 298) anfechtungsberechtigt.

Für eine wirksame Rechtsmittelerklärung ist erforderlich, daß der Wille des Anfechtenden erkennbar wird, gegen eine bestimmte Entscheidung das zulässige Rechtsmittel ergreifen zu wollen; ein Irrtum in der Bezeichnung des Rechtsmittels ist unschädlich (§ 300). Dabei wird die Rechtsmittelerklärung nach ihrem Sinngehalt ausgelegt (vgl. Kleinknecht § 300 Anm. 2).

Zur Zulässigkeit der Rechtsmittelerklärung gehört es, daß sie den gesetzlichen Vorschriften über Form und Frist der Einlegung genügt. Die Einlegung des Rechtsmittels erfolgt grundsätzlich bei dem Gericht, dessen Entscheidung angefochten wird.

Die Rechtsmittelerklärung ist grundsätzlich bedingungsfeindlich. Zurücknahme und Verzicht sind möglich (§ 302). Es handelt sich bei ihnen um Prozeßhandlungen, die hinsichtlich ihrer Form den Grundsätzen der Rechtsmitteleinlegung unterliegen (LR Gollwitzer § 302 Anm. 3); sie sind bedingungsfeindlich und unwiderruflich. Aus der Erklärung muß der auf Verzicht oder Zurücknahme gerichtete Wille deutlich hervorgehen. Teilverzicht und Teilrücknahme sind entsprechend den o. 5.15 behandelten Grundsätzen möglich (Kleinknecht § 302 Anm. 2).

Der Verzicht ist zulässig, sobald die Anfechtungsbefugnis entsteht; nach Ablauf der Anfechtungsfrist ist er gegenstandslos (Kleinknecht a. a. O.). Ein übereilt abgegebener Rechtsmittelverzicht kann unwirksam sein (BGH 18, 257; LR Gollwitzer § 302 Anm. 4); es handelt sich hier um einen Anwendungsfall der gerichtlichen Fürsorgepflicht (vgl. o. 89 f.), die gebietet, den Angeklagten vor übereilten Erklärungen zu bewahren und an einer ohne ausreichende Belehrung und Überlegung abgegebenen Erklärung solcher Tragweite nicht zu seinem Nachteil festzuhalten (vgl. dazu eingehend Schroeder 65 ff. und Dencker, Willensfehler bei Rechtsmittelverzicht und Rechtsmittelrücknahme im Strafprozeß, 1972).

5.2. Die Berufung

5.21. Begriff und Voraussetzungen

Die Berufung ist dasjenige Rechtsmittel, das eine volle Nachprüfung des Ersturteils in tatsächlicher und rechtlicher Hinsicht bezweckt; mit der Berufung wird eine zweite Tatsacheninstanz eingeräumt.

Zur rechtspolitischen Bewertung der Berufung vgl. Kern-Roxin 265 f. und Verf., Die Strafmaßrevision 176 f., sowie o. 206.

Die Berufung ist statthaft gegen die Urteile des Strafrichters und des Schöffengerichts (§ 312); Form und Frist der Berufungseinlegung bestimmen sich nach § 314. Die Einlegung muß binnen einer Woche nach Verkündung des Urteils bei dem Gericht des ersten Rechtszuges erfolgen und entweder zu Protokoll der Geschäftsstelle oder schriftlich erklärt werden (§ 314 I). Die rechtzeitige Einlegung der Berufung hat eine Hemmung der Rechtskraft zur Folge (§ 316 I). Eine Begründung ist für die Zulässigkeit der Berufung nicht erforderlich (vgl. § 317), jedoch schreibt Nr. 155 I RiStBV für die Staatsanwaltschaft eine Begründung für die von ihr eingelegte Berufung vor. Die Berufung kann in ihrem Umfang beschränkt werden (§ 318 S. 1; vgl. dazu näher o. 5.15). Ist keine solche Beschränkung erfolgt, so gilt das gesamte Urteil als angefochten (§ 318 S. 2).

5.22. Die Berufungsverhandlung

Die Berufungsverhandlung folgt im wesentlichen dem Ablauf der Hauptverhandlung in erster Instanz (vgl. § 332). Abweichungen ergeben sich vor allem aus den §§ 324 bis 326. Nach § 324 I 1 hält ein Berichterstatter vor der Vernehmung des Angeklagten in Abwesenheit der Zeugen einen Vortrag über die Ergebnisse des bisherigen Verfahrens. Dabei wird das Urteil des ersten Rechtszuges verlesen, wobei von der Verlesung der Urteilsgründe abgesehen werden kann (§ 324 I 2). Da es sich bei der Berufung um eine zweite Tatsacheninstanz handelt, sind in der Beweisaufnahme neue Beweismittel zulässig (vgl. § 323 III). Grundsätzlich sind die in der ersten Instanz vernommenen Zeugen und Sachverständigen auch für die Berufungsverhandlung wieder zu laden (§ 323 II). Protokolle über Vernehmungen in der ersten Instanz dürfen in der Berufungsverhandlung nur unter den engen Voraussetzungen des § 325 verlesen werden. Bei den Schlußvorträgen plädiert derjenige zuerst, der das Urteil in erster Intanz angefochten hat (§ 326 S. 1). Zu weiteren Einzelheiten der Berufungsverhandlung vgl. Peters 555 ff. und Henkel 372.

5.23. Die Entscheidung des Berufungsgerichts

Bei der Entscheidung des Berufungsgerichts ist zu trennen in solche Entscheidungen, die nur prozessualen Charakter tragen, und in Sachentscheidungen.

5.231. Prozeßentscheidungen

Ist die Berufung verspätet eingelegt, so verwirft bereits das Gericht des 1. Rechtszugs das Rechtsmittel als unzulässig (§ 319 I). Der Berufungsführer hat hier die Möglichkeit, die Entscheidung des Berufungsgerichts zu beantragen (§ 319 II).

Das Berufungsgericht erläßt nach § 322 einen Verwerfungsbeschluß, wenn es die Vorschriften über die Einlegung der Berufung für nicht beobachtet hält (§ 322 I). Dagegen ist sofortige Beschwerde zulässig (§ 322 II). Ebenfalls eine reine Prozeßentscheidung ergeht nach § 329 I, wenn der Angeklagte die Berufung eingelegt hatte und ohne genügende Entschuldigung zur Berufungsverhandlung nicht erscheint; dem Nichterscheinen steht ein Erscheinen im Zustand der Verhandlungsunfähigkeit (z. B. wegen Trunkenheit) gleich (BGH NJW 70, 2253). Dann wird die Berufung durch Urteil (vgl. Kleinknecht § 329 Anm. 4 B) verworfen, wobei die Voraussetzungen begründet werden müssen, insbesondere das unentschuldigte Ausbleiben des Angeklagten (Kleinknecht a. a. O. 5).

Als Prozeßentscheidung ist schließlich in der Berufungsverhandlung ein Einstellungsurteil möglich, wenn eine Verfahrensvoraussetzung fehlt. Wird das Fehlen einer Verfahrensvoraussetzung noch vor der Berufungsverhandlung bemerkt, so ist eine Einstellung entsprechend § 206 a möglich (vgl. Peters 558).

5.232. Sachentscheidungen

Sind alle Zulässigkeitsvoraussetzungen für die Berufung erfüllt, so entscheidet in der Berufungsverhandlung das Berufungsgericht im Regelfall in der Sache nach § 328 I. Als Entscheidungen kommen dabei in Betracht: eine Aufhebung des Ersturteils und eine eigene Entscheidung durch das Berufungsgericht, eine Verwerfung der Berufung (als unbegründet) sowie schließlich eine Kombination dieser beiden Möglichkeiten durch Teilaufhebung und Teilverwerfung. Nur ausnahmsweise verweist das Berufungsgericht an die erste Instanz zurück (§ 328 II), wenn ein Verfahrensfehler in erster Instanz unterlaufen ist, der die Revision begründen würde. Hat in erster Instanz ein unzuständiges Gericht entschieden, so verweist das Berufungsgericht unter Aufhebung des Urteils die Sache an das zuständige Gericht (§ 328 III).

Ausnahmsweise besteht die Möglichkeit, das Berufungsverfahren in ein erstinstanzliches Verfahren überzuleiten (vgl. dazu BGH 21, 229 und Peters, Nachtrag 32 f.), wenn eine große Strafkammer der

Auffassung ist, daß für die Strafsache, die im Wege der Berufung an sie gelangt ist, die Strafgewalt des Schöffengerichts nicht ausreicht. Für das weitere Verfahren ist dann davon auszugehen, daß die große Strafkammer als erstinstanzliches Gericht tätig geworden ist (vgl. dazu näher Peters a. a. O. 33).

5.3. Die Revision

5.31. Formelle Voraussetzungen

5.311. Begriff und Statthaftigkeit der Revision

Im Gegensatz zur Berufung eröffnet die Revision keine neue Tatsacheninstanz. Die Revision beschränkt sich auf eine Nachprüfung des angefochtenen Urteils in rechtlicher Hinsicht. Ausgehend von den Feststellungen des angefochtenen Urteils wird dieses daraufhin überprüft, ob ein Verfahrensfehler zu seinem Erlaß geführt hat oder ob es selbst auf einer unrichtigen Anwendung des Gesetzes beruht.

Die Revision findet statt gegen die Urteile der Strafkammern (erstinstanzliche und Berufungsurteile), der Schwurgerichte und der Oberlandesgerichte im ersten Rechtszug (§ 333). § 335 I schafft die Möglichkeit der sogenannten Sprungrevision; ein Urteil, gegen das Berufung zulässig ist, kann statt mit der Berufung mit der Revision angefochten werden. Damit ist dem Anfechtungsberechtigten die Wahlmöglichkeit zwischen diesen beiden Rechtsmitteln eingeräumt. Für den Fall, daß ein Anfechtungsberechtigter die Berufung und ein anderer die Revision wählt, bestimmt § 335 III, daß dann die Berufung den Vorrang hat.

Revisionsgerichte sind die Oberlandesgerichte und der Bundesgerichtshof. Für die Zuständigkeitsverteilung gilt folgendes. Nach § 121 I Nr. 1 GVG sind die Oberlandesgerichte in Strafsachen zuständig für die Revision gegen:

„a) die mit der Berufung nicht anfechtbaren Urteile des Richters beim Amtsgericht;
b) die Berufungsurteile der kleinen und großen Strafkammern;
c) die Urteile des Landgerichts im ersten Rechtszug, wenn die Revision ausschließlich auf die Verletzung einer in den Landesgesetzen enthaltenen Rechtsnorm geschützt wird.“

Der BGH ist in Strafsachen zuständig zur Verhandlung und Entscheidung über das Rechtsmittel der Revision gegen die Urteile der Oberlandesgerichte im ersten Rechtszug sowie gegen die Urteile der Landgerichte im ersten Rechtszug, soweit nicht die Zuständigkeit der Oberlandesgerichte begründet ist (§ 135 I GVG).

5.312. Die Einlegung der Revision

Ebenso wie die Berufung wird die Revision bei dem Gericht eingelegt, dessen Urteil angefochten wird (§ 341 I). Die Einlegungsfrist beträgt eine Woche nach Verkündung des Urteils (bzw. nach Zustellung, wenn das Urteil in Abwesenheit des Angeklagten verkündet wurde, § 341 II). Die Einlegung muß schriftlich oder zu Protokoll der Geschäftsstelle erfolgen. Die rechtzeitige Einlegung der Revision hemmt die Rechtskraft des Urteils, soweit es angefochten ist (§ 343 I).

5.313. Revisionsanträge und Revisionsbegründung

Nach § 344 I muß der Revisionsführer angeben, inwieweit er das Urteil anficht und seine Aufhebung beantragt (Revisionsanträge), und diese Anträge begründen (Revisionsbegründung). Durch die Revisionsanträge wird also der Umfang der Revisionsanfechtung bestimmt. Für die Revisionsanträge und ihre Begründung ist die Frist von einem Monat nach Ablauf der Frist zur Einlegung der Revision bzw. nach Zustellung des Urteils zu wahren (§ 345 I). Für den Angeklagten können die Revisionsanträge und die Revisionsbegründung nur in einer von dem Verteidiger oder einem Rechtsanwalt unterzeichneten (vgl. dazu OLG Hamburg MDR 73, 428) Schrift eingereicht werden (§ 345 II). Aus der Revisionsbegründung muß sich ergeben, ob das Urteil wegen Verletzung einer Rechtsnorm über das Verfahren oder wegen Verletzung einer anderen Rechtsnorm angefochten wird (§ 344 II 1).

5.314. Die Revisionsbegründung im einzelnen

5.3141. Die Sachrüge

Mit der Sachrüge wird geltend gemacht, daß in dem angefochtenen Urteil das materielle Recht verletzt wurde. Bei der Sachrüge wird von den in dem Urteil festgestellten Tatsachen ausgegangen und geprüft, ob bei der rechtlichen Subsumtion des festgestellten Sachverhalts unter die angewendeten Strafnormen ein Rechtsfehler geschehen ist.

Mit der Sachrüge kann z. B. geltend gemacht werden, daß das Gericht auf Grund der festgestellten Tatsachen zu Unrecht einen Vermögensschaden i. S. des § 263 StGB bejaht habe oder daß das Gericht statt einer 5monatigen Freiheitsstrafe eine Geldstrafe hätte verhängen müssen, weil es die Voraussetzungen des § 47 StGB verkannt hat.

An die Begründung der Sachrüge werden dabei keine besonderen Anforderungen gestellt. Es genügt die allgemeine Erklärung, daß das Urteil in sachlichrechtlicher Hinsicht fehlerhaft sei (allgemeine Sachrüge). Möglich und empfehlenswert ist es aber, in der Revisionsbegründung auch bei der Sachrüge genau anzugeben, worin der Rechtsfehler gesehen wird.

5.3142. Die Verfahrensrüge

Im Gegensatz zur Sachrüge gelten für die Verfahrensrüge strenge Vorschriften für die Zulässigkeit. Grundlage der Verfahrensrüge ist grundsätzlich das Urteil und die Sitzungsniederschrift (vgl. aber auch BGH 22, 26 und Peters, Nachtrag 33). Mit der Verfahrensrüge wird geltend gemacht, daß das angefochtene Urteil auf einem Verfahrensfehler beruht, vor allem daß die Tatsachenfeststellung im Urteil durch einen Verfahrensmangel beeinflußt ist.

Für die Verfahrensrüge ist erforderlich, daß ein bestimmter Verfahrensmangel behauptet wird. Die Verfahrensrüge muß dabei im einzelnen so aufgebaut werden, daß zunächst die Tatsachen angegeben werden, die den Verfahrensverstoß begründen (wobei eine Schilderung der Tatsachen in der Revisionsbegründung erforderlich und eine Bezugnahme auf das Protokoll unzulässig ist). Weiter notwendig ist die Angabe der verletzten Rechtsnorm, gegen die der geschilderte Vorgang verstößt. Schließlich ist erforderlich, daß das Urteil auf der Rechtsverletzung beruht (§ 337 I); auch die Begründung der Kausalität zwischen der verletzten Rechtsnorm und dem Urteil gehört zur Darstellung der Verfahrensrüge.

Beispiel: War der Angeklagte wegen vorsätzlicher Brandstiftung nach § 308 StGB angeklagt und wurde er nach § 309 StGB wegen fahrlässiger Brandstiftung verurteilt, ohne daß er in der Hauptverhandlung auf diese Möglichkeit hingewiesen wurde, so müßte eine hierauf gestützte Verfahrensrüge etwa folgendermaßen begründet werden: Der Angeklagte war auf Grund der Anklageschrift und des Eröffnungsbeschlusses wegen vorsätzlicher Brandstiftung (§ 308 StGB) angeklagt. Die große Strafkammer hat den Angeklagten nach § 309 StGB verurteilt. Dabei erfolgte in der Hauptverhandlung kein Hinweis des Gerichts, daß eine Verurteilung auch wegen fahrlässiger Brandstiftung erfolgen könne. Damit hat das Gericht gegen § 265 verstoßen. Auch bei der Annahme von fahrlässiger statt vorsätzlicher Tatbegehung ist ein Hinweis nach § 265 erforderlich, um dem Angeklagten Gelegenheit zu geben, den Fahrlässigkeitsvorwurf auszuräumen (vgl. Kleinknecht § 265 Anm. 4). Hierauf beruht das Urteil (§ 337 I). Denn es läßt sich nicht ausschließen, daß das Urteil anders ausgefallen wäre, wenn dem Angeklagten die Gelegenheit zur Verteidigung im Hinblick auf den Fahrlässigkeitsvorwurf gegeben worden wäre.

Ausnahmsweise ist für einen Anfechtungsberechtigten der Verlust einer Verfahrensrüge durch Verwirkung denkbar, so besonders wenn der Anfechtungsberechtigte selbst den Verfahrensfehler arglistig veranlaßt hat (vgl. dazu näher Peters 574 und Henkel 379).

5.3143. Die Gesetzesverletzung im einzelnen

Gesetz ist jede Rechtsnorm des geschriebenen und ungeschriebenen Rechts (Gewohnheitsrecht!), gleichgültig ob es sich um Bundes- oder Landesrecht handelt (vgl. Kleinknecht § 337 Anm. 1 A). Bei einer Ermessensentscheidung liegt eine Rechtsverletzung vor, wenn entweder verkannt wurde, daß eine Ermessensentscheidung zu treffen ist, oder wenn die Grenzen des Ermessensbereiches überschritten oder innerhalb des Ermessensbereiches sachfremde Erwägungen angestellt wurden.

Verletzt ist eine Rechtsnorm dann, wenn sie entweder überhaupt nicht oder fehlerhaft angewendet wurde (§ 337 II; vgl. Kern-Roxin 274 ff.). Eine Rechtsverletzung kann dabei grundsätzlich nur von dem Verfahrensbeteiligten geltend gemacht werden, in dessen Rechtskreis die verletzte Norm gehört

(Rechtskreistheorie, vgl. BGH – Gr. Sen. – 11, 213; Kleinknecht § 337 Anm. 1 B).

5.3144. Die Beruhensfrage

Nach § 337 I ist erforderlich, daß das Urteil auf der Verletzung des Gesetzes beruht. Damit wird Kausalität zwischen der Gesetzesverletzung und dem ergangenen Urteil gefordert. Da sich diese Kausalitätsfrage selten mit absoluter Gewißheit beantworten läßt, genügt für die Bejahung der Kausalität, daß der Gesetzesverstoß möglicherweise das Urteil beeinfluß hat (vgl. LR Meyer § 337 Anm. VI 1).

Auf Grund unterschiedlicher Anforderungen an die Kausalitätsprüfung unterscheidet man zwischen absoluten und relativen Revisionsgründen. Bei den absoluten Revisionsgründen, die in § 338 erschöpfend aufgezählt sind (vgl. dazu rechtspolitisch Cramer in Festschr. für Peters, 1974, 239), bedarf es keiner besonderen Kausalitätsfeststellung; hier wird vielmehr unwiderlegbar vermutet, daß das Urteil auf dem Verfahrensmangel beruht (vgl. Kleinknecht § 338 Anm. 1). Alle übrigen Gesetzesverletzungen sind nur relative Revisionsgründe, deren Kausalitätsprüfung sich nach § 337 I richtet.

Eine Mittelstellung zwischen den relativen und absoluten Revisionsgründen nimmt aber § 338 Nr. 8 ein, weil hier die Verteidigung in einem wesentlichen Punkt beschränkt sein muß und bei der Prüfung der Wesentlichkeit letztlich wieder Kausalitätsgesichtspunkte eine Rolle spielen (vgl. dazu näher Kleinknecht § 338 Anm. 9).

Eine Einschränkung der für die Revision relevanten Rechtsverletzungen enthält § 339, wonach die Staatsanwaltschaft nicht die Verletzung solcher Rechtsnormen zum Nachteil des Angeklagten geltend machen kann, die zu Gunsten des Angeklagten gegeben sind.

5.32. Das Verfahren in der Revisionsinstanz

Der Hauptverhandlung in der Revisionsinstanz ist eine Vorprüfung durch das Revisionsgericht vorgeschaltet, innerhalb deren das Gericht bereits durch Beschluß über die Revision entscheiden kann (vgl. dazu näher u. 5.331).

Die Hauptverhandlung in der Revisionsinstanz unterscheidet sich erheblich von der Hauptverhandlung in erster Instanz oder im Berufungsverfahren. Der Unterschied beruht entscheidend darauf, daß keine neuen tatsächlichen Feststellungen getroffen werden und damit keine Beweisaufnahme über den Sachverhalt der Anklage stattfindet. Die Einzelheiten ergeben sich aus den §§ 350 bis 352. Insbesondere kann die Revisionsverhandlung ohne den Angeklagten stattfinden (§ 350). Den Gang der Revisionsverhandlung regelt § 351.

Die Verhandlung beginnt mit dem Vortrag des Berichterstatters, an den sich die Ausführungen der Staatsanwaltschaft, des Angeklagten und seines Verteidigers anschließen (vgl. § 351 II). Bei der Prüfung der einzelnen im Revisionsverfahren aufgeworfenen Rechtsfragen durch das Revisionsgericht genügt einfache Stimmenmehrheit (vgl. Kleinknecht § 352 Anm. 2 C); nur bei einer eigenen Sachentscheidung nach § 354 I ist die qualifizierte Mehrheit des § 263 erforderlich. Zu Einzelheiten des Verfahrens in der Revisionsinstanz vgl. Peters 576 ff.

5.33. Die Entscheidung des Revisionsgerichts

5.331. Entscheidungen ohne Hauptverhandlung

Das Revisionsverfahren kommt häufig bereits ohne eigentliche Revisionsverhandlung zum Abschluß. § 346 I sieht die Möglichkeit vor, daß das Gericht, dessen Urteil angefochten wird, durch Beschluß die eingelegte Revision als unzulässig verwirft, wenn sie verspätet eingelegt wurde, oder die Revisionsanträge nicht rechtzeitig oder nicht in der vorgeschriebenen Form angebracht wurden. Gegen diese Entscheidung steht dem Beschwerdeführer binnen einer Woche die Anrufung des Revisionsgerichts zu (§ 346 II).

Für das Revisionsgericht selbst sieht § 349 drei Fälle vor, in denen durch Beschluß über die eingelegte Revision entschieden werden kann. Nach § 349 I kann das Revisionsgericht die eingelegte Revision durch Beschluß als unzulässig verwerfen. § 349 II sieht weiterhin die Möglichkeit vor, daß das Revisionsgericht auf Antrag der Staatsanwaltschaft die eingelegte Revision einstimmig als offensichtlich unbegründet verwerfen kann; hier wird der Beschwerdeführer nach näherer Maßgabe des § 349 III eingeschaltet. Schließlich besteht nach § 349 IV die Möglichkeit, daß das Revisionsgericht die zu Gunsten des Angeklagten eingelegte Revision einstimmig für begründet erklärt.

5.332. Entscheidungen auf Grund einer Hauptverhandlung

Macht das Revisionsgericht von diesen Möglichkeiten keinen Gebrauch, so entscheidet es über das Rechtsmittel durch Urteil (§ 349 V). Dafür sind vor allem die §§ 353, 354 einschlägig.

Dabei kommen folgende Entscheidungsmöglichkeiten in Betracht:

Verwerfung der Revision als unzulässig oder unbegründet;

Einstellung bei Verfahrenshindernissen (wobei aber vor der Hauptverhandlung durch Beschluß nach § 206 a zu entscheiden ist; sehr umstritten ist die Frage, ob und wieweit eine ordnungsgemäße Begründung der Revision Voraussetzung dafür ist, vgl. dazu besonders BGH 15, 203; 16, 115 und 22, 213);

Aufhebung des angefochtenen Urteils (353 I) und Zurückverweisung (§ 354 II) mit oder ohne Aufhebung der tatsächlichen Feststellungen (§ 353 II) und der Möglichkeit des § 354 III;

Aufhebung (§ 353 I) und Entscheidung durch das Revisionsgericht in der Sache selbst (§ 354 I; vgl. dabei zu der Möglichkeit der Schuldspruchberichtigung Kleinknecht § 354 Anm. 2 und zu § 354 a Peters, Nachtrag 35).

Die Entscheidung (Verwerfung, Aufhebung, Zurückverweisung oder eigene Sachentscheidung) kann dabei jeweils nur einen Teil des Verfahrensgegenstandes betreffen, so daß eine Kombination der obengenannten Möglichkeiten bezüglich der gleichen Strafsache in Betracht kommt.

Beispiel: Das Urteil ist vom Revisionsführer in vollem Umfang angefochten, das Revisionsgericht erachtet die Revision aber nur bezüglich des Strafausspruches für begründet. Dann ergeht folgende Entscheidung: es wird der Strafausspruch des angefochtenen

Urteils aufgehoben und insoweit (zur Neufestsetzung der Strafe, die dem Revisionsgericht im Rahmen des § 354 I grundsätzlich verwehrt ist) zurückverwiesen. Im übrigen wird die Revision (als unbegründet) verworfen. Es tritt dann durch diese Teilaufhebung Teilrechtskraft ein: der Schuldspruch ist rechtskräftig, der Strafausspruch bleibt rechtshängig.

5.333. *Bindungswirkung und Revisionserstreckung*

Nach § 358 I ist das Gericht, an das zur anderweitigen Verhandlung und Entscheidung zurückverwiesen wird, an die rechtliche Beurteilung des Revisionsgerichts in dieser Sache gebunden.

Nach § 357 findet eine Revisionserstreckung unter bestimmten Voraussetzungen auch auf solche Angeklagte statt, die nicht selbst Revision eingelegt haben.

Beispiel: A und B sind als Mittäter wegen eines gemeinsam begangenen Betruges verurteilt worden. A hat das Urteil rechtskräftig werden lassen, während B dagegen Revision eingelegt hat. Das Revisionsgericht kommt zu der Überzeugung, daß aus Rechtsgründen kein Vermögensschaden angenommen werden kann und deshalb kein Betrug vorliegt. Es hebt daher das Urteil gegen B auf und spricht ihn (nach § 354 I) frei. Dieses Revisionsurteil würde nun an sich das abgeschlossene Verfahren gegen den Mitangeklagten A nicht berühren. Aus Gründen der materiellen Gerechtigkeit erstreckt jedoch § 357 die Urteilswirkung auch auf den A mit der Folge, daß auch die rechtskräftige Verurteilung gegen ihn nachträglich entfällt (vgl. Kleinknecht § 357 Anm. 2). Zu Einzelfragen der Revisionserstreckung vgl. näher Peters 585 f.

5.4. *Die Beschwerde*

5.41. Arten der Beschwerde

Die Beschwerde (§§ 304–311 a) ist nach § 304 I gegen Beschlüsse und Verfügungen (zum Begriff vgl. o. 99) gegeben.

Das Gesetz unterscheidet die einfache, die sofortige und die weitere Beschwerde. Die sofortige Beschwerde ist im Gegensatz zur einfachen Beschwerde befristet (vgl. § 311); zur weiteren Beschwerde vgl. näher § 310. Die Beschwerde ist immer Tatsachen- und Rechtsbeschwerde (vgl. Peters 549), führt also zu einer Nachprüfung der angefochtenen Entscheidung in rechtlicher und tatsächlicher Hinsicht.

5.42. Das Beschwerdeverfahren

Die Zulässigkeit der Beschwerde richtet sich nach den §§ 304–305 a. Die Einlegung der Beschwerde erfolgt nach § 306 I beim iudex a quo, kann in dringenden Fällen aber auch beim Beschwerdegericht eingelegt werden (iudex ad quem; § 306 I 2). Wird der Beschwerde nicht nach § 306 II abgeholfen, so wird sie dem Beschwerdegericht vorgelegt. Die Beschwerde besitzt grundsätzlich keinen Suspensiveffekt (§ 307 I); jedoch ist eine Aussetzung der Vollziehung nach § 307 II möglich.

5.43. Die Entscheidung des Beschwerdegerichts

Das Beschwerdegericht kann die eingelegte Beschwerde als unzulässig oder unbegründet verwerfen. Erachtet es sie für begründet, so erfolgt in der Regel eine Aufhebung der angefochtenen Entscheidung und eine eigene Sachentscheidung des Beschwerdegerichts (§ 309 II), ausnahmsweise ist auch eine Zurückverweisung möglich (vgl. Kleinknecht § 309 Anm. 3).

5.5. Die Wiederaufnahme

5.51. Rechtsnatur

Der Antrag auf Wiederaufnahme eines rechtskräftig abgeschlossenen Strafverfahrens ist ein Rechtsbehelf eigener Art, mit dem das erneute Aufrollen einer rechtskräftig abgeschlossenen Strafsache erstrebt wird (zu den rechtspolitischen Grunderwägungen dieses Rechtsinstituts vgl. Henkel 394). Die Wiederaufnahme steht damit in einem notwendigen Spannungsverhältnis zwischen der Rechtssicherheit (hier der rechtskräftigen Erledigung) und der materiellen Gerechtigkeit (erneute Überprüfung einer in ihren Voraussetzungen zweifelhaft gewordenen rechtskräftigen Entscheidung).

Welche große praktische Bedeutung das Wiederaufnahmeverfahren zur Korrektur von Fehlern hat, macht die Untersuchung von Peters, Fehlerquellen im Strafprozeß (eine Untersuchung der Wiederaufnahmeverfahren in der Bundesrepublik Deutschlands), Bd. I

1970, Bd. II 1972, Bd. III 1974 deutlich. Rechtsvergleichend s. Jescheck-Meyer (Hrsg.), Die Wiederaufnahme des Strafverfahrens im deutschen und ausländischen Recht, 1970; zu einer Reform des Wiederaufnahmeverfahrens vgl. Kern-Roxin 295 und Hanack JZ 73, 393.

5.52. Die Voraussetzungen des Wiederaufnahmeverfahrens

Ein Wiederaufnahmeverfahren findet sowohl zugunsten des Verurteilten (§ 359) wie auch zuungunsten des Angeklagten (§ 632) statt. Eine Wiederaufnahme zum Zwecke der Änderung des Strafmaßes ist nach § 363 unzulässig.

Die Wiederaufnahmegründe stimmen zugunsten wie zuungunsten des Verurteilten insoweit überein, als eine Urkundenfälschung, eine falsche Zeugen- oder Sachverständigenaussage und die strafbare Handlung eines Richters im Verfahren (vgl. § 359 Nr. 1–3 und § 362 Nr. 1–3) die Wiederaufnahme begründen.

Darüber hinaus ist eine Wiederaufnahme zuungunsten des Angeklagten nur bei einem glaubwürdigen Geständnis des Freigesprochenen zulässig (§ 362 Nr. 4), während zugunsten des Verurteilten weitere Wiederaufnahmegründe in § 359 Nr. 4 und 5 sowie zusätzlich in § 79 I BVerfGG enthalten sind. Praktisch große Bedeutung kommt vor allem § 359 Nr. 5 zu, wenn neue, für den Verurteilten günstige Tatsachen und Beweismittel bezüglich der Schuld- oder Straffrage beigebracht werden können.

5.53. Das Zulassungsverfahren

Das Wiederaufnahmeverfahren beginnt mit einem Antrag nach §§ 365, 366, in dem der Wiederaufnahmegrund sowie die Beweismittel angegeben werden müssen. Eine Verteidigerbestellung ermöglichen dafür jetzt die §§ 364 a und b (vgl. dazu Kern-Roxin 295). Die Entscheidungszuständigkeit über diesen Antrag bestimmt sich nach § 367. Der Antrag wird nach § 368 I verworfen, wenn kein Wiederaufnahmegrund geltend gemacht und durch ein geeignetes Beweismittel erhärtet wird. Andernfalls ergeht ein Zulassungsbeschluß (vgl. Kleinknecht § 368 Anm. 3). Damit wird das weitere Überprüfungsverfahren nach § 369 eingeleitet (vgl. zur Überprüfung des Wiederaufnahmegrundes näher Henkel 396). Bestätigt sich in diesem Überprüfungsverfahren der Wiederaufnahmegrund nicht, so ergeht ein Verwerfungsbeschluß nach § 370 I (im Regelfall als unbegründet, ausnahmsweise aber auch als unzulässig, vgl. Kleinknecht § 370 Anm. 3). Bestätigt sich der Wiederaufnahmegrund, so ordnet das Gericht die Wiederaufnahme des Verfahrens und eine erneute Hauptverhandlung an (§ 370 II).

5.54. Die neue Hauptverhandlung

Dann findet grundsätzlich eine erneute Hauptverhandlung nach § 373 statt; ausnahmsweise verfährt das Gericht nach § 371. Aufgrund dieser erneuten Hauptverhandlung wird entweder das frühere Urteil aufrechterhalten oder das Gericht erkennt unter Aufhebung des früheren Urteils selbst erneut in der Sache. Dabei gilt nach § 373 II das Verbot der reformatio in peius, wenn nur der Verurteilte oder zu seinen Gunsten die Staatsanwaltschaft oder sein gesetzlicher Vertreter den Antrag auf Wiederaufnahme gestellt hatten.

6. Die Kosten des Verfahrens

Eine nähere Darstellung des Kostenrechts ist im Rahmen dieses Grundrisses nicht möglich; hier können nur einige grundlegende Hinweise gegeben werden (vgl. näher Kern-Roxin 305 ff. und Peters 613 ff.).

Die Kosten des Strafverfahrens bestehen aus Gebühren und Auslagen der Staatskasse. Nach § 464 I hat jedes Urteil, jeder Strafbefehl und jede eine Untersuchung einstellende Entscheidung darüber eine Bestimmung zu treffen, von wem die Kosten des Verfahrens zu tragen sind. Grundsätzlich hat der verurteilte Angeklagte die Kosten zu tragen (§ 465 I); Bedenken dagegen äußert Hassemer ZStW 85, 651 (krit. auch Baumgärtel JZ 75, 427: Kostenschuld als Resozialisierungserschwerung). Bei einem Freispruch fallen die Kosten des Verfahrens und die notwendigen Auslagen des Angeschuldigten der Staatskasse zur Last (§ 467 I). Bei der Einlegung von Rechtsmitteln gilt der Grundsatz, daß derjenige die Kosten zu tragen hat, der ein Rechtsmittel zurückgenommen oder erfolglos eingelegt hat

(§ 473 I). Die Höhe der Kosten und Auslagen wird in einem eigenen Kostenfestsetzungsverfahren festgelegt (vgl. § 464 b).

7. Die Strafvollstreckung

Das Strafverfahren schließt mit der Strafvollstreckung ab. Dabei versteht man unter Strafvollstreckung die Einleitung und die Überwachung der Realisierung des Urteilsspruchs (vgl. Kern-Roxin 296), während man unter Strafvollzug die praktische Durchführung der angeordneten Sanktion, insbesondere der ausgesprochenen Freiheitsstrafe versteht. Die Strafvollstreckung in diesem engeren Sinne ist geregelt in den §§ 449–463 d. Besondere Bedeutung kommt dabei jetzt den Strafvollstreckungskammern nach §§ 78 a und b GVG im Rahmen der Zuständigkeit nach § 462 a StPO zu. Die rechtliche Regelung des Strafvollzugs und die mit dem Vollzug im einzelnen zusammenhängenden Fragen haben sich zu der eigenen Disziplin der Strafvollzugskunde entwickelt (vgl. Müller-Dietz, Strafvollzugskunde als Lehrfach und wissenschaftliche Disziplin, 1969 und Kaiser-Schöch-Eidt-Kerner, Strafvollzug, Eine Einführung in die Grundlagen, 1974). Ein Überblick darüber unter Einschluß des Registerrechts findet sich bei Kern-Roxin 296 ff.; zum neuen Strafvollzugsgesetz vom 16. 3. 1976 (BGBl. I 581) vgl. Müller-Dietz NJW 76, 913 ff.

V. Besondere Verfahrensarten

1. Die Privatklage

1.1. Besonderheiten gegenüber der Offizialklage

Wie bereits o. II 4.22 unter dem Gesichtspunkt der Mitwirkung des Verletzten am Strafverfahren erwähnt, überläßt der Staat in bestimmten Fällen die Geltendmachung des Strafanspruchs dem Betroffenen selbst. Bei Straftatbeständen, die nur in geringem Maße öffentliche Belange berühren, wie z. B. bei Hausfriedensbruch und Beleidigung, erweist es sich als zweckmäßig, diese Taten nicht stets von Amts wegen zu verfolgen, sondern die Strafverfolgung in die Hand des Verletzten selbst zu legen und von dessen Interesse an einer Strafverfolgung abhängig zu machen.
Der Privatkläger nimmt damit im Privatklageverfahren die Stellung des Anklägers ein, die die Staatsanwaltschaft im Offizialverfahren inne hat. Jedoch scheidet auch bei den privatklagefähigen Delikten die Staatsanwaltschaft nicht völlig aus dem Verfahren aus. Nach § 376 wird die öffentliche Klage hier dann erhoben, wenn dies im öffentlichen Interesse liegt. Grundsätzlich ist die Staatsanwaltschaft im Privatklageverfahren zu einer Mitwirkung nicht verpflichtet (§ 377 I 1). Jedoch kann die Staatsanwaltschaft an der Verhandlung in Privatklagesachen teilnehmen und den Ablauf beobachten (vgl. Kern-Roxin 316). Die Staatsanwaltschaft kann in jeder Lage der Sache bis zum Eintritt der Rechtskraft des Urteils die Strafverfolgung durch eine ausdrückliche Erklärung selbst übernehmen (vgl. § 377 II). Wenn die Staatsanwaltschaft die Strafverfolgung übernimmt, dann erlangt der Privatkläger die Stellung eines Nebenklägers (vgl. § 377 III).

1.2. Die Zulässigkeit der Privatklage

1.21. Die Privatklagedelikte

Einen abschließenden Katalog der privatklagefähigen Delikte enthält § 374 I. Diese Delikte sind zumeist, jedoch nicht notwendigerweise zugleich Strafantragsdelikte. Die Privatklage kann an sich unbefristet bis zum Eintritt der Verjährung erhoben werden. Jedoch muß im Falle der Erforderlichkeit eines Strafantrags dieser bis zum Ablauf der Strafantragsfrist gestellt sein. In der Erhebung der Privatklage liegt in der Regel zugleich auch die Stellung des Strafantrags.

1.22. Weitere formelle Voraussetzungen

Zur Erhebung der Privatklage wegen eines der in § 374 I bezeichneten Delikte ist der Verletzte berechtigt; der Begriff des Verletzten ist dabei hier ebenso wie beim Klageerzwingungsverfahren zu bestimmen (vgl. dazu o. 84 f.). Weiterhin ist nach § 374 II privatklageberechtigt, wer neben dem Verletzten oder an seiner Stelle strafantragsberechtigt ist. Sofern der Verletzte einen gesetzlichen Vertreter hat, wird er durch diesen vertreten (§ 374 III). Sind durch dieselbe strafbare Handlung (z. B. durch eine beleidigende Rede) mehrere Personen verletzt, so sind sie alle privatklageberechtigt und in der Ausübung der Privatklagebefugnis voneinander unabhängig (vgl. dazu näher § 375).

Weitere formelle Voraussetzungen bezüglich der Durchführung eines Sühneversuchs, wegen Gebührenvorschuß und Sicherheitsleistung enthalten die §§ 379 ff.

Die Erhebung der Privatklage geschieht entweder zu Protokoll der Geschäftsstelle oder durch Einreichen einer Anklageschrift, die den Voraussetzungen des § 200 I entsprechen muß (vgl. § 381).

1.3. Der Verfahrensgang

1.31. Die Eröffnung des Verfahrens

Über die eingereichte Privatklage muß das Gericht eine Entscheidung treffen. Dafür sieht § 383 drei Möglichkeiten vor: wie bei der Offizialklage hat das Gericht entweder die Klage zurückzuweisen oder einen Eröffnungsbeschluß zu erlassen (vgl. § 383 I). Hinzu kommt die Möglichkeit, das Verfahren bereits in diesem Verfahrensstadium einzustellen, wenn die

Schuld des Täters gering ist (§ 383 II). Gegen diesen Beschluß ist sofortige Beschwerde zulässig.

1.32. Die Durchführung des Verfahrens

Grundsätzlich bestimmt sich der Verfahrensablauf nach den Vorschriften, die für das Verfahren auf erhobene öffentliche Klage hin gelten (§ 384 I 1). Jedoch bestehen für das Privatklageverfahren eine Reihe von Besonderheiten, die durchweg dem Gericht eine freiere Stellung geben. Zunächst verliest der Vorsitzende den Eröffnungsbeschluß (§ 384 II). Vor allem ist das Gericht nach § 384 III bezüglich des Umfangs der Beweisaufnahme freier gestellt als im Offizialverfahren. Aber auch hier gilt der Grundsatz der Aufklärungspflicht nach § 244 II. Entsprechend bestimmt auch der Vorsitzende, welche Personen als Zeugen oder Sachverständige zur Hauptverhandlung geladen werden sollen (§ 386 I). Grundsätzlich kann die Hauptverhandlung auch in Abwesenheit des Privatklägers und des Angeklagten durchgeführt werden, die sich durch einen Anwalt vertreten lassen können (vgl. § 387 I). Jedoch kann das Gericht das persönliche Erscheinen anordnen (§ 387 III).

1.33. Die Widerklage

§ 388 sieht die Möglichkeit der Widerklage vor, wenn der Beschuldigte ebenfalls durch ein Vergehen verletzt worden ist, „das im Wege der Privatklage verfolgt werden kann und mit dem den Gegenstand der Klage bildenden Vergehen im Zusammenhang steht“ (§ 388 I). Diese besonders bei Beleidigung und Körperverletzung häufige Möglichkeit besteht für den Beschuldigten bis zur Beendigung der Schlußvorträge. Über Klage und Widerklage wird dann gleichzeitig entschieden (§ 388 III).

1.34. Die Beendigung des Privatklageverfahrens

Das Privatklageverfahren endet entweder wie das Offizialverfahren mit einem Urteil, das dieselben Entscheidungen treffen kann wie das Urteil im Offizialverfahren (vgl. dazu o. 197 ff.).

Hinzu kommen jedoch Beendigungsgründe, die speziell für das Privatklageverfahren gelten. So ist im Gegensatz zur Offizialklage die Rücknahme der Privatklage in jeder Lage des Verfahrens möglich, bedarf jedoch nach dem Beginn der Vernehmung des Angeklagten zur Sache in der Hauptverhandlung der Zustimmung des Angeklagten (§ 391 I). Wird die Klage zurückgenommen, so wird das Privatklageverfahren eingestellt (vgl. Kleinknecht § 391 Anm. 3). Eine zurückgenommene Privatklage kann nicht von neuem erhoben werden (§ 392). Gleichfalls zur Einstellung des Verfahrens führt der Tod des Privatklägers (vgl. § 393 I; die Privatklage kann jedoch nach dem Tod des Privatklägers von den nach § 374 II zur Erhebung der Privatklage Berechtigten binnen zwei Monaten nach dem Tod des Privatklägers fortgesetzt werden, s. § 393 II und III). Weiterhin wird das Verfahren durch Urteil eingestellt, wenn sich in der Verhandlung ergibt, daß es sich bei der strafbaren Handlung um kein privatklagefähiges Delikt handelt (vgl. § 389).

Besondere Bedeutung kommt dem Vergleich im Privatklageverfahren als Beendigungsgrund zu. Der Vergleich ist dabei im Gesetz nicht im einzelnen geregelt, seine Zulässigkeit ergibt sich aus der Möglichkeit der Klagerücknahme. Zu unterscheiden ist zwischen einem gerichtlichen und einem außergerichtlichen Vergleich. Der gerichtliche Vergleich wird in der Verhandlung erklärt und enthält eine Rücknahme der Privatklage und in der Regel nähere Ausführungen über die Kostentragung. Das Gericht stellt auf die Rücknahme hin das Verfahren ein. Der außergerichtliche Vergleich beendet das Verfahren nicht unmittelbar. Wird dem Richter jedoch der Vergleich vorgetragen und gegebenenfalls bewiesen, so wird auch hier das Verfahren dann durch Beschluß eingestellt. Zu Einzelheiten über den gerichtlichen und außergerichtlichen Vergleich vgl. Kleinknecht Vorbem. 8 vor § 374.

2. Das Strafbefehlsverfahren

2.1. Bedeutung und Problematik

Das Strafbefehlsverfahren ist ein summarisches Verfahren, bei dem ohne mündliche Hauptverhandlung entsprechend dem

Antrag der Staatsanwaltschaft gegen den Beschuldigten eine Strafsanktion festgesetzt wird. Es entbehrt damit der besonderen Verfahrensgarantien der mündlichen Hauptverhandlung und ist bezüglich der Sachverhaltsaufklärung ganz auf das Ermittlungsverfahren angewiesen. Es eignet sich damit nur für leichte und rechtlich wie tatsächlich einfach gelagerte Straftaten. Hier ist es allerdings auch aus praktischen Gesichtspunkten unentbehrlich, weil sonst die Fülle der kleinen Straftaten die gerichtliche Arbeit zu sehr in Anspruch nehmen würde. Nicht unbedenklich ist es aber unter dem Gesichtspunkt des eingeschränkten rechtlichen Gehörs (vgl. § 407 IV) und der Möglichkeit, daß auch in ungeeigneten Fällen zur Arbeitsentlastung davon Gebrauch gemacht wird (vgl. Kern-Roxin 330). Das Strafbefehlsverfahren ist insgesamt gesehen ein notwendiger Kompromiß zugunsten der Praktikabilität.

2.2. Der Erlaß des Strafbefehls

2.21. Der Antrag der Staatsanwaltschaft und die Entscheidung des Strafrichters

Bei Vergehen ist ein Antrag der Staatsanwaltschaft auf Erlaß eines schriftlichen Strafbefehls durch den Strafrichter ohne Hauptverhandlung möglich (§ 407 I). Der Antrag muß auf eine bestimmte Rechtsfolge gerichtet sein (§ 408 I 1). Diesem Antrag entspricht der Strafrichter, wenn er gegen den Erlaß des Strafbefehls keine Bedenken hat (§ 408 I 2); der Richter hat keine Möglichkeit, von diesem Antrag abzuweichen. Jedoch kann er sich mit der Staatsanwaltschaft in Verbindung setzen und diese gegebenenfalls zu einem geänderten Antrag veranlassen (vgl. Kern-Roxin 331). Hat der Strafrichter Bedenken, ohne Hauptverhandlung zu entscheiden, so beraumt er Termin zur Hauptverhandlung an (§ 408 II 1). Es bedarf dann keiner Anklageschrift der Staatsanwaltschaft; der Strafbefehlsantrag gilt hier als Anklageschrift (vgl. auch § 407 III). Möglich ist auch, daß der Strafrichter entsprechend §§ 203, 204 die Eröffnung ablehnt, weil er keinen hinreichenden Tatverdacht für gegeben hält (vgl. Kern-Roxin 331).

2.22. Der Inhalt des Strafbefehls

Durch Strafbefehl dürfen nur die in § 407 II aufgezählten Rechtsfolgen der Tat, allein oder nebeneinander, festgesetzt werden: „1. Geldstrafe, Verwarnung mit Strafvorbehalt, Fahrverbot, Verfall, Einziehung, Vernichtung, Unbrauchbarmachung, Bekanntgabe der Verurteilung und Geldbuße gegen eine juristische Person oder Personenvereinigung sowie 2. Entziehung der Fahrerlaubnis, bei der die Sperre nicht mehr als zwei Jahre beträgt." Zu begrüßen ist, daß durch die Neufassung des § 407 II die früher bestehende Möglichkeit abgeschafft wurde, im Strafbefehl auch Freiheitsstrafe bis zu drei Monaten zu verhängen.

Neben der Festsetzung einer nach § 407 II zulässigen Sanktion muß der Strafbefehl nach § 409 I die strafbare Handlung, das angewendete Strafgesetz und die Beweismittel bezeichnen, sowie den Beschuldigten über den Einspruch und die Folgen seiner Unterlassung belehren.

2.3. Der Einspruch und die Einspruchsverhandlung

Will der Beschuldigte den Strafbefehl nicht rechtskräftig werden lassen, so muß er binnen einer Woche nach der Zustellung bei dem Amtsgericht schriftlich oder zu Protokoll der Geschäftsstelle Einspruch erheben (§ 409 I Nr. 7). Auf einen rechtzeitigen Einspruch hin wird ein Termin zur Hauptverhandlung anberaumt (§ 411 I) und damit das Strafbefehlsverfahren in das normale Gerichtsverfahren übergeleitet. Für den Einspruch gilt dabei kein Verbot der reformatio in peius (§ 411 IV); vielmehr kann das Gericht aufgrund des Eindrucks der Hauptverhandlung ohne Bindung an den Strafbefehl die ihm notwendig erscheinende Sanktion festsetzen. Die Klage und der Einspruch können bis zur Verkündung des Urteils im ersten Rechtszug zurückgenommen werden (§ 411 III 1).

Große praktische Bedeutung beim Einspruch hat der Antrag auf Wiedereinsetzung in den vorigen Stand gegen die Versäumung der Einspruchsfrist (vgl. BVerfGE 25, 158 und 26, 315).

Der Angeklagte kann sich dabei in der Hauptverhandlung durch einen mit schriftlicher Vollmacht versehenen Verteidiger vertreten lassen (§ 411 II). Bleibt der Angeklagte ohne genügende Entschuldigung aus und wird er auch nicht durch einen Verteidiger vertreten, so wird der Einspruch in der Hauptverhandlung ohne Beweisaufnahme durch Urteil verworfen (§ 412 I).

2.4. Die Rechtskraft des Strafbefehls

Nach § 410 erreicht ein Strafbefehl, gegen den nicht rechtzeitig Einspruch eingelegt worden ist, die Wirkung eines rechtskräftigen Urteils. Jedoch hat die h. M. (BVerfGE 3, 248; BGH in st. Rspr., vgl. BGH 18, 141; weitere Literaturnachweise bei Henkel 403) die materielle Rechtskraft des Strafbefehls beschränkt. Neue Tatsachen, die eine erhöhte Strafbarkeit begründen, lassen eine erneute Anklage wegen derselben Tat zu, wobei streitig ist, ob dies auch gilt, wenn die neuen Tatsachen erst nach dem Erlaß des Strafbefehls eingetreten sind (vgl. dazu Kleinknecht § 410 Anm. 2 und Schroeder 94 ff.). Mit dieser Einschränkung der materiellen Rechtskraft versucht man die Nachteile des summarischen Verfahrens auszugleichen, in dem häufig die Strafbarkeit des Beschuldigten nicht in ihrem gesamten Umfang erkannt wird (zu Einzelheiten vgl. Kleinknecht a. a. O.).

Liegen die Voraussetzungen für eine Durchbrechung der Rechtskraft des Strafbefehls vor, so ist eine erneute Anklage möglich, für die Voraussetzung ist, daß für die erhöhte Strafbarkeit ein hinreichender Verdacht besteht (vgl. Kleinknecht § 410 Anm. 4). Wird das neue Verfahren eröffnet, so verliert der Strafbefehl seine Wirkung; die in ihm ausgesprochene Sanktion wird auf die neue Strafe angerechnet, auch wenn sie bereits vollstreckt ist (vgl. § 51 II StGB).

3. Weitere Sonderformen des Verfahrens

Weitere besondere Gestaltungsformen des Strafverfahrens finden sich beim beschleunigten Verfahren (§§ 212–212 b), beim sogenannten Sicherungsverfahren (§§ 413 ff.), beim Einziehungsverfahren (§§ 430 ff.), beim Adhäsionsverfahren (§§ 403 ff.), beim Ordnungswidrigkeitenverfahren und beim Jugendstrafverfahren, wobei die beiden letzteren Verfahren eine gesetzliche Sonderregelung erhalten haben (vgl. §§ 35 ff. OWiG und §§ 43 ff. JGG). Im Rahmen dieses Grundrisses ist ein näheres Eingehen auf diese Verfahrensarten nicht möglich; näher verwiesen sei auf Peters §§ 61 ff., Henkel §§ 102 ff. und Kern-Roxin § 65 und §§ 66 ff.

Sachregister

FSC
www.fsc.org
MIX
Papier | Fördert
gute Waldnutzung
FSC® C083411

Kolibri 360 GmbH
Ferdinand-Jühlke-Straße 7
99095 Erfurt, Deutschland
produktsicherheit@kolibri360.de